集成创新设计论丛

共振：
社交网络与
社交设计

U0736162

Social Networks ●

方海　胡飞◎主编

甘为◎著

● Social Design

中国建筑工业出版社

图书在版编目（CIP）数据

共振：社交网络与社交设计／甘为著. —北京：中
国建筑工业出版社，2016.12
（集成创新设计论丛／方海，胡飞主编）
ISBN 978-7-112-20188-4

Ⅰ. ① 共… Ⅱ. ① 甘… Ⅲ. ① 互联网络－应用－人
际关系学－研究 Ⅳ. ① C912.11-39

中国版本图书馆CIP数据核字（2016）第308264号

责任编辑：吴 绫 唐 旭 李东禧
责任校对：李欣慰 王雪竹

集成创新设计论丛
共振：社交网络与社交设计
方海 胡飞 主编
甘为 著

＊

中国建筑工业出版社出版、发行（北京海淀三里河路9号）
各地新华书店、建筑书店经销
北京锋尚制版有限公司制版
北京中科印刷有限公司印刷

＊

开本：787×1092毫米 1/16 印张：12¾ 字数：264千字
2016年12月第一版 2016年12月第一次印刷
定价：**40.00**元
ISBN 978-7-112-20188-4
（29685）

序　言

这是一个设计正在巨变的时代。工业设计正转向体验与服务设计，传达设计正转向信息与交互设计，文化创意驱动的艺术设计正转向大数据驱动的智能设计……与此同时，工匠精神、优秀传统文化正从被遗忘、被抢救转向前所未有的被追逐、被弘扬。

作为横贯学科的设计学，正兼收并蓄自然科学、社会科学和人文学科的良性基因，以领域独立性（Domain independent）和情境依赖性（Context dependent）为特有的思维方式，积极探讨设计对象、设计过程、设计结果中可靠、可信、可感、可用、可人、可意的可能性和可行性，形成有效、有益、有为的设计决策和原创成果，从而映射出从本体论、认识论到方法论、实践论的完整的设计学科形态。

广东工业大学是广东省七所高水平重点建设高校之一、首批入选教育部"全国创新创业典型经验高校"。作为全球设计、艺术与媒体院校联盟（CUMULUS）成员，广东工业大学艺术与设计学院秉承"艺术与设计融合科技与产业"的办学理念，重点面向国家战略性新兴产业和广东省传统优势产业，以集成创新为主线，经过20余年的发展与积累，逐渐形成"深度国际化、广泛跨学科、产学研协同"的教学体系和科研特色；同时，芬兰"文化成就奖"和"狮子团骑士勋章"获得者、芬兰"艺术家教授"领衔的广东省引进"工业设计集成创新科研团队"早已聚集，国家"千人计划"专家、教育部"长江学者"等正在引育，中国工业设计十佳教育工作者、中国设计业十大杰出青年也不断涌现，岭南设计人才高地正应变而生、隐约可见。

广东工业大学"集成创新设计论丛"第一辑收录了四本学术专著，即，钟周博士的《精准：感性工学下的包装设计》、甘为博士的《共振：社交网络与社交设计》、邹方镇博士的《耦合：汽车造型设计中的认知与计算》、朱毅博士的《复杂：设计的计算与计算的设计》。这批学术专著都是在作者博士论文的基础上经历了较长时间的修补、打磨、反思、沉淀，研究视角新颖，学科知识交叉，既有对设计实践活动的切身考察与理论透视，也有对设计学科新鲜话题的深入解析与积极回应。

"集成创新设计论丛"是广东省高水平大学重点建设高校的阶段性成果，展现出我院青年学人面向设计学科前沿问题的思考与探索。期待这套丛书的问世能衍生出更多对于设计研究的有益反思，以绵薄之力建设中国设计研究的学术阵地；希冀更多的设计院校师生从商业设计的热浪中抽身，转向并坚持设计学的理论研究；憧憬我国设计学界以激情与果敢，拥抱这个设计巨变的时代。

胡　飞

2016年12月

于东风东路729号

前 言

如果说工业产品本身就凝聚着"造物"的独立价值和使用价值，那么在互联网+的时代，协作生产和信息服务活动离开社会性共享普惠和广泛的关联互动，其"谋事"的价值就无法彰显。进而，交互设计中的"人"从个体拓展成群体，"物"从计算机变成产品与服务，"事"也从功能性交互演变成了社会性互动，由此交互设计衍生出社交设计（Social Interaction Design），对它的研究也被赋予更多的必要性。

本书的研究思路是以媒介社会学作为整体方法，社交赋能作为类别方法，社交图式作为赋能的蓝本，探讨社交设计方法研究。本著作系统阐述了社交设计、社交赋能、社交图式以及用户界面设计等核心概念，辩证分析了人际互动、社交体验、人际传播与数字媒介的关系，确立了社会关系与社会资本、社会交往与社交体验、群体智慧与社会创新三个研究维度，由此搭建起了全书的理论框架。在此前提下从以群体为中心的设计、基于社交图式的社交赋能设计、共生交互设计方法体验与赋能要素分析三个层面，对关系、事件、位置三个群体活动进行了具体分析，总结出在参与赋能、沟通赋能、人际赋能、活动赋能的四个赋能要素下，不同社交产品和设计策略采用不同的方略。

作为在博士学位论文基础上形成的一部专著，本书的创新体现在，从如何塑造社交设计和社交体验的角度，对群体互动内在的行为和情感的连带关系进行了梳理，对汽车社交设计进行了实践验证。在此，得出相关研究结论：社交网络不仅需要实现人与人之间的交流与互动，还需要参照人类的社交行为规范来设计。用户既是内容的创造者也是内容的分享者，他们在设计师规划的不同界面模式和约束条件下进行活动，社交界面限定了用户的活动的行为、交互的方式，并且为用户社交行为提供了工具。此外，以相关研究为基础，2012~2015年期间，作者在CSSCI、CSCD上发表论文10余篇；2016年，主持了文化部文化艺术项目"互联网+时代下的社交设计与衍生服务创新"。

本专著的完成，感谢我的导师赵江洪教授的指导和帮助；感谢广东工业大学艺术与设计学院方海院长、黄学茭书记、胡飞副院长，是他们的关心与栽培促成了此书的出版；感谢我的家人无私的付出，感谢我的小女甜甜一直健康乖巧；感谢中国建筑工业出版社编辑的关心与支持。最后，作者竭诚希望同行专家和广大读书指出其谬误，纠正其偏颇。

甘为

于广州·墨香园

目　录

第 1 章

绪　论

1.1 研究背景

我们生活在网络时代，社交网络对现实社会的投射与重构，衍生出更宽泛的人际互动维度。鲍德里亚（Baudrillard）认为，媒体将在后现代社会中起关键性的作用，人们用虚拟、仿真的方式不断扩张构建新的世界版图，消解了现实社会与数字环境之间的距离[①]。如今社交网络呈现出新的人际交往和信息传播的形态，去中心化的社会网络使得个体以碎片化、叙事化、人际化的方式组成了网络中一个又一个具有扩展力的节点，让我们不得不正视其背后巨大的社会推动力。在这样的背景下，交互设计的范围和目标都相应地发生了变化：交互设计中的"人"从个体拓展成群体、社会，交互设计中的"物"从计算机转变成了数字服务、数字产品，交互设计中的"事"也从信息获取演变成群体协作的社会互动。由此，交互设计衍生出社交设计（Social interaction design），对它的研究也被赋予更多的必要性。

变革的时代也是创新的时代，信息技术向传统工业的渗透和整合形成了全新的社会形态和产业模式。麦克卢汉（Mcluhan）从媒介互动的角度提出媒介即人的延伸，他认为人与延伸之物互动的载体即媒介，那么汽车就是一个这样的"媒介"。汽车，作为发展了一百年的传统工业与互联网的结合引人关注，这种新的社会互动"场域"所构成的平台经济（Platform Economic）将成为未来价值创造的主流模式[②]。信息化和工业化的深度融合让汽车的属性慢慢发生变化，它不再是一个"四个轮子加两个沙发"信息孤岛式的出行工具，不再一味地追求动力和制造工艺，而将融合社会人文、智能信息的元素。汽车社会化信息交互服务（以下简称汽车社交）是车联网车载信息服务（Telemactics）之中具有市场和民生导向的应用，是汽车业、信息媒体、通信业、交通业协同创新的领域。因此，汽车社交将成为交互设计与汽车设计领域的重要课题之一。

---

① ［英］迈克·费瑟斯通. 消费文化与后现代文化主义[M]. 刘精明译. 南京：译林出版社，2000：45.
② 徐晋. 平台经济学[M]. 上海：上海交通大学出版社，2007：1-5.

"同声相应，同气相求"出自《周易·乾》卦，意即事物之间互识共识，应和共融，反映出古人"生生之道"的认识方法和逻辑哲学。"共生"一词源于生物学，它不仅是一种自然现象，也是一种社会现象。社交网络中，用户创造内容，分享信息，并与其他用户关联协作，这种"对称互惠共生"的交互行为已经形成了同声相应、同气相求的共生形态。本书借鉴共生理论的哲学内涵来理解社交网络中社交设计本体属性与驱动因素，探讨特定的社交设计因素与特定的社交行为之间的内在关系，并进一步理清其对于心理层面、社会层面、情感层面的影响，由此尝试给出相关的研究结论。

1.1.1　现实转型：社会计算与社会参与

社会计算（Social computing）、社群发现（Network group discovery）、城市计算（Urban computing）[①]是社交设计重要的技术基础。社会计算是互联网和万维网计算技术与社会科学的交叉领域，服务于虚拟世界中社会群体交互行为的大数据科学[②]。嵌入本地位置（Lo cation）、社交（Social）、移动网络（Mobility）的智能产品的普及使每个人都成为具备收集声音、画面、位置、距离等信息的节点，人们的日常活动成为可实时感知、识别的"地理标签"。因此，一个新兴的研究领域——社群智能（Social and community intelligence）正在逐步形成[③]。该研究目的在于从社会情境感知、计算、存储、通信和互联网技术的数据挖掘中构建个人数字足迹（Digital foot-prints）、群体行为活动模式与规律、社会和城市动态的人类行为的计算模型，并把这些信息用于社会化服务和社会化推荐，包括人类健康、公共安全、环境监测、社会交往（如社会关系、社会结构）和城市动态（如交通拥堵、城市热点）等。

社会参与（Social participation）最早由美国学者巴伦（J·Barron）在1967年《对报纸的参与权》一文中提及，指公众有权从大众传播媒介上获得有关信息，且有权作为传播者而使用传播媒介，是公众对社会公共事务的主动参与意识和参与行为。在这个内涵之下又衍生出开放式创新（Open innovation）、群体智慧（Wisdom of crowds）、社会创新（Socia linnovation）、众包（Crowedsourcing）等相关概念。社交网络的出现大大增加了用户人际交流和参与社会公共事务的渠道，聚集着庞大的用户群。据工信部公布的信息，2014年中国移动互联网用户总数达到8.38亿人，用户

---

① K Tim, C Matthew, P Eric. Urban Computing[J]. IEEE Pervasive Computing, 2007, 3（6）:18-20.
② Fei-Yue Wang, Daniel Zeng et al. Social Computing：From Social Informatics to Social Intelligence[J]. IEEE Intelligent Systems, 2005, 2（22）: 9-83.
③ Peizhao Hu, Daniele Riboni, Bin Guo. Creating Personal, Social, and Urban Awareness through Pervasive Computing[M]. Idea Group, U.S., 2014.

渗透率达到67.8%①，约有一半以上的网民通过社交网络互动交流，社交网络已成为覆盖用户最广、传播影响最大、商业价值最高的Web2.0业务②。至此，社交网络已不再仅仅是信息发布的媒介，用户参与、表达的交互方式和交互活动越来越丰富，让信息的创作、传播在深度和广度上不断延伸，已经成为用户与周围世界联系、合作、共谋、互助的系统平台，形成了社会、资源、用户多维的动态互动，从而为互联网添加了新的社会价值和创新机会。

1.1.2 设计探寻：互联汽车的服务拓展

设计研究已从机械时代以物为中心的设计范式转变成以用户、参与者、社区、媒介、跨学科团队共同解决的复杂性系统设计③。Jones在《Design methods: Seeds of human futures》中阐述了在后工业社会设计问题的层次：从部件和产品扩展为产品系统，再扩展到社区设计，并认为当代设计是解决在复杂网络之下人、事、物、环境之间的系统设计④。同时，交互设计已不再局限于浏览和点击屏幕上的图形界面，逐步发展为基于语音、触摸、手势的自然界面，从纯粹的可用性、使用效率转变为情感交互、体验设计。由此，社会与信息技术对汽车设计的推动和探索已经成为全球汽车产业界的共同愿景：特斯拉（Tesla）与Google无人车的出现改变了传统汽车的形态，而手机端的谷歌Android Auto、苹果Carplay、汽车端的宝马Connected Drive、通用CDE、凯迪拉克CUE、丰田Toyota Friend、上汽inkaNet、观致Social Car，以及车载端的腾讯路宝、诺基亚HERE Auto都纷纷推出汽车信息服务，从单纯服务、互联解决方案、车载系统平台的角度探索互联人车信息交互服务。

目前，人车信息交互设计存在着两个方向：一方面是汽车人机交互设计，它是基于"人"的因素，探讨人与车载设备、车内空间操作的系统设计，涉及如何改善人的使用手段来提高产品的可用性，多限于微观和技术层面工具性、操作性的设计。另一方面则是基于社交网络和社会计算技术，从宏观的层面干预、促进驾驶者信息沟通与道路协作，提升驾驶乐趣和驾驶体验。从这个意义而言，汽车类似于具有通信功能的

---

① 中文互联网数据资讯中心[EB/OL].http://www.199it.com/archives/200215.html，2014-03-06.

② Qianzhan社交网络产业研究中心.2013-2017年中国社交网络行业发展前景预测与投资机会分析.[EB/OL].http://en.qianzhan.com/report/ detail/5138eabe7f7d48f6.html，2014-05-09.

③ Davis M. Why Do We Need Doctoral Study in Design?[J]. International Journal Design, 2008, 2（3）: 1-79.

④ Jones C. Design methods: Seeds of human futures[M]. New York: Wiley-Interscience, 1970.

社会软件（Social software），将汽车端的导航、娱乐等信息整合到社交网络和地理位置网络中，在场景、时间、地点、经历趋同情况下形成的人际互动和位置服务。汽车社交是社交网络服务（Social Network Service）、位置服务（Location-Based Service）的结合领域，它是利用用户创建网上身份，建立关系从而创造内容，改变了信息来源的渠道和信息推送的方式，且信息是由情境感知系统自动推荐优化的，当信息达到足够的频率和密度便形成主题性的服务，在有信息需求时就已经有求解并引导实施。本书是基于后者进行的汽车社交设计的研究。

1.1.3　选题背景与课题来源

本书研究课题来源于湖南大学汽车车身先进制造国家重点实验室的汽车用户界面设计知识系统和电动汽车车载信息服务系统设计项目。汽车用户界面设计知识系统是由国家自然科学基金项目（60903090）、湖南省自然科学基金（11JJB002）、湖南省社会科学基金（2010YBA054）和汽车重点实验室自主课题共同资助的科研项目，其目标是研究中国驾驶员的行为和生活形态，收集大样本的数据，并在此基础上开发设计知识系统。目前已对301名中国驾驶员的驾驶行为和生活形态展开深入研究，创建了多层次的车内用户情境行为分析框架，同时产生了新一代社会化汽车用户界面和服务设计的案例和概念。至2014年底，汽车用户界面设计知识系统存储了79个情境、6471个设计要素、79个设计情境、1284个设计命题和21个设计概念。电动汽车车载信息服务系统设计项目是在大数据信息时代的社会性交互、环境交互、城市交互的生态信息设计系统和设计研究的背景之下，通过与计算机科学、社会学、心理学交叉融合，试验性地探求未来电动汽车社会化信息交互与服务新的可能性。

赵江洪教授在《第二条设计真知——当代工业产品设计可持续发展的问题》著作中[①]，对可持续发展与非物质设计、产品与服务系统设计进行了深入论述，并指出信息社会是一个提供服务和非物质产品的社会，关注产品与人之间的信息交流和体验，通过设计手段增加不同主体间的信息和情感交流机会，缩小不同人群、地域、文化、种族、性别间不平等的差距，帮助用户在现实世界中生活得更好的设计理念。之后赵江洪教授又在其出版的《设计艺术的含义》[②]一书中指出：人是通过合作和公共活动来寻求自己的价值和观念意义，这些合作和公共活动是社会制度和社会机构（Institution）的外在表现，是指文化、法律、习惯、风俗中人们公认和接受的社会行为模式。综合以上设计研究和设计项目作为本书的主要论点和理论支持，保证了研究具有较完整的

① 赵江洪，张军．第二条设计真知——当代工业产品设计可持续发展的问题[M]，石家庄：河北美术出版社，2003.
② 赵江洪．设计艺术的含义[M]．长沙：湖南大学出版社，2005：141-143.

系统性和科学性。

1.2 研究对象

本书研究的关键问题是探讨社交网络中的社交设计与汽车媒介下具体应用情境的深化，拟从三个方面展开：

（1）社交活动中关键设计因素的关系和内在机制；

（2）不同的群体互动类型、群体互动过程中交互因素及其设计特点和设计策略；

（3）汽车社交及数字化社会创新。

其中，"社交网络"是本书的研究领域，本书大部分概念和术语都来自于社会学与媒介社会学、媒介心理学。"社交设计"是研究对象，特指在Web2.0环境下，社交网络的群体组织方式和信息创作传播的交互模式。因此，本研究将社交网络作为背景，重点挖掘"共生交互社交设计"这一新兴的设计领域的交互构建与服务拓展的研究命题之理论与实践意义。

1.2.1 关键术语的定义

为保证学术严谨性，本书拟对研究所提出的关键术语进行定义和概念分析：

汽车社交（Social car）：汽车社交是基于地理位置、社交网络，针对驾驶安全及驾驶乐趣展开的社会化信息交互服务创新，旨在针对汽车进行社会性交互、环境信息交互、城市信息交互的设计研究，对人、车、服务之间的关系属性进行全流程的系统化思考。

社交设计（Social interaction design）："社交"是社会学和人类学研究领域交织而成的一个术语，依据不同的向度分为四层：

（1）**人际层面**：人际吸引—寻求或享受他人陪伴，友好，交际，合群；人际关系—与礼仪、友谊、生活、福利、社会相关的人类关系，人际空间—亲密、陌生、公开、隐私；

（2）**群体层面**：个人以群体身份参与的社会活动，社会助长—共同活动效应、观众效应，社会协作—分享贡献、沟通交流、成员协作、共同目标；

（3）**心理层面**：社会角色、社会认知、社会动机等；

（4）**文化层面**：传统习俗、文化符号、伦理道德等。按照本文的定义，社交设计指的是针对移动互联网，基于用户参与、促进交流、协作的具有复杂社会形态的人际互动设计。需要指出的是，本书的社交设计是针对在移动互联网时代的社交网络中的设计研究，不包括论坛、SNS和IM早期社交。

共生交互（Symbiotic interaction）：共生的理念起源于生态学，发轫于东方哲学，其价值和思想在一定程度上与Web2.0网络协作生产服务下的开放、多元、互惠、共识的"共生互化"社会范式相吻合，由此本书借用了共生理念来阐述社交网络中群体共享、共情、共筑的社会交互特征和机理，继而提出了"共生交互"一词。

社交赋能设计（Social interaction affordance design）：社交赋能设计是针对社交互动的社交界面设计所构建的设计术语，是Affordance运用在社交网络领域中设计理论的拓展。社交赋能设计旨在为用户提供具有社交参与的界面工具，以行使出该界面所要赋予用户的社会行为。Affordance被译为功能可供性、启示性、示能性、赋能性等多种中文。本书认为网络社交互动所需要赋予界面拟人化、自觉、敏感的感官知觉和行为能动，将面对面社会交流中的语言、形象、情境、表情、情绪转化界面元素，"赋能"一词较之其他解释更具有人格化的主动和能动的含义，呼应了网络社交中群体自觉投入和情感连带的特质，因此选择该词语作为本书中Affordance的中文解释。

1.2.2　问题的提出

由于具有庞大的用户群体，社交网络在近几年发展如火如荼，在社会化商务、科研教育、生活服务、突发事件等方面都充分发挥了平台作用，成为"社会信息连接器"，被业界所广泛重视。这种转变使得交互设计的技术背景、设计对象、设计方法、设计目标也发生了相应的变化。社交设计的内涵和应用随着社交网络发展不断扩展，然而，从设计学的角度对其进行的研究仍存在诸多的空白地带，特别是针对不同网络群体互动所构建的共生交互和共同体验缺乏系统的研究成果。而作为社交设计具体应用情境的汽车社会化交互，凭借人群（社交网络、移动设备）、地点（地理位置信息）、技术（社会计算、计算机协同系统、传感器）组成了丰富城市化生活的数字信息，也是数字化社会创新所研究的热点领域。

因此，本书基于这样一个背景来研究社交网络衍生出的社交设计，并以汽车社交为具体应用领域，探索用户参与和群体智慧的设计思维和设计实践。本书认为社交网络中社交设计的研究立场应该是借用社会行为学、社会心理学进行理论移植，并在此过程中整合设计学的理论，体现了基于设计学对社会学的认知映射的研究思路。具体研究问题如下：

（1）从社会行为学的角度，探讨社交网络作为人际互动的一种类型，其互动过程存在什么内在机制？社交行为本身有共性吗？如何切入用户群和典型用户场景？汽车社交有何种互动类型和交互机制？

（2）从社会心理学的角度，探讨在创造社交共同体验过程中的关键因素是什么？社交有意义吗？社交的意义是什么？用户的动机如何激励？用户如何聚集相互关注并产生情感连带？用户通过参与交互产生的情感能量如何影响并维系群体关系？

（3）从设计学的角度，社交网络有哪些关键的可介入的设计特征？这些设计特征又应具有什么特定的设计属性？这些设计特征如何引导用户群进行社交行为？社交设计的哪些关键因素将影响用户社交体验和提升用户社交体验？

1.3 研究意义与创新点

1.3.1 研究意义

从理论的角度，现有的社交网络（SNS）或位置服务（LBS）的交互设计研究大多集中于利用媒介平台展开的应用设计或只是在研究框架中提及而并未深入探讨，也没有将社交行为本身作为一个研究对象加以分析。此外，从现有的研究来看，对汽车社交具有的媒介特征和互动模式亦没有相关的研究，对从"信息聚合"转变到"用户聚合"的群体社交共同体验设计也尚未有系统论述。作为新的社交形式，社交网络形成一种新型的社交互动方式和人际沟通模式，用户参与程度、信息传播方式、沟通方式、关系集成、社区组织等方面都有别于计算机媒介通讯系统（CMC）和计算机支持的协同工作系统（CSCW）。因此，本书以如何针对社交网络开展社交设计与体验设计为出发点，通过社会学领域、人机交互领域的理论推演以及案例分析双重论证基础上，基于社交交互中位置、事件、关系群体，构建出社交的参与、沟通、人际、活动共生交互社交设计方法，探讨社交赋能设计框架，并针对汽车社交的具体应用情境进行了深化研究，得到了可供实证和兼具操作性的研究成果。

从实践的角度，本书将社交图式与社交赋能设计作为理论蓝本，运用映射分析法对现有典型社交设计案例进行事实依据的分析。同时，本研究针对汽车用户进行了为期两年半的汽车用户界面设计知识系统的研究并构建了数据库，实现了用户知识转化在设计知识上的支持。随后，将共生交互的汽车社交方法运用于"乐驾"汽车应用，通过了用户评估，说明该方法具有一定可行性。因此本书提出的共生交互社交设计方法对于不同群体用户类型的社交应用有一定的参考和指导作用：其一，对于关系群体维护与拓展的社交应用而言，通过对关系群体分类可形成强关系下稳固型的熟人社交应用、弱关系下维系型的社区社交应用、临时关系下拓展型的社会社交应用。其二，对于位置群体的服务应用而言，通过对位置群体相近的地理位置区域，发展休闲娱乐应用、生活服务应用、社区建设应用。其三，对于事件群体的社交服务应用而言，通过对事件或兴趣群体发展城市动态、民生舆情、公共服务应用。在基于互联生态与汽车工业转型的时代背景下，本书对社交信息交互与服务设计进行研究具有相当的现实意义和理论价值。

1.3.2 本书的创新点

本书的创新点主要包括以下三个方面：

（1）本研究提出了以群体为中心的社交设计研究路径。

本书首先根据信息系统领域的设计学范式、交互设计本体属性、人机交互设计转变的分析理解，理清了社交设计的驱动因素和特征机理，提出了基于社会学中行为学、心理学对设计学的认知映射社交设计研究思路，并结合社交网络的概念特征，归纳总结出交互设计研究的三个方向："信息—用户"的交互式信息设计、"社会—用户"即社会化群体协作互动设计，"社会—信息"即社会公共服务设计。此外，根据社交网络边缘类型划分了位置、关系、事件三种群体组织关系；根据群体互动过程理论提炼社交设计驱动因素，即参与、沟通、人际、活动，并从心理层面和社会层面揭示群体互动中个体的情感连带和能量传递，发掘了互动过程中个体认知的层次，推导出位置共享、事件共筑、关系共情的社交设计范式。继而进一步借用自组织理论和涌现行为，验证群体互动过程强调对群体观念或群体原型的吸引，这种趋同成了群体协作和社交体验关联的共性属性。因此，以群体为中心的分析框架从理论上规范并完善了社交设计的研究思路，是人机交互拓展到社交交互的理论创新。

（2）本书创造性地将Affordance理论和社交图式理论结合起来，提出了社交赋能设计。

通过对社交图式理论中交互式、交互旨、交互场转换为设计属性，构成了视觉形式—社交行为—心理体验的三个社交设计的层次，形成了"社交图式—社交赋能—社交体验"的共生交互社交设计方法论，并从界面构件的角度，依据用户创造、设计提供、设计特征、设计依据四个方面总结出参与赋能、沟通赋能、人际赋能、活动赋能的社交赋能设计15条设计策略。因此，社交赋能是Affordance研究领域的理论创新。

（3）本书在汽车社交部分从多元网络形态的角度出发，探讨人与人、人与车、车与车的多重互动模式。

结合案例与具体的应用情境，提出了情境体验、互动体验、符号体验、叙事体验四个体验因素及位置共享、事件共筑、关系共情三个共生交互汽车社交设计的信息架构、交互设计、界面设计的设计策略，并在此基础上采用以用户为中心的定性的实地研究和设计的方法，开发基于Web的汽车用户界面的设计知识系统，运用用户参与式设计方法与程序以促进社交设计的开展，并将研究成果运用到"乐驾"汽车社交设计案例上，是社交网络在人车信息交互领域新的尝试。

1.4　文献综述

社交网络不仅成为公众社会参与的重要渠道，还成为联系不同服务与用户的媒介。这种媒介既是一种信息技术，也是一种商业模式，还是一种泛在平台，更是一种社会创新。而汽车社交则是利用互联汽车作为媒介工具，通过社交网络与汽车、城市信息流、位置地图相结合，将驾驶者和服务相互联系，将车内与车外的信息、生活相互打通，将移动设备与汽车彼此整合，创造更出色的用户体验和价值机会。随着互联网研究领域的不断拓展，交互设计的理论与应用研究得到国内外研究者的广泛重视。

1.4.1　信息源与文献检索

社交设计和汽车社交的研究在学术界是一个较为前沿的领域，涉及社交网络、交互设计、汽车人机交互等多个学科内容，将社交设计、汽车社交、社交体验、社交界面设计等关键词进行组合检索，检索出的文献寥寥无几。因此，本书首先对交互设计研究现状进行了宏观上的梳理，尝试回答两个问题：一是国内外有关交互设计已经取得研究成果，尤其是在LBS、SNS、移动设备、汽车人机交互的研究现状，二是现有研究存在的问题。具体检索步骤如下：

第一，文献检索。笔者用"交互设计"、"interaction design"为关键词、题名、主题中出现相关检索词的文献进行整理。国内文献的检索方案为：检索CNKI核心期刊、CNKI硕博士学位论文从2006年到2014年文献，得到231篇。国外文献的检索与抽样方案为：以德国Duisburg Essen和美国ACM Sigchi创办的国际性汽车用户界面和车载交互应用会刊（Automotive UI, Conference Proceedings, 2009-2014年），国际性权威期刊《国际人机研究期刊》（《International Journal of Human-Computer Studies》2006-2014年）以及国际性会议移动设备人机交互与服务的会刊（MobileHCI, 2006-2014年）为样本对所有相关文章进行了定量分析，得到154篇论文。

第二，内容分析。通过从应用、用户、技术三个视角，提炼出四个重点研究角度，即社交网络应用、用户研究、交互设计、汽车交互，并以研究角度为依据对检索出385篇文献进行内容分析，具体分布如表1-1所示。

各研究范畴的论文分布比例 表1-1

分布		社交网络应用	交互设计	用户研究	汽车交互	合计
国内	论文数	57	123	36	15	231
	百分比	24.6%	53.2%	15.6%	6.6%	100%
国外	论文数	37	48	22	47	154
	百分比	41.6%	32%	7%	19.4%	100%

论文发表的时间可以清晰地反映该领域的研究发展，通过对相关文献的年份先后进行分类。结果如表1-2、表1-3所示。

国内研究内容和时间分布情况 表1-2

国内（年） 抽样	2006	2007	2008	2009	2010	2011	2012	2013	2014	合计
社交网络应用	0	0	1	3	5	7	15	14	12	57
交互设计	4	7	6	11	16	19	21	27	12	123
用户研究	2	2	3	5	7	5	7	1	4	36
汽车交互	0	0	1	1	1	2	3	5	2	15

国外研究内容和时间分布情况 表1-3

国外（年） 抽样	2006	2007	2008	2009	2010	2011	2012	2013	2014	合计
社交网络应用	3	4	6	8	2	4	2	6	2	37
交互设计	4	5	3	7	5	3	3	14	4	48
用户研究	2	2	2	4	1	1	2	8	0	22
汽车交互	0	0	0	2	11	5	11	8	10	47

文献整理初步发现，社交网络的研究已经广泛出现在信息管理、计算机科学与工商管理和社会科学之中，在设计学领域对于社交网络的应用研究的关注度也在不断上升。从总体上看：

（1）社交网络。国内针对社交网络的相关研究在2010年开始出现，数量逐年递增，到2012年形成研究热点，增幅达到214%，而国外在2008年已有相当的文献数量，这在一定程度上说明了这方面的研究国内在时间上落后于国外。国内与国外在研究角

度上并无明显差异，均在用户行为研究、社区社交组织、交互与界面设计等方面有所
涉及，但从文献结论来看，国外文献中面向具体设计对象的可用性研究较多。

（2）交互设计。国内交互设计的文献在2009年以后持续增多，并在2010后掀起
研究热潮，说明交互设计在国内学术界产生了较大的影响，国外的交互设计研究始
于2006年，文献数量呈现出稳定的局势。在研究角度上，主要涵盖交互行为与流程
设计、信息架构与界面设计、设计方法、交互设计美学、自然交互等都有相关文章
涉及。

（3）用户研究。用户研究对交互设计的影响已经引起国内外相关研究者的
广泛关注，用户研究中最为热点的领域为用户体验研究。本研究也发现，可用性
（Usability）、以用户为中心的设计（UCD）、体验设计（Experience design）、情感
化设计（Emotional design）、感性工学（Kansei Engineering）都与用户研究有一
定的重合度。有关用户体验的确切定义、层次框架以及其构成要素还在不断发展和革
新。文献数量一直比较稳定，主要集中在用户研究方法与应用、用户体验要素研究、
以用户为中心的设计流程研究等方面。国外文献在2013年数量增多实现特刊，可见该
领域当年的热度。

（4）汽车交互。该领域的论文在国内文献中还相当匮乏。Automotive UI中关于
汽车交互文献量非常集中，且多见于应用研究。国内汽车交互的文献多为报道性的或
者介绍性的，展开深入研究的非常之少。

第三，考虑到相关文献较多，笔者对以上文献进行二次检索时做了两个处理：

（1）根据社交设计的内涵进行了概念上的延伸，如社交服务设计，社交体验设计，
SNS社会化分享，Web2.0的产品设计等不同应用设计研究。

（2）将用户研究的类型扩展到信息服务中的用户知识与生活形态、用户行为与体
验等领域。鉴于此，共检索出相关文献74篇，按照其所涉及领域，可以粗略地分为如
下三个大的类别，作为下文的文献综述。

1.4.2 社会范式：设计研究转向

设计研究（Design research）是描述和解释设计的研究活动，包括解释或说明
设计结果（名词性）和设计过程（动词性）的外延和内涵[1]。由于设计的确存在相对
于其他工科学科的独特思维和交流方式，这使得设计的科学体系和方法论研究成为必
要[2]。学术界认为，设计研究可以从本体论、认识论和方法论这三个层面，探讨设计

---

① 赵江洪. 设计和设计方法研究四十年[J]. 北京：装饰，2008（185）：9-10.
② 赵江洪. 设计研究和设计方法论研究四十年. 设计史设计：设计与中国设计史研究年会专辑
   [J]. 上海：上海书画出版社，2007：21-28.

对象、设计过程、设计结果中可靠和可信的设计信息介质的"元语",形成有效的设计素材和设计决策,反映本体论、认识论和方法论所主张的完整的研究结构。设计的本体研究是从设计主体"人"和设计客体"物"的角度,来关注设计实践中形态的生成和演化,形成了设计行为学(Design praxiology)和设计现象学(Design phenomenology)[1]。设计的过程研究取向立足于真实情境,通过迭代的分析、设计、发展和实施,产生与情境相关的设计原则和设计理论[2]。Cross将"设计方法论"定义为对设计的基本原则与一般程序的研究,关注设计"是"以及"应该"如何进行,认为设计是设计问题和设计的解之间协调进化的思维方式[3]。柳冠中提出设计事理学,深入理解人、人为事物以及它们之间"现实关系"和"可能关系",提出从造物转为谋事的思维方式,倡导古人的"超乎象外,得其圜中"的理念,运用系统设计方法论来解决复杂的社会设计,其本质是重组知识结构和资源[4]。

当今设计已从产品设计转变为商业模式与服务体验的设计,从视觉设计转变为交互与行为的设计,从面向个体用户的设计转变为面向群体的社会化设计,这表明一个基于制造业和生成物质产品的社会向一个基于服务的经济学社会(以非物质产品为主)的转变[5]。设计的功能和社会作用、设计的范围已经扩大,单一的产品设计已经无法满足当代人类的生活需求,设计的本质变化导致设计的范式也同样发生了变化。对于社交网络的社交设计研究而言,旨在探求这种转变下,交互设计的本源内涵、技术条件和服务形式层面下的设计形态和设计机理。对于Social design(可译成社会化设计或社交设计),目前学术界有两种解读方式:第一种是以巴巴纳克"为真实世界而设计"、曼梓尼"产品—服务系统可持续设计"为代表的,关注有限的地球资源和人类真实的境遇,为社会环境和人类福祉进行可持续的、跨文化的社会创新服务设计,如Ezio提出了自上而下、自下而上、混合的三种社会创新的类型方法,并认为可操作性的社会设计模式是将设计的每一个意义行为序列(Meaning sequences of actions)视为一个整体,并持续、有效的延展[6]。第二种是以数字技术为代表的社会设计,本书也是针对这方面进行的研究。该方向关注的是网络互动生成型的关系、反馈、协调、自组织

① Owen C. Design Thinking: Notes on its Nature and Use[J]. Design Research Quarterly, 2007, 2(1): 16-27.

② Wang F, Michael H. Research-Design-Based Research and Technology-Enhanced Learning Enivroments. Educational Technology[J], Research and Development, 2005, vol. 53, No. 4: 5-11.

③ Cross N. Development in Design Methodology[M]. John Wiley&Sons Ltd, 1984, vii.

④ 柳冠中. 事理学系列研究[M], 北京: 高等教育出版社, 2007: 3-7.

⑤ [法]马克·第亚尼. 非物质社会—后工业世界的设计[M]. 滕守尧译. 成都: 四川人民出版社, 1998.

⑥ Ezio Manzini. Making things happen Social innovation and design[J]. Design Issues, 2014(30-1): 57-66.

机制系统下，群体互动协作的交互设计，如网络游戏设计、网络协作服务设计等。两种社会范围的设计有一定联系，社会创新服务设计可利用社交网络的社交设计作为技术手段，亦符合可持续发展的设计理念，而社交网络的社交设计发展出社区化群体协作和服务集群时，可称为数字化的社会创新。

1.4.3　汽车社交：移动社会服务

　　汽车社交是基于地理位置，与移动互联网无缝衔接的交互式信息服务，属于移动社交交互设计中的具体运用，围绕人如何通过产品、服务连接其他人来进行用户控制和活动体验。如Gong提出四种移动通信协作服务的网络交互结构：点对点（P2P）、角色对角色（R2R）、点对共同体（P2C）、角色对集中（R2C），来对应不同的社会关系网络、交互框架和服务形式[①]。布兰特（Brent）提出移动界面设计模式，将其分为导航和信息架构（Navigation and Architecture）、评论（Review）、交互（Interaction）、位置（GPS/Location）4大类和36个子类，并创建出设计模式管理可视化地图，以便更好地理解设计模式之间的关系[②]。针对社区管理和移动交互设计，Mark将Web2.0社区信息管理工具分为用户参与（User Participation）、大众分类法（Folksonomy）、地理标记（Geotagging）三种，提出社会应用程序，服务社区及城市信息三种移动空间交互设计理念[③]。Zhen通过84个APP和11个快速消费品（Fast Moving Consumer Goods）评估移动交互、社会交互、品牌交互的品牌设计，并从企业、用户、技术三种形式识别方式，提出一个品牌设计应用程序框架[④]。Ronald利用城市信息学、移动情境感知媒介、社交网络、智能社区生成的大量的实时实地的地理标签，构建出汽车虚拟移动社区，针对共时同地的兴趣群体，探讨新型城市信息类型的车载互动应用[⑤]。安德鲁（Andrew）在通用汽车用户体验设计团队的"旅程"项

① Gong M, Manzini E, Casalegno F. Mobilized Collaborative Services in Ubiquitous Network[J]. Internationalization, Design and Global Development, 2011.
② White BK. Visualizig mobile design pattern relationships[J]. MobileHCI '12 Proceedings of the 14th international conference on Human-computer interaction with mobile devices and services companion, 2012: 71-76.
③ Bilandzic M, Foth M. Mobile Spatial Interaction and Mediated Social Navigation[M]. Encyclopedia of Information Science and Technology, 2nd Mehdi Khosrow-Pour Information Resources Management Association, USA, 2009: 2604-2608.
④ Zhao Z, Balagué C. A design framework of branded mobile applications[J], MobileHCI '14 Proceedings of the 16th international conference on Human-computer interaction with mobile devices & services, 2014: 507-512.
⑤ Schroeter R, Rakotonirainy A, Foth M.The Social Car:New Interactive Vehicular Application Derived from Social Media and Urban Informatics[A], Proceeding of the 4th International Conference on AUI [C], USA, 2012: 107-110.

目中，通过对不同的驾驶情境探查，深入了解用户如何使用车载娱乐系统以此理解移动设备与汽车系统、外界生活与车内支持、品牌设计与美学价值、驾驶任务与感官通道等问题，用于新一代汽车人机界面的设计开发[1]。Talia将车载电子导航地图的色彩模式、抽象级别、数据数量，做了美学评价，得出了感知的高关联度对地图美学和可用性影响很大[2]。谭浩将汽车复杂交互情境作为研究对象，将人车交互的认知因素分为感性与审美因素、环境因素、注意力分配因素和注意力占用因素，分析了多通道显示和自然交互模式的设计问题，提出情境信息组织、状态信息组织、复杂操作信息组织的视觉信息组织方式[3]。这些文献主要集中在移动交互和汽车人机交互范畴，以实例的形式呈现了如何将汽车与移动交互、社会信息相结合，部分文献对汽车交互的具体应用及其可行性做了改良性的研究。可见汽车的移动应用、位置服务是该领域新的研究方向。

1.4.4 行为关系：共生性的体验

尽管在二次检索的文献中，关键词直接匹配的关于共同体验、共生体验、群体体验的文献并不多，但这个词语实际上是一个整合的概念，折射出社交网络、计算机媒介沟通系统、计算机支持协同工作系统等不同平台类型的交互产品与服务设计的显著特性，因此涉及这方面的研究都与本研究主题相关。

用户体验（UX）或体验存在着主观或个人化的因素，导致该领域的文献呈现出不同的研究范式，致使UX一直缺乏规范的框架工具来指导设计师如何建立体验与设计物之间具有操作性的方法。ISO9241-210标准将用户体验定义为"人们对于针对使用或期望使用的产品、系统或者服务的认知印象和回应"[4]，并列出三个影响用户体验的因素：系统（产品或服务）、用户、交互环境。ISO的补充定义认为：用户体验是用户在使用产品或系统之前、期间和之后的全部感受，包括情感、信仰、喜好、认知印象、生理和心理反应、行为和成就等各个方面，通常结合ISO/DIS 9241-11可用性标准来评估用户体验。巴尔加斯（Bargas）在其论文中统计了用户体验研究

① Gellatly A.W Hansen C, Highstorm M, Journey: General Motors`Move to Incorporate Contextual Design into Its Next Generation of Automotive HCI Design [A] Proceedings of 2nd AUI, [C]USA, 2010, 11: 11-12.
② Lavie T, Oron-Gilad T, Meyer J. Aesthetics and Usability of in-vehicle navigation displays[J]. International Journal Human-Computer Studies 2011, 69: 80-99.
③ 谭浩. 面向复杂交互情境的汽车人机界面设计研究[J]，包装工程，2012，Vol.33, No.18: 26-30.
④ ISO9241-210: Ergonomics of human systems interaction[S], Part210:Human-centered design for interactive systems（formerly known as 13407）. International Organiztion for Standardization（ISO）.Switzerland, 2010: 7-9.

对象的比率，指出电子类产品（移动设备、游戏等）占42%，艺术作品的研究占到22%，网页的研究占12%，研究者自己构想的产品占9%[1]。弗朗西斯科（Francesco）将用户体验与需求、功能可供性构成一个框架来描述和分析体验的构成与发展，该框架建构成三个层次：操作（Motor-goal）、使用（Do-goal）、需求（Be-goal）对应为操作可供（Manipulation affordance）、使用效能可供（Use and effect affordance）、体验可供（Experience affordance），建立用户体验与交互产品设计之间的联系[2]。

人际交往是复杂的社会形态，社交体验是在社会化交互中产生的群体共同分享、共同创造行为之间相互传递相互连接的一种心理感受（Meta-experience），社交网络使得人们通过网络中介进行群体活动，因此这种体验是多维交互的，社交体验主要集中于用户体验的转译性研究，可运用在产品和服务的交互设计中。Katja认为体验可以分为三个类型：短暂的体验（The experience of moment）、累积的体验（Accumulated experience）和共同的体验（Co-experience）[3]，并借用符号互动论重点阐述多人创建的共同体验，进一步将现有的UX研究分成三种研究范式：以用户为中心的移情设计方法、基于情感反应测量的方法、基于行为意义、动因的实用主义的方法[4]。Schmitt通过对人脑模块分析和社会心理学的研究，将用户体验分为感官、思考、创新、行为、关联五大体验体系[5]。Hassenzahl认为用户体验是用户内心的状况（倾向、期望、需求、动机、心情）和系统（复杂性、目的性、可用性、功能性）在特定交互环境下产生的结果，这种结果包括操作性、识别性、激励性和启示性，继而将用户体验分成实用性和享乐性，并将享乐性体验划分为享受、美学和娱乐[6]。布赖恩（Brien）认为用户参与度与用户体验有正向的关系，由此提出了用户参与度结构模型，基于效度和参与度将其分为六个属性：感性可用性、美学、注意力、感知相关、创新性、持久性，并通过结构方程模型确

① Bargas J, Hornbaek K, Foci and blind in user experience research[J], Interactions, 2012, 19（6）：24-27.

② Francesco Pucillo, Gaetano Cascini, Politecnico di Milano, Dipartimento, A framework for user experience, needs andaffordances[J], Design Studies, 2014（35）：160-179.

③ Katja Battarbee, Co-experience:Understanding User Experiences in Social Interaction[D], Academic dissertation. Publication Series of the University of Art and Design Helsinki A 51. 2004.

④ Katja Battarbee, Lipo Koskinen, Co-experience:user experience as interaction[J], CoDeisgn, 2005（3）Vol.1, No.1：5-18.

⑤ Bernd Schmitt, 冯玲. 顾客体验管理[M]. 第一版，北京：机械工业出版社，2005：23-41.

⑥ Hassenzahl M, Tractinsky N, User experience research agenda[J], Behavior & Information Technology, 2006, 25（2）：91-97.

定各个属性之间的关系[①]。马尔克（Mahlke）认为用户体验评价包括认知和情感因素，并将情感因素划分为直接和间接的情感，并认为认知因素与认知过程中进一步产生更为复杂的情感因素[②]。帕克（Park）将ipad作为研究对象，构建了用户体验与可用性、情感和用户价值之间的五种关系模型，为用户体验的定量化研究提供了思路，并指出非线性模型是未来研究用户体验的趋势[③]。可见，对于体验的设计和研究虽然没有统一的范式，但体验的形成来自于对情境和情境中所包含的用户行为、用户动机关系的理解，因此体验确实存在结构化和层次化的属性，这也是本书研究的重要理论基础之一。

1.4.5 现有研究的不足

通过对以上文献的研究综述，笔者发现对于社会化设计的研究角度可归纳为三个方面：应用性研究（占53%）、方法性研究（占6%）、用户或用户群研究（占41%）。针对本书的研究主题发现检索文献中存在一定的研究空白，具体体现在：

（1）多以应用和个案为导向，基于具体的平台或用户视角展开有针对性的设计项目，通常采用用户研究、个案分析、同类型产品调研等研究方法，由此导致研究结论略为宽泛、研究成果可复用性，可操作性的结论或形成该类型设计的方法论还很匮乏。

（2）现有文献中，缺乏对社交网络设计学视角的研究，只有少数文献考虑到对于新兴媒体出现展开相应的设计研究，但多以解释、描述为主，鲜有针对相关理论的借鉴或转化为设计方法的文献。

（3）从群体互动的角度来探讨体验的生成与发展的要少得多，尤其是基于社交网络视角下社交设计方法的研究在本书检索的文献中更少，这一发现在很大程度上说明，目前对于网络社群活动的社交设计研究还很匮乏。本书认为可针对以上几个部分进行深入探讨研究，并开展针对性的设计和适度创新。

① O'Brien HL, Toms EG, The development and evaluation of a survey to measure user engagement[J], Journal of the American Society for Information Science and Technology, 2010, 61（1）: 50-69.

② Hassenzahl M, The quality of interactive products: hedonic needs, emotions and experience[J], Encyclopedia of Human-Computer Interaction, PA: Idea Group, 2005: 652-660.

③ Park J, Han H, Kim H et al. Modeling user experience: A case study on a device[J]. International Journal of Industrial Ergonomics, 2013, 43: 187-196.

1.5 研究方法及内容组织思路

1.5.1 研究方法

社交设计既属于社会学中群体过程和互动机制的研究范畴，又包含认知心理学在人机交互方面重要的理论观点：行动是界面设计支持和表现的实质。这表明本书需要多种研究方法的综合运用才能获取科学的研究结论。本书主要采用的定性研究方法：

（1）在社会学中，群体一直被看作是一个复杂开放的体系[1][2]，群体互动性质和作用机制受到情境以及个人背景、目的等各种非线性因素影响[3]，这些因素不能通过预设某种数量关系来全面反映研究对象的性质、意义和问题，只能通过社交网络分析法获得动态过程中某个时间节点的定量描述作为研究的一个论证线索。

（2）由于网络社交产品的用户使用情况是时刻发生变化的，用户参与、用户活跃、用户潜水、用户流失，定性研究理解在不同情境下用户需求、动机的结构性变化，提供多种场景下的设计支持。本书各部分在研究方法上有所不同，具体内容如下：

在理论研究部分：主要采用文献研究法和类型研究法，通过阅读大量国内外社交设计的文献或项目研究报告，通过分类群体互动类型，深入归纳分析其共性和内在联系，从而开展文献综述工作及本研究的总体研究框架，重点在于为逻辑推演和理论模型提供论据方法支持。

在案例研究阶段：主要采用案例分析法、内容分析法。通过选取奔驰Twtter Race、大众Smiledrive、谷歌Waze的典型案例为切入点，分析讨论位置、事件、关系三种群体组织模式和交互模式类型，包括信息架构、界面设计、视觉设计的分析，获取论点的事实依据，对比群体社交的交互对象、交互内容、交互需求，形成案例分析的可视化图表。

在设计实践阶段：主要采用扎根分析法、人类学方法、创新与整合设计法。设计研究阶段，通过用户参与设计、用户知识识别、快速原型、用户评估、基于场景的设计，通过设计探问理解用户来完善创意。用户研究阶段采用人类学研究方法：随车同步拍摄的实地研究来观察用户，了解用户线下的信息需求和服务情境，观察和分析他们使用产品的情境，完成操作任务的困难程度和操作方法，提取用户行为特征，对研

① ArrowH, Poole C, Henry B.et al.Time, change, and development: The temporal perspective on groups[J]. Small Group Research, 2004, 35（1）: 73 - 105.
② Barker L, Wahlers J, Watson W.Groups in Process: An introduction to small group communication[M], Boston: Allyn and Bacon, 6th Edition, 2001.
③ Wittenbaum M, Hollingshead B, Paulus B, et al. The functional perspective as a lens for understanding groups[M]. Small Group Research, 2004, 35（1）: 17 - 43.

究内容进行"质"的分析,从而获得一手的研究资料。结合实地调研和问卷调研进行用户访谈,首先对一般问题开始,然后逐渐对关键性问题深度探究再回溯比较。基于Web技术开发了驾驶行为与生活形态基础数据,可在网上检索、类比、提取数据,在后台程序录入数据,建立成一个可迭代的用户知识系统将用户体验设计有直接的促进作用。

1.5.2 内容组织思路

基于以上的研究思路和研究方法,本书共分为五章,总体框架如图1-4所示,各章具体内容如下。

第一章:研究视角和技术路线。通过文献综述梳理现有研究成果、研究空白领域,以确定本书研究思路和技术路线,包括研究问题的提出、研究的背景和研究课题来源。文献综述中讨论了社会性设计研究范式,汽车社交与移动服务设计、共生体验设计,同时概要了研究对象、术语和研究关键问题。最后说明了研究方法、文章组织基本思路,提出了选题的理论和实践意义、本书的创新点,以及研究框架。

第二章:以群体为中心的社交设计研究路径构建。根据社交网络分析法、群体过程与社会表征理论、信息系统领域设计学研究相关理论论述,通过确立网络节点类型揭示位置、关系、事件三种群体类型,并由此提出位置共享、事件共筑、关系共情三个社交设计类型。通过对群体过程和互动中的交互设计相关因素深入理解,提出活动导向和人际导向两种交互内容因素以及参与方式和沟通方式的两种交互方式因素。基于以上分析并结合社会互动中的心理认知因素,构建群体互动过程整合模型。借用自组织和涌现行为理论验证群体原型的趋同成了群体协作和社交体验的共性属性。

第三章:基于社交图式和社交赋能的共生交互社交设计方法研究。以社交行为组织为对象,通过对社交图示和社交赋能理论的整合推演,提出共生交互社交设计方法,构建了视觉形式—社交行为—心理体验的社交设计层次模型,并依据界面构件从用户创造、设计提供、设计特征、设计依据四个方面总结出参与赋能、沟通赋能、人际赋能、活动赋能、社交赋能、设计方法的15条设计策略。

第四章:共生交互的汽车社交设计研究。本章将社交赋能设计方法与具体的应用情境进行深化,针对不同人与车、车与车、车与人三种互动,并结合奔驰、大众、谷歌汽车社交案例,提出了情境体验、互动体验、符号体验、叙事体验的汽车社交共生体验映射关系框架,构建了位置共享、事件共筑、关系共情三个共生交互的汽车社交设计类型,提出有针对性的信息架构、交互设计、界面设计相关设计方法。

第五章:汽车社交设计实践。将前文的设计方法运用于"乐驾"电动汽车车载信息服务系统设计和服务拓展,对301名中国驾驶员的驾驶行为和生活形态展开深入研究并开发了汽车用户界面知识系统,提出了社会化数字产品设计方法与程序,从方法、工具和实践过程等方面进行具体尝试与验证本文的创新点,并对后续研究进行了展望(图1-1)。

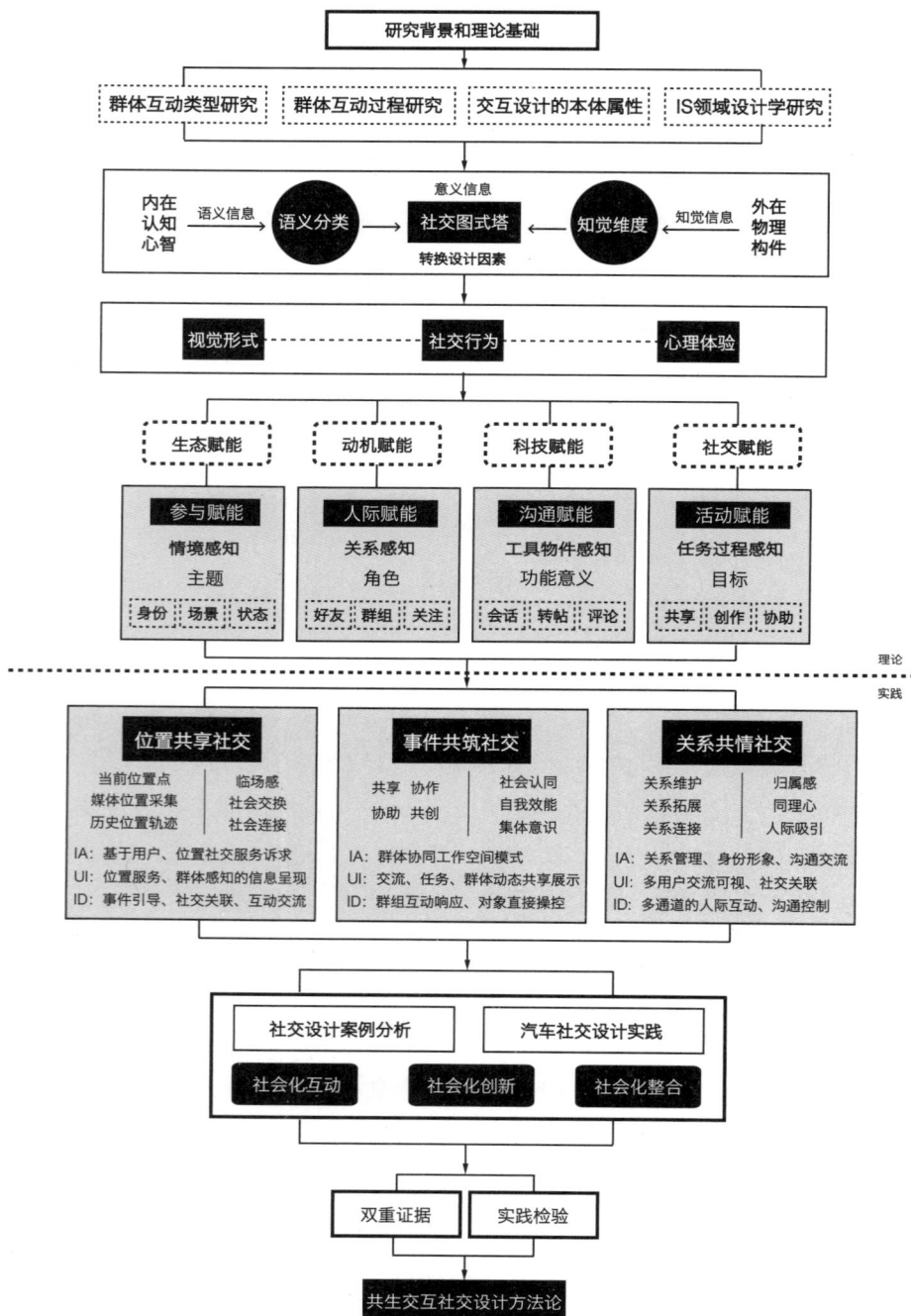

图1-1　研究思路

第 2 章

社交设计的理论基础
与研究路径

2.1 概述

哲学家亚里士多德在《政治学》中说，人类在本质上是社会性的动物，马克思认为社会是人类交互作用的产物，所以"人生不能无群"[1]。人类一切行为的衍生都基于信息沟通，跨越时间和空间建立联系是社会性动物的基本需求。以媒介为手段的社会交往发展至今已有数千年的历史，从结绳记事、石窟壁画，到书写和印刷术，再到电话、手机、互联网；从穴居的群居生活，到千里迢迢的城市迁移，时代的变迁和技术的革新更替了社交的方式。在数字化社会，人们通过使用计算机媒介通信（CMC）进行跨地域的实时交流。为了满足群体交互和网络协同工作的需要，人们通过计算机支持的协同工作系统（CSCW）进行虚拟社区学习、异地协同办公。现在，社交网络、社会化商业、社会化服务、社会化产品改变着人与世界的关系，繁荣的背后回应了人类社会的群体社交的内在需求。

正如纳迪（Nardi）指出，我们正在完成一种从人机交互到在各种文脉关系中的以信息技术为媒介的人与人之间的交互（Mediated by technology in context）观念上的转变[2]。在这种转变中，社会关系、社会连接、社会意识、社会支持等社会性因素被纳入到人机交互设计领域之中。由此，社交网络的社交设计也成为交互设计重要课题之一。在第一章文献综述的基础上，本章旨在系统地梳理社交网络、信息系统的设计学研究、交互设计本体属性、人机交互设计范式、社会学的相关概念和逻辑，构建以群体为中心的社交设计研究路径。根据群体互动类型和群体互动过程提出和论证了位置共享、事件共筑、关系共情三个社交设计类型和参与、沟通的交互方式因素和人际、活动的交互行为因素，由此作为第三章的研究基础和研究思路。

---

[1] 张觉. 荀子校注[M]. 长沙：岳麓书社，2006：108.

[2] Nardi BA, Context theory and human-computer interaction, Context and Consciousness: Activity theroy and human-computer interaction[M], Cambridge, Mass: The MIT Press, 1996: 7-16.

2.2 设计介入社交网络的可能

从农业时代的"面社会",工业时代的"线社会",到以自我为中心（Egocentric network）的"点社会",信息技术革新了社会的形态。曼纽尔·卡斯特在他的信息时代三部曲的第一部《网络社会的崛起》中,明确地提出了电脑中介沟通（CMC）、机构控制、社会网络与虚拟社群等相关概念[1]。社交网络的创新不仅反映在Web2.0版的技术性和平台性上,同时也反映在社会性观念内核和媒介方式上,它推动了信息服务由传统的信息聚合向多维度社会化用户聚合的转化,构建了基于人际关系传递的社会资本的互动机制[2],倡导用户创建（UGC）和交换内容,产生集体智慧[3],是用户共谋共享、建立关系的高交互工具和平台[4]。Web2.0最早是由蒂姆·奥莱利提出的,他在Friend of O'reilly的Web2.0初始概念模拟图中描述出了Web2.0的核心概念[5],这些概念成为社交网络的重要特征,如图2-1所示。

社交网络的研究确实存在着不同的理论立场和研究视角。设计介入社交网络的研究立场应首先应考虑社交网络形成逻辑以及依赖的媒介载体,由此探讨不同媒介特色及其涵盖的设计属性。耶茨（Yates）采用媒体类型模型（Genres model）[6][7]来分析媒体的沟通元素以及沟通模式,该模型包括六个要素:目的（Why）、内容（What）、形式（How）、参与者（Who）、时间（When）及位置（Where）。拉斯韦尔将传播活动理解为一个目的性行为过程,概括为5W模式:传者（Who）、受者（To whom）、信息（Says what）、媒介（In which channel）、效果（With what effect）[8],从传播的控制、内容、媒介、受众和效果来理解媒介的交流活动。

① 曼纽尔·卡斯特. 网络社会的崛起[M]. 夏铸九译. 北京: 社会科学文献出版社, 2001: 450.
② Burke M, Kraut R, Marlow C. Social capital on Facebook: Differentiating uses and users[C]. Conference on Human Factors in Computing Systems, 2011: 7-9.
③ Kaplan Andreas M., Haenlein Michael. Users of the world, unite! The challenges and opportunities of social media, [J]Business Horizons, 2010, 53（1）: 61.
④ Murthy, Dhiraj, Twitter: Social Communication in the Twitter Age[M]. Cambridge: Polity, 2013: 7-8.
⑤ 蒂姆·奥莱利, 什么是web2.0[EB/OL]. http://www.enet.com.cn/article/2005/1122/A20051122474593.Shtml, 2005-11-22.
⑥ Yates J, Orlikowski W. Genres of Organizational Communication: A Structurational Approach to Studying Communication and Media. [J]Academy of Management Review, 1992, 17（2）: 299-326.
⑦ Yates J, Orlikowski W, Jackson A. The Six Key Dimensions of Understanding Media, [EB/OL], http://sloanreview.mit.edu/article/the-six-key-dimensions-of-understanding-media/, 2008-01-01.
⑧ [美] 哈罗德·拉斯韦尔. 传播在社会中的结构与功能[M]. 何道宽译. 北京: 中国传媒大学出版社, 2012.

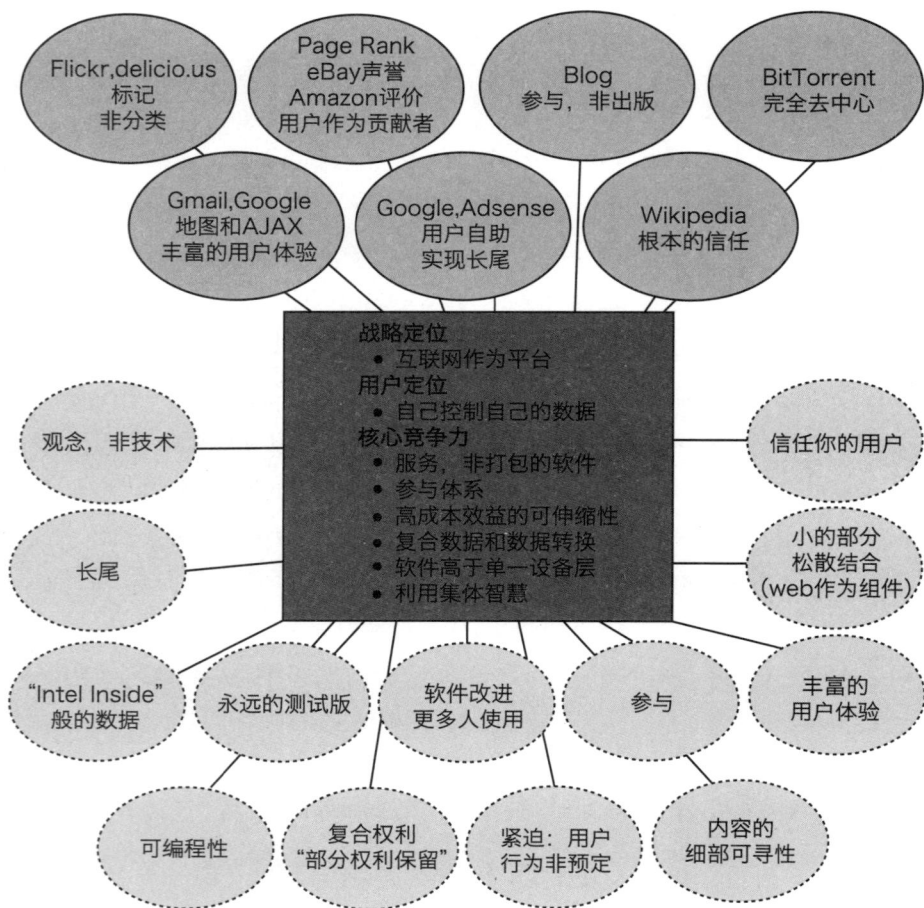

图2-1 蒂姆·奥莱利的Web2.0初始概念模拟图
（图片来源：蒂姆·奥莱利，2005年）

媒体类型模型和5W模式提供了分析社交网络的层次维度和拓扑结构。本文以设计介入的角度，整合两种研究方法，确定社交网络的四个分析维度：形式（How）、信息（What）、目的（Why）、媒介（Which channel），分别指向：功能与内容设计、信息传播与媒介设计、用户动机与扩展行为、应用形式与服务层次。参考尼尔森的《中国社会化媒体全景图》分类①尝试对社交网络进行类型及其描述，具体如表2-1所示。

————————

① 尼尔森在线研究. 中国社会化媒体全景图[EB/OL]. http://www.cr-nielsen.com/marketing/201303/26-1991.html, 2012-03-26.

基于互联网的社交网络类型及描述　　　　　　　　　　　表2-1

类型	功能与内容设计	信息传播与媒介设计	用户动机与扩展行为	应用形式与服务层次
在线游戏	以挑战、团队、奖励的方式吸引玩家互动	游戏程序、在线聊天、道具声誉系统	角色扮演 自我效能 团队意识	第二人生、动感世界、魔兽世界、QQ游戏
社交网站	给不同身份的用户提供多种内容服务，形成高效的互动交流平台	图片、视频、文本、日志、照片	信息分享 拓展关系 社会意识 社区建设	Facebook、Linkedin、Flickr、人人网、开心网
博客	用户以网络日志的形式倒序时间排列，持续更新、记载个人生活，他人可留言评论，产生博友圈	独创或反向引用图片、文章、网站链接、活动流	信息分享 内容管理 知识积累 展示个性 自由表达 博客营销	新浪微博、腾讯微博、企业博客、个人博客
维基	以超文本系统支持面向社群协同创建、编辑	文本、图片	共享资源 内容管理 协同创新	Wikipedia、百度百科、知乎
社会化电子商务	通过用户自生内容、兴趣分类辅助购买和销售	文本、图片	采购管理 社区营销 媒体导购	易趣、美团、美丽说，蘑菇街、聚划算、大众点评
在线共享位置服务	自行上传内容达到资源共享 位置群体的聚合以此提高有针对的位置服务	电影、音乐、软件、图片、文本、位置、语音留言	资源共享 社区建设 拓展关系 通讯交流 享受服务	BT、Pinterest、YouTube、花瓣网、Foursquare、街旁、嘀咕
人际关系	同步即时消息，异步电子邮件，布告栏，讨论版等交流群组来管理社会关系	在线聊天、视频电话、语音留言、P2P文件传输、文件共享	拓展关系 维护关系 社会意识 通讯交流	MySpace、Twitter、Path、QQ、陌陌、微信
RSS订阅	通过内容订阅方式达到信息传播	信息内容	信息聚合 信息追踪	鲜果阅读器、抓虾在线订阅
论坛社区	以UGC的方式产生内容，以社群组群性的兴趣、话题	图片、音频、视频、本文	信息分享 社区建设 兴趣聚合	百度贴吧、西祠胡同、天涯论坛、豆瓣社区、猫扑大杂烩
企业社交	企业执行与沟通平台	视频、文本、图片、文件传输	交流沟通 信息分享 团队合作	Planet Blue（Inter）、Lotus Connections（IBM）
社会化书签	以标签的方式对在线内容分类从而定位到相同标签下的资源	关键词、标签云团	信息分享 信息分类 社区建设	Delicious、QQ书签

从具体的应用情境看，设计介入社交网络重点集中在用户参与的展开、用户互动活动的方式、信息内容的组织与推送，因此是具备信息传播功能即社交网络和关系传递功能即社交网络的双重属性。基茨曼（Kietzmann）等人总结了社交网络的七大功能模块：身份、状态、分享、会话、群组、名声、关系，进一步阐述了不同功能所带来的研究问题，如关系模块中，用户关系网络的构成、信息传播与交换，又如会话模块中，用户开展交流的形式和控制、个人因素数据的管理等，并通过社交网络的蜂巢模型阐释了四个社会化软件Linkedin、Facebook、Foursquare和YouTube的典型功能及产品策略[1]，例如Facebook偏重关系建立，LinkedIn偏重身份管理，YouTube侧重分享，Foursquare则是关注状态功能，如图2-2所示。

针对社交网络的社交设计，其介入点和设计立场应是顺应并优化作为一个社交平台或社交软件（Social software）的功能特性，从偏向于以"物"的界面实体设计转

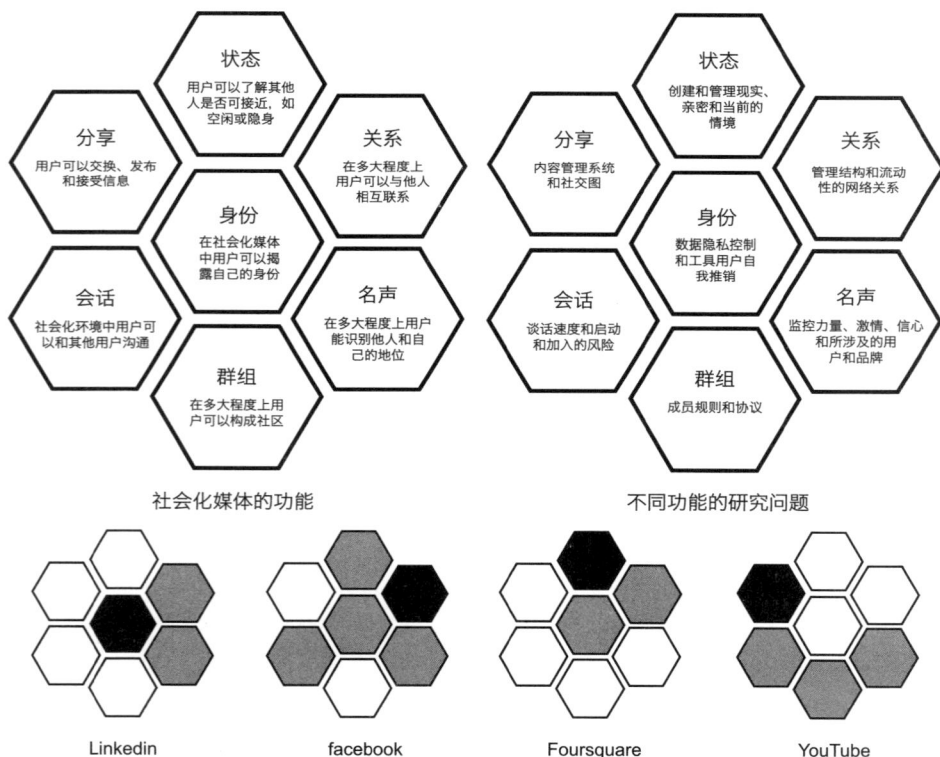

图2-2　社交网络的蜂巢模型
（图片来源：Kietzmann，2011年）

---

[1] Kietzmann JH, Haenlein H, Mccarthy P, et al.Social Media?Get serious!Understanding the functional building blocks of social media[J]. Business Horizons, 2011, 54（3）: 241-251.

变为偏向以"社交互动"、"社会关系"、"社会环境"的"事"和"活动"的设计。本文认为，设计对象的特征机理是设计介入和创造性设计活动的依据，以设计介入的形式来开展社交网络的研究，可从交互行为模式和社会文化机能的视角进行。由此，本文梳理出四种设计属性，具体如下：

（1）**参与的设计**：用户参与是推进社交网络持续发展的源动力。用户既是信息的创造者也是信息的传播者，用户主动的、有选择性的参与、创造、分享、表达，提高了社会参与性，改变了用户的角色，如何吸引用户参与并持续地创造内容是设计的关键问题。

（2）**关系的设计**：社交网络是基于人际关系互联的，人际关系成为信息传递的主要通道，此外用户使用社会网络书签获取保存信息，使得用户之间、内容之间以自组织的方式彼此连接，社交网络将多种信息、资源聚合到一起，形成一个基于人际关系网的信息流向趋势，如何巩固旧关系，发展新关系是设计的关键问题。

（3）**体验的设计**：从静态网页服务转变成可通过博客、网络书签、维基百科、即时通信、播客等多样化的应用内容，并可根据个性和兴趣的需要对这些内容进行选择和评论。用户不仅从服务本身获得体验，亦可从群体互动行为中获得体验，如何提高用户体验和互动体验是设计的关键问题。

（4）**群体的设计**：用户可根据位置、兴趣、话题内容展开交流互动，形成社区或群组，扩大用户的社交圈，也可根据某个任务展开合作，形成团队，如何根据不同的群体类型和群体活动展开针对性的交互设计是设计的关键问题。

2.3 社交网络中社交设计的研究路径

2.3.1 领域视角：信息系统的交互设计研究

信息系统（Information System, IS）是指由代理人、计算机、网络和通信设备、信息资源组成的以处理信息流为目的人因并存的人机系统，是人们获取和使用信息资源的技术媒介。信息系统的本质是根据语言行为、组织理论、社会交往、文化制约所进行信息引导和信息服务的施为功能（Performativeness），是基于行为的信息组织系统[1]，具有社会技术属性（Social-technical）[2]。近年来，以信息技术构件

① Lehtinen E, Lyytinen K. Action based model of information system[J], Information Systems, 1986, 11（86）: 299-317.
② Becker J, Niehaves B, Janiesch C, Socio-Technical Perspectives on Design Science in IS Research, Advances in Information Systems Development [M], Springer US, 2007: 127-138.

（Information Technology ,IT artifact）为研究对象的交互设计研究引起了信息系统领域研究者的极大关注，信息技术构件已成为信息系统领域中界定不同的社会情境中人、组织、技术等一系列因素的基础性研究内容。构件（Artifact）是设计学领域中的一个重要概念，该词来源于赫伯特·西蒙的《The sciences of the artificial》（《人工科学》）一书。西蒙在此书中将构件解释为满足特定目标的人造物，并将其看成由内环境（Inner environment）与外环境（Outer environment）所集成的构件化的界面（Artifact as interface），内环境指向构件本身的实质和组织结构，外环境指向构件运行的环境，如果内环境与外环境彼此协调，构件将达成它的目的和服务[1]。

维贾伊（Vijay）在出版的《Design Science Research Methods and Patterns：Innovating Information and Communication Technology》（设计学研究方法与模式：信息与通信技术创新）一书中，系统地介绍了设计学研究的哲学基础、设计过程方法论，设计知识、设计的问题求解和设计学的认知研究等相关问题，认为设计学范式是信息系统研究领域的创新方法[2]。Zhang总结了不同学者对信息系统研究领域的信息技术构件的概念界定与描述，如表2-2所示[3]。这些概念描述了信息技术构件的两个主要特性：

（1）信息技术构件具有情境—技术性，通过不同的配置来构成不同的硬件、软件、应用程序的表现形式，满足特定的目的与需求、背景与上下文。

（2）信息技术构件具有社会—文化性，关注人、组织、社会与信息技术构件之间的相互关系，以支持创建、开发、应用、实施和管理的用户行为。

相关学者的信息技术构件概念描述　　　　表2-2

学者	信息技术构件概念描述
Orlikowski、Iacono（2001年）	具有多种社会化文化属性的可识别的形式，如硬件或软件
Benbasat、Zmud（2003年）	信息技术构件用于支持情境的结构之中某种任务，即其硬件或软件设计的结构、程序、规范、价值运用于丰富的情境中
King、Lyytinen（2004年）	系统化的处理人类、企业信息

---

① Simon HA, The sciences of the artificial[M]. Third edition, MIT Press, 1996：3-6.
② Vijay K Vaishnavi, William Kuechler Jr. Design Science Research Methods and Patterns：Innovating Information and Communication Technology[M]. Auerbach publicatiobs, Taylor & Francis Group, New York, 2007.
③ Zhang P. IT Artifacts and The State of IS Research[A]. International Conference on Information Systems [C], 2011：1-14.

续表

学者	信息技术构件概念描述
Hevner et al.（2004年）	结构（词汇和符号）、模型（抽象和表征）、方法（算法和实践）和实例（实施和原型系统）
Agarwal and Lucas（2005年）	整合处理计算机中大量存储的数据库与通信网络的连接，包括基础设施、技术创新、互联网

　　马尔什（March）和史密斯（Smith）在设计学与自然科学的对比研究中，提出了设计学研究的四种产出物：结构（Constructs）、模式（Models）、方法（Methods）和实例（Instantiations）[①]。Hevner等将信息系统研究分为行为学范式和设计学范式，其中，行为学范式用于开发、验证、解释或预测人和组织的行为，设计学范式是通过创造新的构建来扩展人和组织之间的能力界限，并在马尔什和史密斯的研究基础上提出了人机交互构件的设计研究，如表2-3[②]所示。

人机交互构件概念描述 　　　　　　　　　　表2-3

Category	Definition	Examples of HCI Artifacts
Constructs	Vocabulary and symbols used to define design problems and solutions that provide a means to represent design ideas	• Metaphors (desktops, dashboard, folders, shopping carts) • Interaction Constructs (forms, dialog boxes, wizards) • Visualization Constructs (colors, fonts, icons) • Organization Constructs (ribbons, mesns)
Models	Cognitive and sensual (e.g., visual) representations of designs; sense-making arrangements of constructs that allow exploration of abstract design	• Graphical Models • Card Stacks • 3D Models • Lists • Cognitive Maps
Methods	Processes that provide guidance on how to solve problems and exploit opportunities; algorithms; solution approaches	• Participatory Design • Collaboration Processes • Human-Centered Design • Sensory Stimulus-Response • Value Sensitive Design • The Task-Semantic-Syntactic-Lexical (TSSL) Method

① March S, Smith G. Design and Netural Science Research on Information Technology[J]. Decision support systems, 1995, 15: 251-266.

② Hevner AR, March ST, Park J, Design Science in Information Systems Research[J]. MIS Quarterly, 2004, 28（1）: 75-105.

续表

Category	Definition	Examples of HCI Artifacts
Instantiations	Implementation of an artifact in a working system; demonstrates feasibility and value; provides ability to study uses and impacts on embedded system	• Web Sites • User Interfaces • Mobile Devices • Peripherals • Input/ Output Devices • Avatars

注：表格来源Hevner，2004年。

马库斯（Markus）和西尔弗（Silver）将信息技术构件定义成三个层次：技术对象（Technical objects）、功能可供性（Functionalaffordances）和符号表达（Symbolic expressions）[1]。Zhang等提出了针对信息系统领域的I-Model整合分析要素模型，该模型从信息学领域不同学科属性的角度总结出四个基本的研究模块，即用户（P）、信息（I）、技术（T）、组织社会（O-S），并将领域（Domain）和情境（Context）概引入各模块进行协同研究，关注用户与设计情境直接的交互关系，强调信息系统在不同情境和领域内的研究拓展与延伸，如图2-3[2]所示。根据I-Model的四个维度，本文提出了三个社交网络社交设计研究方向："信息—用户"（交互式信息设计）、"社会—用户"（社会化群体协作互动设计）、"社会—信息"（社会公共服务设计）。

设计学属于第三个学科领域，并受自然学科和人文学科两个学科的影响[3]，领域独立性（Domain independent）和情境依赖性（Context dependent）是设计学领域独特的思维方式[4]。设计学范式是以设计师式的认知方式改造或构建其他学科理论，使之形成一定的设计模式。信息系统的交互设计研究体现了基于设计的研究思路（Research through design）。社交网络属于Web2.0技术条件发展而来的信息系统，而人机交互设计方法和信息系统设计方法本质上是高度关联的，都是针对人造物赋予某种品质而进行的有目的性的、创造性的设计活动。信息系统的交互设计研究为社交网络的社交设计提供了兼具理论指导和实践操作的方法，在逻辑上，在概念上，在方法上都进一步拓展了社交设计研究的内涵和外延，体现了对设计学认知映射（Cognitive mapping）的研究思路。

① M L Markus, Mark S Silver, A Foundation for. the Study of IT Effects: A New Look at DeSanctis and Poole's Concepts of Structural Features and Spirit[J]. Journal of the Association for Information Systems, 2008, Vol.9, issue10, Article 5.
② Zhang P, Benjamin R. Understanding Information Related Fields: A Conceptual Framework[J], Journal of the American society for information science and technology, 2007, 58（13）: 1934-1947.
③ Archer B. Whatever became of design methodology?[J]. Design studies, 1979, 1（1）: 17-20.
④ Suh N P. The Axiomatic Theory of Design[M]. Oxford University Press, 1990.

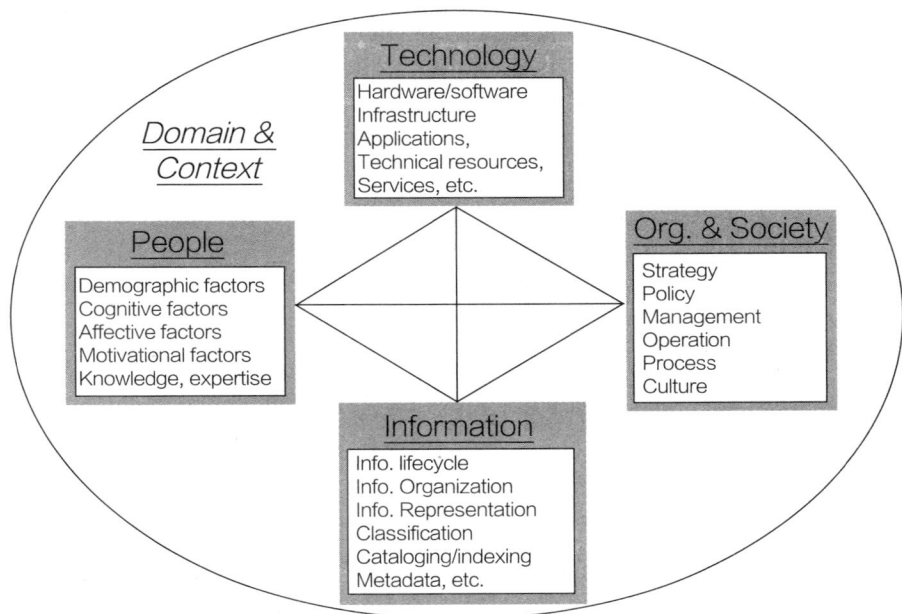

图2-3　IS的信息模型I-Model
（图片来源：Zhang，2007年）

2.3.2　理论分析：交互设计的本体属性

　　从设计学的视角理解社交中的"交互"二字，可派生出三个关键词："交与互的动作"、"交互产生的行为结果"、"交互发生的载体即系统"。在《辞源》中，对"交"字动词性解释有交错、结交、交往、交换、接触、送上、分配。"交"字名词性解释有朋友、友谊、相识。"互"的解释是相互，彼此，交替。"交互"除了指人与人之间的相互交往之外，还特指人与物（特别是人造物）之间的关系，如乐器、玩具、钱币、收藏品、游戏、工艺品的鉴赏、把玩或体验的过程，其都蕴含着"互动"与"控制和体验"的设计思想①，如图2-4所示。"交互"的英文单词为Interact。在《剑桥高级学习词典》中解释为：人与人之间的沟通或反应，两人或更多的人或物的彼此作用，描述一个系统或计算机程序旨在让用户参与交换的信息。以上解释定义了"交互"作为两者之间简单的关系。

　　布伦达·劳雷尔（Brenda Laurel）认为：交互与戏剧一样需要艺术性，通过艺术敏感性来推动"期望体验"，而后依据这个概念来设计元素，交互是一种调停协作（Mediated collaboration），调停通过体验自身的展开而发生，表现为时间上错开的

① 李四达. 交互设计概念[M]. 北京：清华大学出版社，2011：2-3.

图2-4　互动、控制、体验的交互活动
（图片来源：上左wallpaperist.com，上右loveandwill.com，下左imgarcade.com，下右
globalgator.wordpress.com）

协作或实时干预[①]。Alan Cooper认为交互是复杂产品的特点，交互关注的是以目标导向来满足人们和产品或者服务交互时的好用而愉悦的设计[②]。安迪·卡梅隆（Andy Cameron）则认为，交互是可以干预并以不同的方式去理解的。在音乐中，交互意味着改变声音。在绘画中，交互意味着改变颜色或标记。在电影中，交互意味着有能力去改变结局[③]。克里斯·克劳福德（Chris Crawford）认为，交互是双向或更多的活跃的代理（Agent）隐喻式地交替听着、想着、说话的对话循环过程，计算机通过鼠标和键盘去"听"，通过处理信息和计算去"想"，通过屏幕显示去"说"，交互的成效取决于每个子任务的成效[④]。

　　"系统"从词义上有如下几层含义[⑤]：

　　（1）系统是有组织的一个过程或程序；

---

① Laurel's B. Computers as Theatre[M]. Addison-Wesley Professional；2 edition，2013：109-110.

② Alan Cooper，About Face3交互设计精髓[M]. 北京：电子工业出版社，2012：x-xi.

③ Andy Cameron. Idn special 04-The art of experimental interaction design[J]. International Designers Network，2005.

④ Chris Crawford. Chris Crawford on Interactive Storytelling[M]. New Riders；2nd Edition，2012，Chapter 2.

⑤ Dictionary.reference.com/browse/system[EB/OL].

（2）系统是一系列处于同一环境中相互影响，关联，依赖的元素形成的复杂事物整体；

（3）系统是便于分类和分析的一系列物体或组织形式；

（4）系统是和谐有序的交互。

斯蒂芬（Stephen）根据传播理论定义了系统的四个元素：

（1）客体，系统的组成元件，元素和变量；

（2）属性，系统及客体的品质和特征；

（3）关系，系统中客体之间存在内部联系；

（4）环境，系统处于的环境并受到周围事物的影响[①]。

综上所述，"交互"可有如下四个特征与属性，如图2-5所示：

（1）交互发生在一个关系概念中，关系意味着是多方彼此相互关联，这定义了交互的社会属性；

（2）交互含有隐喻性，交互是一种在某种文化背景、价值体系下对交互对象所产生的体验、品味、把玩的心理，这定义了交互的意义属性；

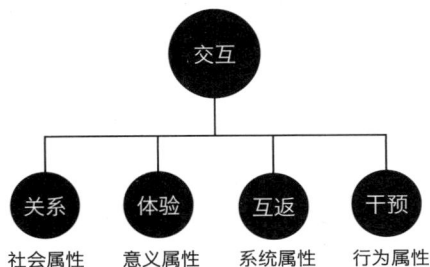

图2-5　交互的四个特征与属性

（3）交互产生互返循环迭代的过程，这个过程具有明确的回路或输入输出轨道，这定义了交互的系统属性；

（4）交互可以干预，可以调停，可以交流，可以互动，这定义了交互的行为属性。

美国交互设计学科领袖人物理查德·布坎南（Richard Buchanan）教授认为交互是以产品为媒介来影响和塑造人与人之间的关系，它依靠深层次、持久的共鸣，通过理解人们的愿望和价值进行塑造和表达。这里指的产品是一切人造物，比如服务、计划、组织、软件、数字信息等，并由此得出交互设计没有主题（has no subject matter）。他根据20世纪人类社会的发展来理解设计学科的演变与进化，从大众传播和大规模生产衍生出的平面和工业两大设计范畴为依据，提出第三类设计范畴：针对行为、流程、体验的交互设计。他对早期以界面为主的交互设计形式提出了质疑，主张将交互看成是"提供我们活动发生的场所，设计物是用来配合我们的活动"的活动观，并将交互概念的维度推向社会层面，即社交设计具有社会性的意图、愿望、计划、目的、象征性、符号性。理查德·布坎南从哲学、心理学、符号学和修辞学不同学科理解交互设计的本体属性，将交互设计划分为四个范畴[②]，如图2-6所示。这四个

① Littlejohn WS, Theories of Human Communication [M], 3^ed Edition, Belmot, CA:Wadsworth Publishing Company, 1989:41

② Richard Buchanan在IxD2011会议演讲语音整理

形式/材质/颜色/功能/材料/工效学/工具设计
form/texture/color/function/materail/ergonomics/tool design

person to thing 物理产品

Entitative 实体论

②

Existentialist 存在论

person to person 符号沟通   ❶ 交互 ❸   Ontological 本体论

person to participatory 参与交互

signs/symbols/words/images
标志/符号/文字/图片

spiritual/cultural/ideals/values/systems
精神/文化/理想/价值/系统

④

Essentialist 本质论

person to environment 整合创新

physical and social/natural and cultural/activities/services/planning/process
物理和社会/自然和文化/活动/服务/计划/过程

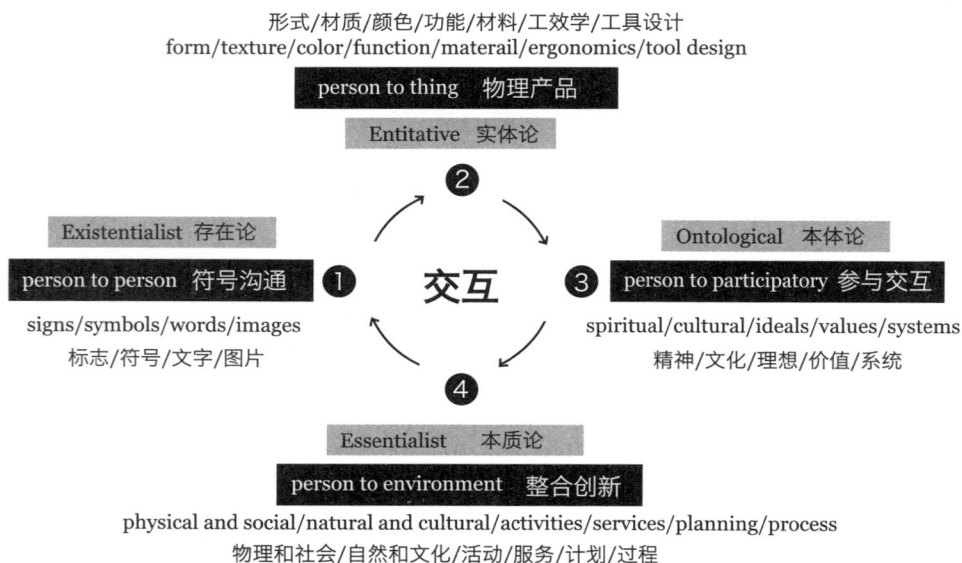

图2-6 理查德·布坎南提出的四种交互设计范畴
（图片来源：本文整理）

范畴包括人与人（Person to person）、人与环境（Person to environment）、人与物（Person to thing）、人与参与（Person to participatory），这四个范畴对应传达设计、服务设计、产品设计以及参与式设计[①]，以此来解释交互设计中数据、信息、沟通、范围、意义如何表达和设计。由此看来，交互有许多形式，有使用物品的人与产品的交互，有系统中行为达成的信息的交互，也有用于沟通的社会交互，再到跨越物理对象与文化、价值系统的意义交互等。交互行为中的"中间介质"决定了交互的目的和作用。

卡内基·梅隆（CMU School）设计学院认为交互设计是基于社会各个领域所经历数字化的演变过程所提出的设计学科，由此交互设计整合了传统的设计门类如产品设计、视觉传达设计、环境设计，并产生了新的外延学科如服务设计、社会创新设计、转型设计等设计门类，专注于人与人之间、人与物之间、设计的世界和自然的世界之间的互动，并从整体战略层提出了交互理念下架构的设计学科层次，它涉及产品设计、品牌设计、多媒体、智能设备、信息服务等[②]，如图2-7所示。

---

① Richard. Buchanan. Wicked Problems in Design Thinking[J]. Design Issues, 1992, Vol. 8, No. 2: 5-21.

② CMU School of Design's new framework[EB/OL]. http://design.cmu.edu/content/program-framework, 2014.

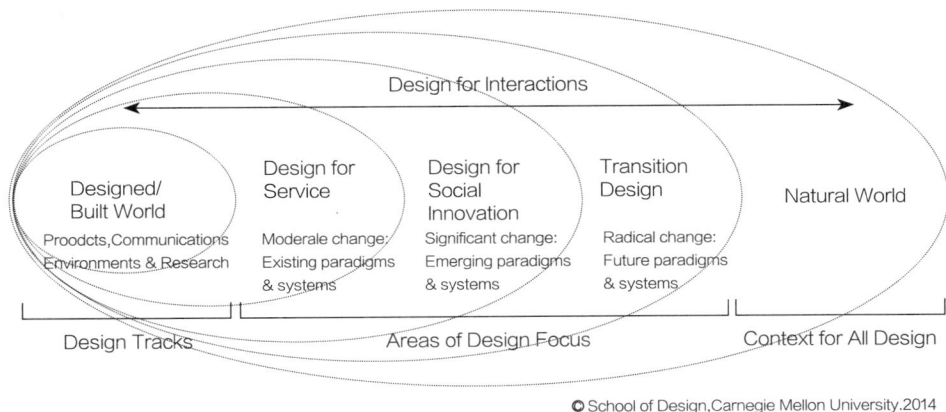

图2-7 卡内基·梅隆设计学院课程计划框架
（图片来源：CMU School，2014年）

　　因此，交互设计不再是人—机之间的，交互的内涵和外延已经发生了本质的变化。社交设计作为交互设计衍生出的社会维度的人际互动设计，该思考如何通过设计来影响、组织人际互动形态。如何使人参与和融入媒介的群体组织、社会环境之中，让其感觉自身更像是社区、社会的一部分。如何基于用户的情感和认知因素为其行为和需求塑型，赋予形式和体验，帮助人们在社会秩序中找到自然自己的位置。

2.3.3　问题驱动：交互设计范式的转变

　　社交网络的资源、信息、技术给用户和社会带来新的组织观念与社会精神，导致交互设计的范围和目标都发生了巨大变化。在与人机交互设计的对比中，社交设计的设计目标、设计对象、交互方式、用户行为、信息传播媒介等方面都存在本质的不同，如表2-4所示：

　　（1）社交设计是围绕人的互动设计，是用户—界面—用户的多向异地分布式界面，人机交互设计是围绕事的行为或操作的设计，是用户—界面的单向本地响应式界面；

　　（2）社交设计针对的是用户子群体的特征，形成长尾或垂直类的应用服务，用户行为具有个性化、社会性、自组织性特征，人机交互设计针对的是用户总群体的共性，形成通用性设计，用户行为具有程序性、连续性、效率性；

　　（3）社交设计的内容资源产生传播于用户自身，人机交互设计的内容资源来源于内容提供商。

社交设计与人机交互设计的对比　　　　　　　表2-4

名称	社交设计	人机交互设计
设计对象	围绕人的互动设计	围绕事的行为设计
界面形式	用户—界面—用户的用户间协同	用户—界面的人机交互
交互通信	多向异地分布式界面	单向本地响应式界面
用户研究	用户子群体的特性	用户总群体的共性
用户行为	个性化、社会性、自组织	程序性、效率性、连续性
内容资源	用户生成内容	内容提供商

　　多用户社交体验与个体用户体验有几个关键的不同，如表2-5所示：

　　（1）社交体验是随着用户间互动的时间和频率往复渐进且没有终点的，用户体验却可通过界定一个明确的用户群，经迭代的设计实验来认知和衡量；

　　（2）社交体验需要感知群体内其他成员的互动活动，为多样性、异质性的用户提供不同类型的交互方式，用户体验依靠心智模型来捕捉目标用户共有的需求和意向，实现交互的自然性和高效性；

　　（3）社交体验是显性的社会关系（强关系、弱关系、临时关系）和隐性的社会认知（社会认同、角色图式、同理心、集体意识等）将用户连接在一起的，用户体验以实用、个人情感、满意为目标，通过移情设计帮助人与产品之间构建起某种关系。这表明，社交体验应建立于用户体验之上，但又区别于用户体验，其形成受到社会因素和心理因素的影响。

多用户社交体验设计与个体用户体验设计的对比　　　　　　表2-5

名称	多用户社交体验设计	个体用户体验设计
范畴	社会学—计算机	心理学—计算机
对象	社交媒体、虚拟社区、人际关系	系统、服务、设备
时间	扩展性，增量性	短期性，周期性
空间	远程异步/同步	本地同步
行为	多用户多向协同操作	单个用户单向分别操作
动机	社会认同、社会交换、情感连带	实用、享乐、情感
界面	用户互动活动的人人界面	系统操作与控制的人机界面

　　综上所述，从工具观、活动观、目标观三个层面对人机交互和社交设计进行分

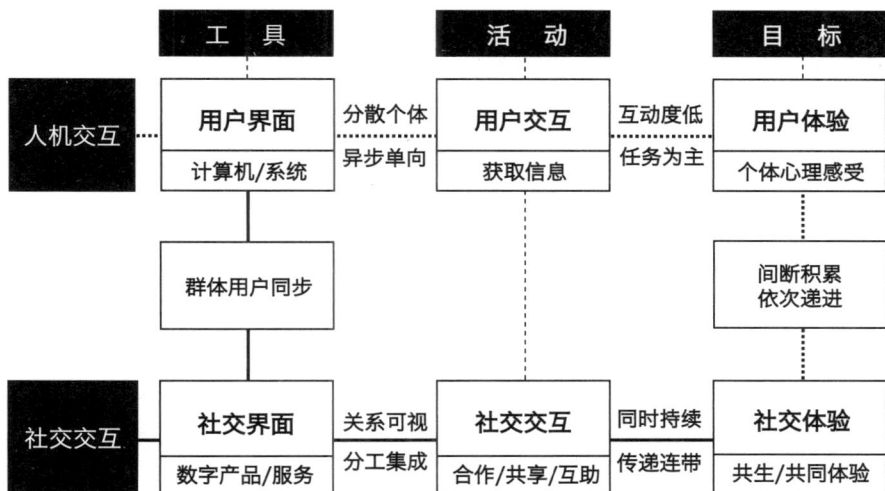

图2-8　人机交互转换成社交交互的两条设计路径

析，可以得到两条设计路径。如图2-8所示：第一条路径（虚线）是用户界面—用户交互—用户体验—社交体验，这条是异步单向的、分散个体、互动度低、任务为主的交互活动，从用户界面到社会体验依靠的是用户体验增量累积、依次递进转变成社交体验。第二条路径（实线）是用户界面—社交界面—社交交互—社交体验，这条是多用户同步对一个特定对象分工合作，同时持续接触而形成情感连带倾向，进而形成社交体验。由此，人机交互设计与社交交互在转换过程中，用户行为和用户体验是完全不同的，应予以区别对待，有必要深入探讨研究，并开展针对性的设计和适度创新。

2.4　社交设计中的社会学

2.4.1　社会关系与社会资本

社会关系（Social relations）是人们在社会活动和交往过程中所形成的相互关系，并多种分类维度，如物质的社会关系、精神的社会关系，或者是阶级关系、婚姻家庭关系等，心理学将社会关系定义为人与人在交往中建立的心理上的联系。本文所指的社会关系是基于现实生活所形成的人际关系。社交网络是由相互关联而又彼此独立的圈子组成，这些圈子是人们心理距离下人际关系的亲密与疏离，具有多元性和扩展性。社会关系的维持需要持续的符号交流，交流的过程便是关系的建立[1]。社会关系遵循的是复杂的社会形态，"是文脉关系敏感性的交互系统"[2]，体现了不同社会群体共有的感情经验方式、行为能力。斯潘塞（Spencer）总结了8种社会关系：认识的人（Associates）、有用的联系人（Useful contacts）、玩伴（Fun friends）、帮忙的人（Favor friends）、益友（Helpmates）、好友（Comforters）、密友（Confidants）、知己（Soulmates）[3]。针对社会关系的研究见本文第二章第五节。

社会资本（Social capital）是从新经济社会学演化出来的一个最有影响的理论，指通过社会关系而获得的各种信息与资源的总和[4]，其概念经常与社会交换（Social exchange）、社会认同（Social identification）、互利主义（Reciprocity）等多种理论相关联。社会学家Mark Granovetter的弱连接理论（Weak ties theory）指出社会关系网络中存在两种关系类型，即强关系（Strong ties）和弱关系（Weak ties），并进一步将弱关系看成是不同小团体间的桥（Bridge），使得信息传播渠道多样化，拥有丰富的社会资本[5]。一般认为，个体在社会的地位、声誉、资源越丰富，社会资本就越大，而社会资本流动的关键因素是社会关系，因此社会关系与社会资本之间有着天然的映射，可以作为一个理论框架来解释社会网络中信息资源的交互传播过程和运行的基础。

在社交网络中，社会资本的价值在于如何在个人社交关系中加以利用。Ellison确定了三种社会资本：凝聚性（Bonding）、延伸性（Bridging）、维持性（Maintained）[6]，赵（Chiu）指出在共享行为中能形成整合性的社会资本（Integration social capital）[7]。对于社交网络而言，延伸性社会资本一般指弱关系交流途径取得，如社交图谱（Social graph）、兴趣图谱（Interest graph）和朋友排行榜，凝聚性社会资本是基于紧密、亲密的网络情感关系，如为个人照片和社会事件进

① ［美］威尔伯·施拉姆. 传播学概论[M]. 第二版，北京：中国人民大学出版社，2010：24-27.
② Saffer D. Designing for interaction:creating smart application and clever devices[J]. AIGA Design Press, 2007.
③ Spencer L, Pahl R, Rethinking Friendships:Hidden Solidarities Today[M], Princeton university press, 2006.
④ 邓建国. 强大的弱连接[M]. 上海：复旦大学出版社，2011：78.
⑤ Mark Granovetter. The Strength of Weak Ties. [J]The American Journal of Sociology, Vol. 78, No. 6. 1973：1360-1380.
⑥ EllisonB, SteinfieldC, LampeC. The benefits of FacebookFriends: Social capital and college students use of online social network sites[J]. Journal of Computer Mediated Communication, 2007, Vol. 12, No. 4: 1143-1168.
⑦ CM Chiu, MH Hsu, ETG Wang. Understanding knowledge sharing in virtual communities: An integration of social capital and social cognitive theories[J]. Decision Support Systems, 2006, Volume 42, Issue 3, December: 1872 - 1888.

行标记来粘合社交对象，维持性社会资本针对的是旧识群体的关系保持，而整合性社会资本来自于多样性的群体组织在协作过程中所产生的知识交融和集体智慧。

2.4.2 社会互动与社交体验

"社会互动"（Social interaction）也称为社会相互作用或社会交往，社会互动是人类存在的重要方式，并与"社会过程论"、"社会互动过程"、"群体过程"概念相关。西方社会学家指出人类社会文化或群体生活有连续性或有交互作用，人际或群体间通过交往结成一定的社会关系，彼此依存协作，产生心理交感或相互影响的行为，表现为感官的互动、情绪的互动、智力的互动，其互动方式一般分为同化、顺应、冲突、竞争[①]。社会学研究包括从微观到宏观的一切社会现象，一般认为，社会结构、社会组织、社会秩序、制度通常属于宏观社会学，人际关系、初级群体、社会行为的情境结构及其动力通常属于微观社会学。社会互动作为微观社会学的主要课题，是个体层次走向社会结构层次、符号文化层次的中介和转折点，是研究社会学的基本分析单位之一。从相关文献来看，社会互动的研究集中于两人、人际关系、个人认知过程、群体过程等领域，主要理论有社会角色理论（Social role theory）、拟剧论（Dramaturgical theory）、符号互动论（Symbolic interactionism）、参照群体理论（Reference group theory）、社会交换理论（Social exchange theory）等。社会互动理论为社交网络的社交设计研究提供了互动要素、互动类型、互动维度、互动方式等翔实的文献基础，本章后节将展开针对性的研究分析。

社交体验（Social experiences）是个人参与或经历特定的互动情境或产品服务中的对社会环境、情感因素的心理感受。在日常生活中，情感是构成和影响体验最主要的因素，主导着决策，控制着注意力，甚至强化与淡化某些记忆过程[②]。Gentile认为体验包括社会性维度、功能性维度和情感性维度[③]。奥尔森（Olsson）[④]指出用户体验分为经历性体验和积累性体验。可见，体验或用户体验都是根据体验的程度和类型（内在因素，如归属感、参与感、认同感）和情境（外部因素）进行映射构成的，揭

---

① 辞海编辑委员会. 辞海[M]. 上海：上海辞书出版社，2009：1991.
② Reeves B, Nass C. The media equation: How people treat computers, television and new media like real people and places[M]. Cambridge University Press, 1998.
③ Gentile C, Spiller N. How to sustain the customer experience: an overview of experience components that co-create value with the customer[J], European Management Journal, 2007, 25（2）: 395.
④ Olsson T. Concepts and Subjective Measures for Evaluationg User Experience of mobile Augmented Reality Serivces[M]. Human Factors in Augmented Reality Environments.Springer New York, 2013: 203-232.

示了体验形成和作用的复杂过程。在社交网络中,我们同样会经历一系列复杂的社会心理反应,这与我们在现实世界中面对面交流所呈现的心理变化是一样的。由于在社交网络中,情感分享和建立社交关系等体验是通过用户参与获得满足感和成就感,或是外界的认可和奖励,因此它们是体验的重要方面。同时,社交体验与社交图式(Social schema)、社交空间表现(Social space manifestation)、社会认同(Social identity)、社会参与(Social engagement)、社会共识(Social consensus)、社会临场感(Social presence perception)、动因理论(Motivation theory)、沉浸理论(Flow theory)等社会心理学相关理论有较为密切的联系。在探索社交网络的社交体验过程中,社交体验通常是在宏观上提出理念性指导,以让各部分有机融合,而并非某种具体的方法或技巧。在后文中,本文将进一步细化社交体验的类型和构成。

2.4.3　群体智慧与社会创新

　　群体智慧(Wisdom of crowds)是Web2.0环境中描述群体参与、协作所涌现的社会智力资源,是社交网络的关键概念之一。社会创新(Social innovation)最早是由管理学大师彼特·德鲁克在1986年针对商业创新所衍生的相对概念。目前学者对其内涵和外延所涉及的制度创新、知识创新、管理创新等尚且没有一个公认的定义,其中较为有影响力的是英国杨氏基金会主席杰夫·摩根(Geoff Mulgan)提出的[1],该定义描述了社会创新的两个特性:

　　(1)满足社会目标或社会需求而产生的新想法。

　　(2)具有扩散的创造性行为和服务。

　　在设计学中,社会创新是社会性设计重要的理论基础,经常与产品服务系统设计、可持续性设计、协同创新设计、社区营造设计相关联。Honari和博林(Boleyn)认为:这个世界是一个具有高度交互性、动态、非线性的适应系统,为了理解复杂的现象,比如人与文化、环境的交互,传统的研究不能只局限在他们自己的范围内[2]。由此,社会创新打破了学科与领域壁垒,将创新的视角延伸至整个社会和人类生活形态,社会创新是基于社会层面上,以系统的、可持续的、服务价值的视角重建或发展社会公共服务。因此,社交网络已成为群体智慧发生、维系、扩散的重要途径,为实现社会创新提供技术基础和聚合效应。在社交网络中的社会创新可以认为是在互联网环境

---

① Geoff Mulgan et.al. Social innovation: what I is. why is matters and how it can be accelerated, [EB/OL]. Skoll Center for Social Enterpreneurship working paper, http://www.sbs.ox.ac.uk/skoll.

② Honari M, BoleynT. Health ecology: health, culture and human-enviroment interaction[M]. Taylor&Francis e-library: NY, 2005.

下，群体传播内容的延续、群体协作行为的过程或是群体智慧涌现的结果，而产生的新服务、新组织、新产品。

2.5 以群体为中心的社交设计

2.5.1 群体特征：网络群体属性

"群体"在英文中有Crowd、Group、Collective、Community等多种表达。群体的含义也非常广泛，比如家庭、氏族、集群、种群、社群。基于社会学的群体理论研究主要分为两个方向：一是群体的基本性质研究，二是群体的运用范畴研究。由于社会学家对群体研究角度的差异，因此尚未对群体的定义达成共识。本文认为，网络群体在组织模式和分布与集中规律上不同于现实群体，但两种群体集合而成的集体属性是相似的，通过对比不同的定义来挖掘网络群体的特征属性，如麦格拉斯（McGrath）认为群体是彼此认同，在具有相同目标相互依赖的情况下长期持续的群体关系[①]，鲁珀特（Rupert）认为群体是特定类型的社会单元，为了实现共同的目标而相互协作，或者在微观社会结构中紧密联系、彼此互动，分享某种观念、面对共同命运的一群人[②]。郭玉锦将群体定义为通过一定的互动模式或社会关系结合起来进行共同活动的人类个体集合，由此群体具有角色、目标、认同、关系的特征，如图2-9所示。

现实社会中的群体种类繁多，一般分为地缘群体、业缘群体、趣缘群体、亲缘群体[③]：

（1）**地缘群体**。以地区位置、同乡连带关系发展而成的社会群体，具有认同感、信任感、熟悉感；

（2）**业缘群体**。以学业和工作为关系纽带发展而成的社会群体，成员互动频繁、关系稳定；

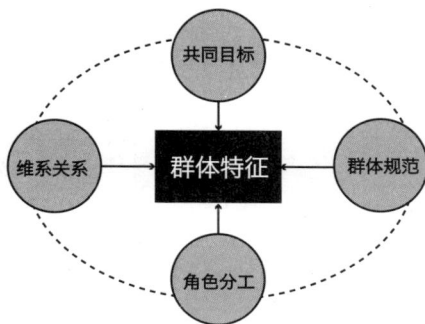

图2-9 群体特征

---

① McGrath JE. Groups: Interaction And Performance[M]. Prentice-Hall, Englewood Cliffs, N.J, 1984.

② [英] Rupert Brown. 胡鑫，庆小飞译. 群体过程[M]. 北京：中国轻工业出版社，2007：2-4.

③ 郭玉锦，王欢. 网络社会学[M]. 北京：中国人民大学出版社，2010：92-107.

（3）**趣缘群体**。以各自相近的兴趣爱好形成互动的社会群体，如学术兴趣、体育兴趣、娱乐兴趣等；

（4）**亲缘群体**。以血缘关系为基础发展而成的社会群体，这类群体是在现实中建立的群体。

网络群体是以信息交流所形成的长久的个体关系和群体关系[①]。网络群体是社会群体的一个"变体"，其相同之处为：

（1）具有一定的规模；

（2）存在一定的角色分工和规范；

（3）彼此之间有一定的社会关系；

（4）具有群体意识。

不同之处有[②]：

（1）由于网络虚拟性和匿名的方式交往，网络群体认知度和认同感较差，群体意识较为模糊；

（2）网络群体角色的划分相对简单，大致分为群主或版主和一般的网民，群体价值取向和凝聚力相对较差；

（3）网络群体的交往不太稳定，具有间断性和松散性的特点；

（4）网络群体的交流基本可以分为三种，以任务为导向的，以人际关系为导向的，无目的闲逛的。网络群体与现实群体的比较如表2-6所示。

网络群体与现实群体的对比　　　　　　　　　　　表2-6

分类	网络群体	现实群体
角色分工	分工不明显，身份模糊	有明确的分工
社会交往	非持续性的，自由度大	持续性的，紧密性的
群体意识	认知度和认同感较弱	认知度和认同感较强
交流方式	间接交流	直接交流
互动场域	跨地域	有地域的限制
共同目标	不一定	有共同的目标

社会组织是社会发展中特有的一种群体形式，规范、地位、角色、权威四个要素构成了社会组织的基本结构，主要包括三种形式。第一种是自生组织，如血缘姓氏的家庭和家族。第二种是自发组织，如地缘关系的村社、氏族部落。第三种是人为组织，

---

① 段伟文. 网络空间的伦理反思[M]. 南京，江苏人民出版社，2002：48.

② 戚攻，邓新民. 网络社会学[M]. 成都：四川人民出版社，2001：82-85.

如公司团体、网络组织。地域、共同的纽带、社会交往是构成社区必不可少的共同要素[①]。网络群体、网络组织、网络社区的比较如表2-7所示。

网络群体、网络组织与网络社区比较 表2-7

分类	网络群体	网络组织	网络社区
成员组成	自愿组成	筛选后组成	两种兼有
共同目标	共同约定	人为制定	两种兼有
规则章程	可有可无	组织规范	社区规范
社会关系	比较简单	制度化的关系	多样化
角色分工	较为含糊	较为明确	较为含糊
情感沟通	社交需求,慰藉	较为含糊	社区情感

2.5.2 群体类型:位置、事件、关系的网络群体分类

社交网络是由一系列的节点(Nodes)通过不同类型的关系(Ties)连接在一起的,关系的信息比节点的属性更为重要[②]。由于在社交网络中,节点和连接的关系并不是一对一的,每个节点都有特定关系交集。网络群体的联系模式可以通过连接节点来界定,Laurnann根据社交网络边缘的类型确定了三种群体类型[③]:(1)位置群体。基于特定空间区域、共享地理信息聚合的群体类型;(2)关系群体。基于人际关系、情感纽带连接的群体类型;(3)事件群体。基于具有共同关注的人和协作的事或兴趣爱好关联的群体类型,具体如图2-10所示。

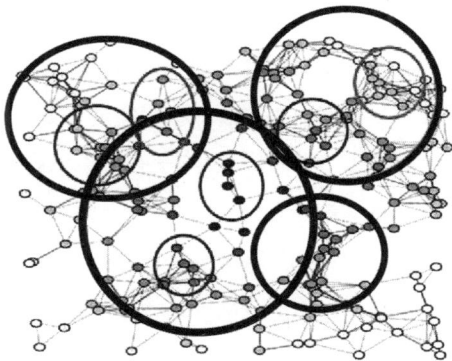

图2-10 位置群体和事件群体多为单向连接,关系群体多为双向连接

---

① 胡鸿保. 姜振华. 从"社区"的词语历程看一个社会学概念内涵的演化[J]. 学术论坛, 2005 (5).

② Andre C, Pinherio R. Social network analysis in telecommunications [M]. Wiley, 2010:9-19.

③ Laumann E, Marsden P, Prensky D. The boundary specification problem in network analysis [A]. Research methods in social network analysis[C]. Piscataway NJ: Transaction Publishers, 1992:61-87.

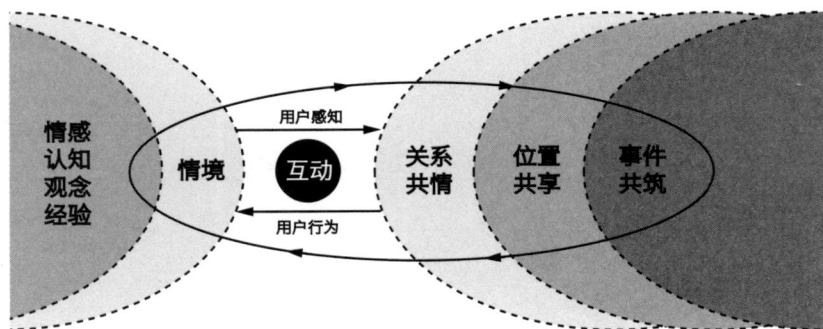

图2-11　位置共享、事件共筑、关系共情社交互动类型

交互界面、设计概念、功能服务在很大程度上会影响用户行为，而用户行为中的动因、人际关系、信息获取、需求、情感等组成元素作为依据影响着设计概念、设计方法、设计迭代。本文以位置、关系、事件群体为依据进行分析，提出了位置共享、事件共筑、关系共情三个社交互动类型设计，如图2-11所示。

1. 关系共情群体

关系是衡量人与人之间交往的质量，并确定这种交往是否值得进行，或确定这种交往进行到何种程度。根据关系强度分为强关系群体、弱关系群体、临时关系群体三类。

（1）**强关系群体：**包括家庭成员和亲密朋友。强关系是双向的、现实的密切型关系模式，信任度高，信息趋同度高，关系密度趋同度高，互动频率强。

案例描述：微信是基于QQ和手机通讯录发展起来的强关系社交APP，本质是现实社交关系维护的工具，如图2-12所示。微信朋友圈须互相加为好友才能发布和接收信息，属于双向的好友关系，并有人数限制以保持关系的强度，关系的拓展是基于朋友的朋友关系，信息传播只能通过跨圈子的交叉关系人实现。

（2）**弱关系群体：**认识但关注很少的人。弱关系是一种多关系纽带泛关系，有更好的信息来源和更大的圈子，信息流向可以是单向的也可以是双向的。由于缺乏稳定的社会活动导致信任度弱、互动少，需要激励用户产生优质的内容。社会学家罗纳德·伯特（Ronald Burt）的结构洞理论（Structural Hole Theory）指出由于两个群体之间缺乏桥梁作用会出现结构洞，他认为连接这个洞能有效地创造社会资本[①]。六度空间理论（Six Degrees of Separation）也称小世界理论，指的是任何一个陌生人之间间隔的人不会超过六个，即通过五个熟人圈或是五层结构可认识世界上任何一个陌

---

① ［美］罗纳德·博特. 结构洞：竞争的社会结构[M]. 上海：格致出版社，2008：8-20.

图2-12　强关系熟人社交案例：微信
（图片来源：腾讯微信APP截屏）

图2-13　弱关系社交案例：微博
（图片来源：新浪微博截屏）

生人，说明了社会中普遍存在的弱关系发挥着重要的作用。弱关系设计就是填补结构洞，比如通过共同的兴趣爱好或者经历、态度，利用用户间共有关系获取信息的原创流和推荐流。

案例描述：微博是属于弱关系社交APP，本质是泛关系拓展的工具，提倡分享即馈赠经济，如图2-13所示。微博的内容是基于用户关注和被关注操作关联后进行传递的，关注用户只是为了获取他所产生的内容，而不是为了维持某种关系。但随着高质量内容沉淀和活跃度高的用户族群，弱关系可以发展成强关系，线上关系也可发展为线下关系。为了提高分享内容的质量，限制了140字以内的文字、图片和视频等信息流，可转发、评论、收藏、标签追踪信息。

（3）临时性关系群体：是没有公共的关系历史。其主要特点为：只是为了某个特殊原因零时性的交流，一旦任务结束，暂时性关系终止。需要建立用户身份和区分优先次序的威望机制，发掘共有关系、共同团队或者共同兴趣。保罗（Paul）将临时性关系分为四种类型。第一，基于某种信息需求寻找有跟答案有关的人；第二，临时交流来完成任务；第三，共有的兴趣爱好，这种交流互动正从临时性走向弱关系，从网上交流到在线下见面；第四，分享相同地理位置的人，这种关系是一种创新性的关系纽带，以使人们能够更为直接地建立自己的关系网络[①]。

案例描述：陌陌是临时关系社交APP，是基于用户地理位置的移动场景社交，如图2-14所示。通过用户沉淀，已从之前一对一的陌生人关系重组成现有的一对多，多对多的兴趣群组关系，在限定的时间、限定的地点，跟限定的人群交流，使得这种互动有明显的场景感，用户活跃度高。

罗宾·邓巴（Robin Dunbar）提出了针对人类大脑社交能力研究的"社会脑"

① Paul Adams. Social Circles: How offline relationships influence online behavior and what it means for design and marketing[M]. New Riders Pub, 2011: 21-27

图2-14　临时关系社交案例：陌陌
（图片来源：陌陌3.0截屏）

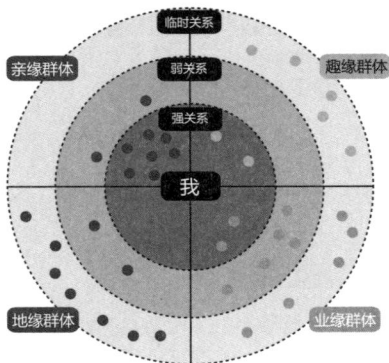

图2-15　基于"我"的关系链

（Social brain hypothesis）理论，认为信息加工的容量与群体的大小呈现出正比趋势。社会脑能处理的社交人数的生理极限值是150人，即邓巴数字[①]。此外，个人的社交群体的成员并不都有平等的亲密关系，而是离散分层结构的。该分层结构一般从5开始，然后以3倍递增：第一层是3～5人，最亲密的人；第二层9～15人，与自己关系紧密的人；第三层是30～45人，与自己一起共同某项事情的人，这一数字约束社交网络的社交结构和质量关系[②]。综合以上论述，根据关系强度和群体类型构成基于"我"的关系链，如图2-15所示。"我"是整个网络中的一个节点，也是特定群体中的一员，这些大小不等的群体组成了社会单位，信息在两点之间的连线进行传播，关系链的活跃程度决定了信息流的频率和速度，关系链的大小决定了信息流传播的广度。在实际社交互动中，社会资本中的信息流和信息量并非通过人为设计，而是与关系强度、关系模式有直接的联系。在社会化的网络中，信息流的传输、浏览、分享、过滤、搜索成为关系链中的互动中介。

2. 位置共享群体

"位置"表示地缘性人际关系概念中活动、行为等综合性因素与群体的相互关系。而在网络中，位置群体指的是基于移动设备或用户所在的地理位置定位所形成的附近或周边的临时群体类型。这类群体因为有共同的地理背景，可形成地点推荐，潜在的社会关系预测、与位置相关的各类信息服务。

环境空间中的交往关系往往与物理特征有直接的关系。盖尔在《交往与空间》中归纳了不同程度的接触强度，概括为视听、打招呼、交谈、互助、共同从事一项活动。

---

① Hill R. Dunbar R. Social network size in humans[J]. Human Nature 14, 2003：53-72.
② Zhou W, Sornette D, Hill R. Dunbar R. Discrete hierarchical organization of social group sizes[J]. Proc. Royal Soc. B 272, 2005：439.

针对人的户外交往活动分为三种类型：必要性活动、自发性活动、社会性活动。必要性活动是功能性的活动，这类活动不受外界物质条件限制，参与者也没有选择的余地，在各种条件下都会发生。自发性活动是在人们有参与意愿，并且外界条件适宜的情况下才会发生，因此物质条件必须具有吸引力。社会性活动依赖于他人参与的连锁性活动，可将轻度视听接触与其他形式的接触相互关联，了解外界的各种信息，是整个社会性活动系列的组成部分[①]。"位置"不仅是指从物理层面去理解场所与人的关系，更强调对"同在的可能性"[②]趋向的社会性行为的理解。中国传统文化的环境设计理论与位置群体"同在的可能性"有一些共同特征。中国传统民居是以宗亲血缘为关系的居住场所，在传统的位置群体的人际互动表现为身体接近性，是积极的人际关系，也是文化认同和群体归属感的表现。村口的桥头经常成为村民自发性聚集的交流之地，这是环境与观察者心理和物理的内在逻辑关系，这里的"场"不是物理上的观念，而是"事物的结构性和势用性蕴徽关系"[③]，是地域上相互靠近进而心理距离拉近，逐渐形成守望相助群体行为认知和场所认知，如图2-16所示。

图2-16　位置群体的场所认知
（图片来源：左aitupian.com，右nipic.com）

案例描述：通过借用心理上的"场"的接近性催生了位置社交应用。Foursquare是一款让用户使用手机"踩点"的APP，鼓励手机用户同他人分享自己当前所在地理位置，以社交和游戏驱动的位置信息记录工具（图2-17）。这种位置关系根源于"邻里和里坊"的地缘关系，是一群"住处接近的人家"位置认知。这种关系往往具有可以密切交往的心理铺垫，是以现实的地理位置为接触的逻辑，拉进陌生人在虚拟世界的心理距离。综上所述，位置群体所反映是人以某种物理或心理上的场所为依托，所产生的人、物、事之间的一致性和相似性的情感关系效应。群体和位置所形成的场所认知和行为认知构成的"直觉的知觉参照点"、空间—文化关系以及主体—他人的关系

① ［丹麦］扬·盖尔. 交往与空间[M]. 何人可译. 北京：中国建筑工业出版社，2002：13-19.
② ［法］卡特琳·格鲁. 艺术介入空间[M]. 姚孟吟译. 南宁：广西师范大学出版社，2005：8.
③ 罗嘉昌，郑嘉栋. 场与有——中外哲学的比较与融通[M]. 北京：东方出版社，1994：21-25.

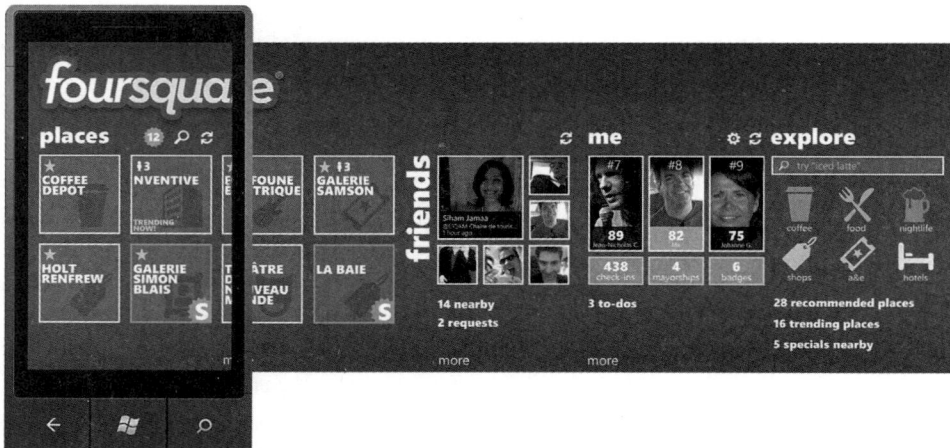

图2-17 位置共享社交案例：Foursquare
（图片来源：Foursquare百度百科）

都与"空间知觉"密不可分。

德国启蒙主义用"情感氛围"概念来描述社会群体之内支配性的关系，而后用来阐述群体在一种生态、居住和社会环境中的生活方式。这表明，社会生活中位置环境和群体性感受之间有着相对应的关系。位置、直觉、群体是一种有机的社会性情感，这种根源性的情感关系是移情的基础，也是设计的基础，它可以来自于在某个环境中同一化、共同参与、共同分享机制的行为上，也可以来自于对于特定场所的心理认知上，或者是群体的角色认知或位置认知上。Battarbee认为共同体验是在社会互动中产生的，具有社会性[1]。位置关系是人类持续和双向的与周围环境相接触交互行为，是群体精神活动和物质活动的共同体验。

3. 事件共筑群体

事件群体是以主题性的交往活动所形成的群体，这种群体是人际关系变革和发展的产物，是互联网催生的一种新型的群体关系。相对于关系群体和位置群体，事件群体突破了位置和人际关系的束缚，可从用户自身属性（如性别、身份、兴趣等条件进行匹配）带来的人与人之间的区分，创造用户间的互动条件，从而促成的用户间互动，这种方式为社交产品做了这一个维度的垂直划分，形成以"事件"为纽带的人与人之间的关系，越过熟人社会的樊篱，建立陌生人与陌生人之间的接触，其特点可描述为"自由人的联合体"：只要有共同或相近的吸引物就可以自由集结在一起。A.S.C.埃伦

---

[1] Batterbee K.Co-experience the Social User Experience[C], Proceedings of Computer Human Interaction CHI`03 Extended Abstracts，ACM.2003：730-731.

伯格（A.S.C.Ehrenberg）认为，最常见、最普及和最受欢迎的快乐就是人们聚集在一起的快乐和群体快乐①。因此事件群体有很强的吸引力、参与性、自我认同性，可以不断地产生多样化的群体类型，逐渐成为网络群体间的主导关系。有时，事件共筑群体以获取某一特定内容或产生某一互动行为为目的，不对他人进行身份识别，直接匿名交往，这个概念与"众建、众筹"相关，在本文第三章中会针对事件共筑群体的活动赋能展开详细的探讨。

案例描述：Spark汽车与豆瓣合作推出Spark轮胎印涂鸦活动与Sparker豆瓣个性头像活动的社交互动。豆瓣社区用户通过简单有趣的涂鸦功能，进行视觉与个性维度的社会交往，用戈夫曼的拟剧理论来解释人们社会互动的特点，即生活就是舞台，表演者最关心留给观察者的印象，因此共同涂鸦并展现个性头像会在事件共筑关系下形成某种角色认知，从而结成集体单元达到Spark汽车的营销目的。如图2-18所示。

图2-18　事件共筑社交案例：Spark轮胎印涂鸦活动
（图片来源：豆瓣社区）

由于网络事件本身的广泛和多样，事件群体容易接受和模仿群体中其他人的行为和态度，进而结成趣缘群体、业缘群体。在这个过程中相互分享交流，带来自我实现和群体认同。继而，社交网络又将事件群体纳入参与公共事务之中，因此，事件群体的内涵和应用将随着社交网络平台不断扩展，人际互动的扁平化、去中心化、无边界化，使得事件群体获得了社会性公众力量，是数字化社会创新的主要群体形式。

---

① ［法］马克·第亚尼. 非物质社会[M]. 滕守尧译. 成都：四川人民出版社，2008：236.

2.5.3　交互因素：群体互动过程的交互模式

　　群体互动在社会活动中起着重要作用，人们在群体中的行为与他们孤立时的行为很不相同。群体互动过程存在于从人际背景到群际背景的连续体上，一端是不同群体的成员及他们之间的关系，另一端是个人的特征和人际关系所决定，这个行为背后是个人认同到社会认同的心理功能的转变[1]。由于群体互动是多用户共同参与下的动态变化过程[2]，群体互动内受到群体动力（Group dynamics）因素的相互牵制。群体过程本身由一系列的行为和行为反应组成，学者们基于不同的研究角度，对群体过程存在着各种不同的划分方式，现有的研究集中于管理学、社会学的视角对组织效率、集体决策、任务绩效展开。本文研究群体过程在于明确两个问题：一是网络群体的互动特征与交互因素，即类型确定、互动单元、单元行为的连续；二是群体整个互动过程产生的心理认知和体验，本文对他们的研究成果的异同进行比较，如表2-8所示。而麦格拉斯和巴尔斯（Bales）的群体过程分析方法能兼顾群体交互与行为维度，并关注个体用户层面的交互行为和作用机制，符合于社交设计的研究视角，因此本文选择麦格拉斯和巴尔斯的研究作具体介绍。

群体互动过程研究的文献整理　　　　　　表2-8

研究者	理论描述
巴尔斯 （1950年）	群体均衡理论，任务相关维度、社会情感相关维度（正面的社会情绪、中性的任务工作、负面的社会情绪）[3]
麦格拉斯（1984年）	群体交互与行为理论，沟通、行为、吸引、影响四个过程[4]
Futoran（1989年）	功能性群体时间理论，结果功能相关（内容、过程）、结果功能无关[5]
费希尔 （Fisher，1990年）	社会维度（成员关系、关系评价）、任务维度（成员/任务关系、任务分析）[6]

[1] Brown J, Turner C. Interpersonal and intergroup behaviour, Intergroup Behaviour[M].Oxford: Blackwell, 1981
[2] Weingart R. How did they do that? The ways andmeans of studying group process[J]. Research in Organizational Behavior, 1997（19）: 189–239.
[3] Bales RF, Strodbeck FL, Mills TM, et al. Channels of communication in small groups[M]. American Sociological Review, 16, 1951: 461-468.
[4] McGrath JE. Groups: Interaction And Performance[M]. Prentice-Hall. Englewood Cliffs, N.J, 1984.
[5] Futoran C, Kelly R, McGrath E. TEMPO: Atime-based system for analysis of group interaction process[J]. Basic and Applied Social Psychology, 1989, 10(3), 211–232.
[6] Fisher B, Ellis G. Small Group Decision Making[M]. 3rd, McGraw-Hill, New York, 1990.

续表

研究者	理论描述
贝克 （Beck，2000年）	人际关系过程、任务导向互动行为、过程互动行为、社会情绪互动行为[①]
马克斯 （Marks，2001年）	过渡阶段过程、行动阶段过程、人际关系过程[②]

巴尔斯的群体互动过程定义和区分了任务领域和社会情感领域的两个维度，由此提出互动过程分析测量法（Interaction Process Analysis，IPA），如图2-19所示。

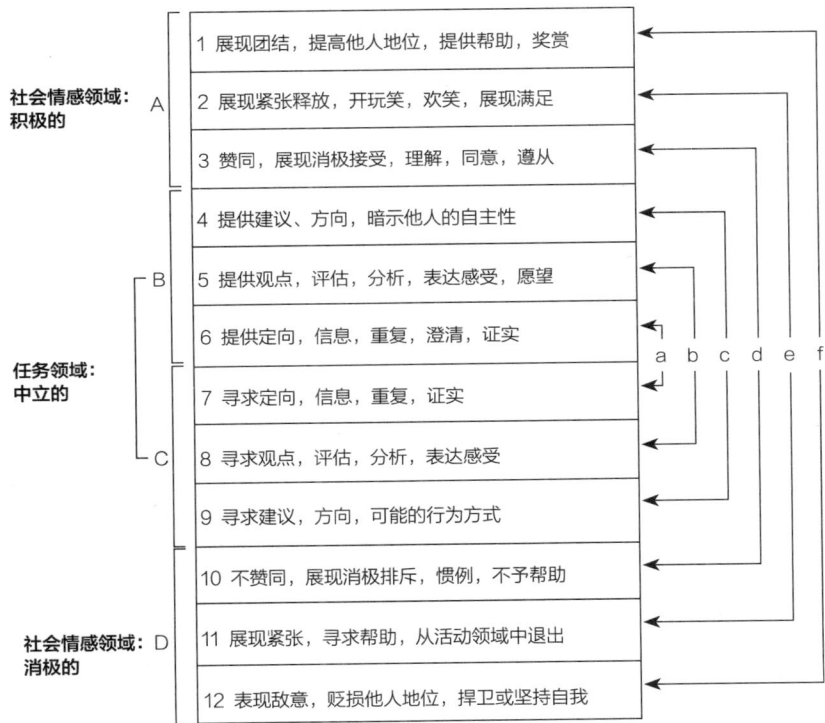

互动过程分析的编码范畴及其主要关系：（a）交流问题；（b）评估问题；（c）控制问题；
（d）决策问题；（e）减轻紧张状态问题；（f）再整合问题；（A）积极反应；（B）尝试性回答；
（C）问题；（D）消极反应

图2-19 互动过程分析的编码范畴及其主要关系
（图片来源：Bales，1951年）

① Beck D, Fisch R. Argumentation and emotionalprocesses in group decision-making：Illustration of amulti-level interaction process analysis approach[J]. Group Processes and Intergroup Relations, 2000, 3(2), 183 - 201.

② Marks A, Mathieu E, Zaccaro J. Atemporally based framework and taxonomy of team processes[J]. Academy of Management Review, 2001, 26(3), 356 - 376.

巴尔斯认为行为是有意义和可辨别的单位，并进一步对任务相关的"工具行为"与社会情感的"表现行为"所做的区别，每个行动可以被观察者纳入中性的任务工作、正面的社会情绪、负面的社会情绪三个互动范畴。在这个框架中，群体互动被分解为一系列的行动，涉及交流问题、评估问题、控制问题、决策问题、紧张问题、整合问题等六项功能性问题。巴尔斯的IPA编码单元揭示了群体的结构特征和群体过程将影响群体的任务和社会情感，并进一步将行动及所表达的行为语义划分成可供分析的范畴及关系，为社交互动的交互体验提供了既全面又可追踪的互动过程特征。

麦格拉斯分析了影响互动的关键因素构建群体研究概念模型（图2-20）：该模型划分为两大结构圈：以人为中心的群体结构和以环境为中心的任务结构。其中，以人为中心的群体结构与群内成员的属性和行为模式相关，以环境为中心的任务结构与环境的属性和行为模式相关，群体结构与任务结构的关系模式共同构成行为环境[①]。该模型以任务导向和群体关系导向对群体过程的发展制定了组织框架，提供了过程关系中的逻辑变量和组织因素，可进一步提炼交互设计关键因素。

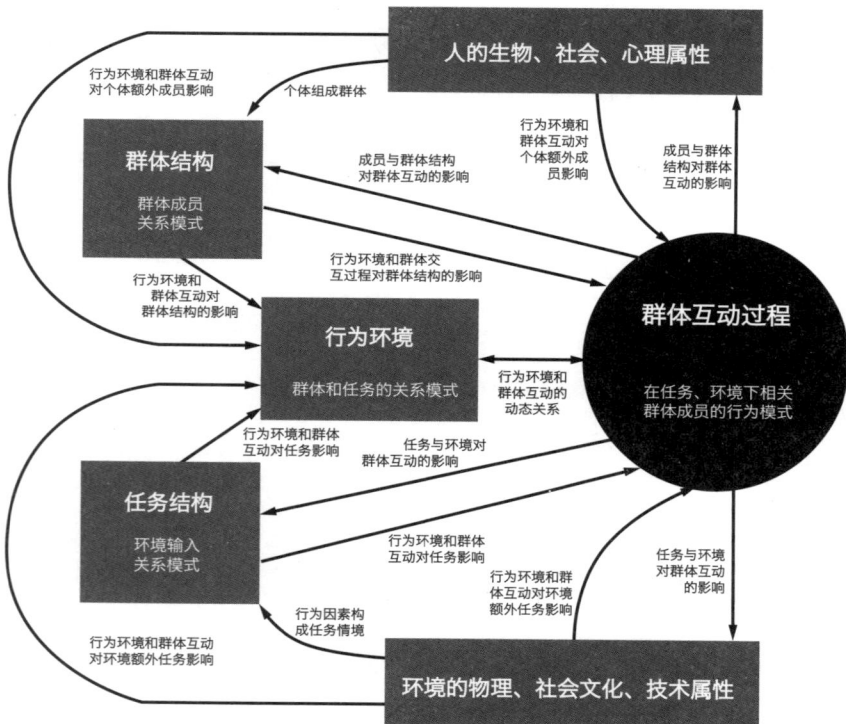

图2-20　群体研究的概念模型
（图片来源：McGrath，1984年）

① McGrath JE. Groups: Interaction And Performance[M]. Prentice-Hall, Englewood Cliffs, N.J, 1984.

麦格拉斯的概念模型将群体过程扩展为四个模式：

（1）**沟通模式**。成员之间的言语行为、通信。每一次沟通行为都是一个内容的传递，即每一个互动行为可以视为任务模式或人际模式中的构件。

（2）**任务模式**。面向任务方面的交互行为可以被视为任务或操作流程，从而导向任务绩效模式。

（3）**人际模式**。面向人际方面的交互行为可以被视为吸引或熟悉的过程，从而导向人际关系模式。

（4）**影响模式**。这是交互结果或影响阶段，这种效应构成了影响过程，包括参与者的交互的结果或后果，对它们之间的关系，他们的任务和后续的沟通，如图2-21所示。

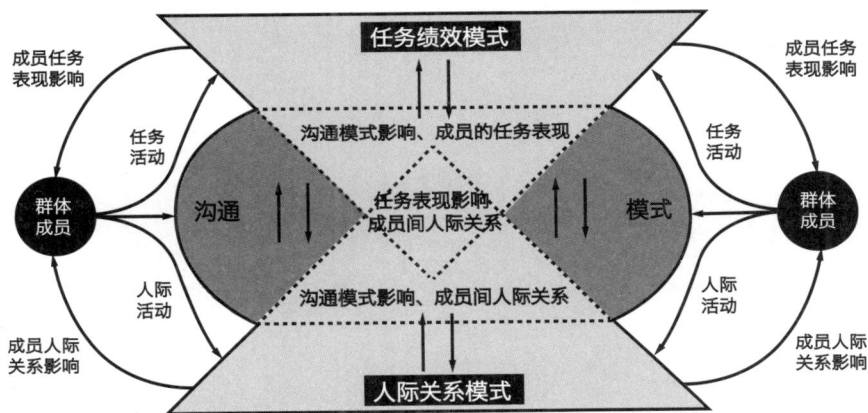

图2-21 群体互动过程三个交互阶段概念模型
（图片来源：McGrath，1984年）

根据麦格拉斯和巴尔斯的群体过程分析与社交网络特征相结合，可以得到四种交互设计因素：

（1）参与因素，包括提供场景、状态和身份的介入基础；

（2）沟通因素，包括沟通传播的控制、沟通结构、信息逻辑；

（3）人际因素，包括关系可视化、关系维系、关系发展等；

（4）活动因素，包括创建、选择、执行、协作活动工具融合集成，如表2-9所示。

参与、沟通、人际、活动交互因素的提取 　　　　　表2-9

阶段	准备过程	沟通过程	吸引过程	行动过程
行为	在线、隐身暂时、持续	单向、双向多向、同步异步	控制、情感维系、拓展	创建、选择协作、执行
设计因素	参与因素	沟通因素	人际因素	活动因素

本文根据"输入—过程—输出（IPO）"群体过程理论，对应于社交网络中群体过程，具体而言"输入"指向用户互动情境和群体属性特征，"过程"指向群体人际互动行为和社会心理因素，"输出"指向群体目标达成，即用户行为—多用户交互—社交体验，基于以上分析构建群体互动过程整合模型：

（1）在加入前，用户勘察该群体是否符合心理预期；

（2）正式加入时，以有某种象征性的仪式来增加个体的归属感和集体感，促使从群体成员的角度来界定自我，形成群体成员的身份符号；

（3）群体形成，群体成员拥有共同命运的体验，认知到个体与群体联系在一起，形成群体团结；

（4）互动过程中，围绕群内成员以活动导向和社会情感导向间展开互动，活动导向注重工具性的行为，人际导向注重表现性行为，从而形成了高度的情感连带和相互关注；

（5）成功的群体产生凝聚力，形成长久的群体关系，分享共同的情感体验，如图2-22所示。

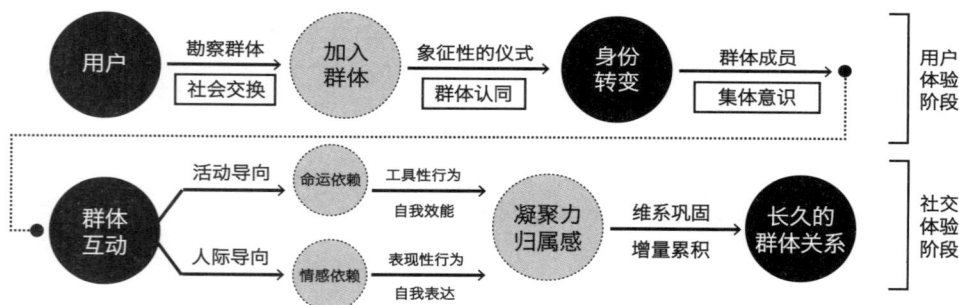

图2-22　群体互动过程整合模型

2.5.4　群体原型：感知—行为耦合的自组织形态

群体互动是"过程的集合体"，自组织是群体自行组织形成和发展的机制。协同学创始人H·哈肯（H.Haken）将自组织定义为：没有外界强加给系统的干预，自然形成某种有序化的空间、时间或功能结构，便可认为是自组织的[①]。自组织现象广泛存在于现实世界，被称为"万物之理"（Theory of Everything）。鸟群和鱼群随着地形、风向、水流，永远保持着某种形态；跳伞运动员相互协调彼此高度组成的某种队形；舞者有着相似性的身体接近性、互动频率和模仿群体中其他人的行为和态度；在社交

①［德］H·哈肯，信息与自组织[M]. 成都：四川教育出版社，1988：29.

图2-23 感知—行为耦合的自组织形态
（图片来源：上左jokeroo.com，上右imgarcade.com，下左fotosearch.com ，下右 nomadtravellers.com）

网络中用户在内容上自创自主、在社区管理上自治、在发展过程中自由自觉现象，现场观众的集体鼓掌，都呈现出从个体行为中产生的协调性、秩序的自然形态的动力学画面。自组织理论为我们描述了复杂性系统内部"动力源"临界变化的规律和系统内部因素之间的传播关系和"生成性"群体的社会机制，如图2-23所示。

自组织理论中具有代表性的理论有耗散结构理论、协同学、超循环理论①。这三个理论的对网络群体互动有不同的启示，如耗散结构理论揭示了网络用户竞争、协同共存的信息流、物质流是实现协调进化的过程，是自组织系统演化的动力和源泉。协同学理论揭示了开放性的网络可促进用户更新，创造复杂的非线性反馈机制。超循环理论揭示了信任和隐私安全是社交网络的基础，在没有自然力配合的条件下，信任是密切合作的基础②。

网络系统与人类社会一样，是一个相互作用的复杂系统，可以由系统范围内不同的子系统协作、积累成为一个"复杂的秩序"（Complex order）。网络的自组织可以抽象为四个维度：信息自组织可以理解成社区、超链接和站点互联实现各种服务。行

---

① 王京山. 自组织的网络传播[M]，北京：中国轻工业出版社，2011：40-52.
② Michiardi P, Molva R. CORE: A Collaborative Reputation mechanism to enforce cooperation in mobile ad-hoc networks[A]Proceedings of the IFIP TC6/TC11 Sixth Joint Working Conference on Communications and Multimedia Security: Advanced Communications and Multimedia Security, 2002：107-121.

为自组织是网络通过用户与社会之间的互动，包括自创、分享、反馈、交换等。主体自组织是网络系统的主体由多元化的个人、组织、机构组成，有着丰富的多样性。关系自组织则是网络系统内部各要素之间的关系，是一个动态演变的系统，其系统组分之间存在控制、对等、依存、从属等各种复杂的关联与交互，如表2-10所示。

网络自组织的类型划分　　　　　　　表2-10

信息自组织	链接、标签、订阅、推荐	行为自组织	创建、反馈，分享、众包
主体自组织	个人、群体、社区、论坛	关系自组织	控制、对等、依存、所有

从独立个体的行为中所产生的群体行为的协调性被称为"涌现行为"（Emergence Behavior）。它指的是个体的认知、情感、行为或其他特质通过个体之间自发的互动作用而发生拓展并呈现为一种高度有序的集体性质[1]。在群体认知层面，"涌现"呈现出三个关键特征：对社会组织和个体间互动的依赖、群体层面上非意图的认知结果的呈现、不同群体结构所引致的认知特性的多重实现[2]。斯蒂芬·约翰逊（Stephen Johnson）在《涌现行为》一书中认为涌现行为对互联网的发展有重要的启示，他将用户界面比喻成城市，将个体的信息传播和分享与他人的观点对接比喻成城市居民的各种涌现行为，来实现海量信息的积累，形成庞大的自组织系统，由此完善了互联网的发展。

因此，自组织理论和涌现行为为社交网络中以群体为中心的研究提供了两个理论基础：第一，解释了在身体不在场的社交网络中，群体互动协作的心理基础，这种心理基础就是群体原型，即不同个体面对共同的对象会产生类似的行为；第二，解释了在社交网络中，群内、群际与信息内容间形成的耗散、协同、循环的过程演化机制。这种机制跨越了主观和客观的二分法，既是物理的也是心理的，它同时指向情境和用户。它强调对群体观念或群体原型的吸引，所表达的是一种"过程关系"。荣格将这种自组织的心理和行为特征可以理解为"集体无意识"的群体原型[3]，它是群体层面上非意图的认知结果的呈现，是在自然情境中，人自觉性地产生以同样方式看待事物和以同样方式行动的趋势，这种趋同促进了群体协作。

综上所述，网络群体交互是多向度、动态的、社会性的、生成的。根据前文对群

---

① Kozlowski J, Klein J. A multilevel approach to theory and research in organizations: Contextual, temporal, and emergent processes[M]. K. J.Klein & S. W. J. Kozlowski（Eds.）, Multilevel theory, research, and methods in organizations: Foundations, extensions, and new directions San Francisco, CA: Jossey-Bass.2000: 63 - 90.

② Sherif M, Sherif W. Social Psychology[M]. New York, Harper& Row, 1969: 9-10.

③ [瑞士] 卡尔·古斯塔夫·荣格. 原型与集体无意识[M]. 北京：国际文化出版公司 2011: 5-8.

体、群体互动演变过程的分析，本文认为群体过程的推动和有效进行就是持续保持成员间的互动，而互动是依靠以事件、位置、关系为纽带的群体构成和群体运行。根据群体原型的理论立场，虽然面对社交网络我们无法设计用户的人际关系，也无法设计用户传递的信息内容，但我们可以针对特定的群体行为和群体原型来进行相应的交互设计，预先设定多种交互构件和行为参量，让互动过程以一种可表达可沟通的方式得以呈现，让参与过程承载某种意义。

2.5.5　以群体为中心的社交设计可行性探讨

正如前文所分析的，社交网络包括用户、信息、技术、组织社会四个要素模块，用户产生信息，信息通过技术传播给其他用户，随之形成组织和影响社会，由此形成三个研究层次，如图2-24所示。

（1）**用户层**。包括用户个人属性和用户社交活动，以不同类型的用户动机分有三种参与模式：自我展示、旁观他人、人际互动，信息源是将用户动态信息主动推送到关系链中，是RSS（信息聚合）在SNS的创新运用，主要从微观上探讨用户个体的身份、状态、声誉，属于静态的研究内容；

（2）**群体层**。主要从中观上探讨关系群体、位置群体、事件群体形成的行为趋势、分布规律、参与动机，群体层是社交互动设计与开发、创新运用服务的基础，也是系统运转机制的动源；

（3）**服务层**。内容包括UGC（用户产生的内容）和内容提供商的资源，应用是以

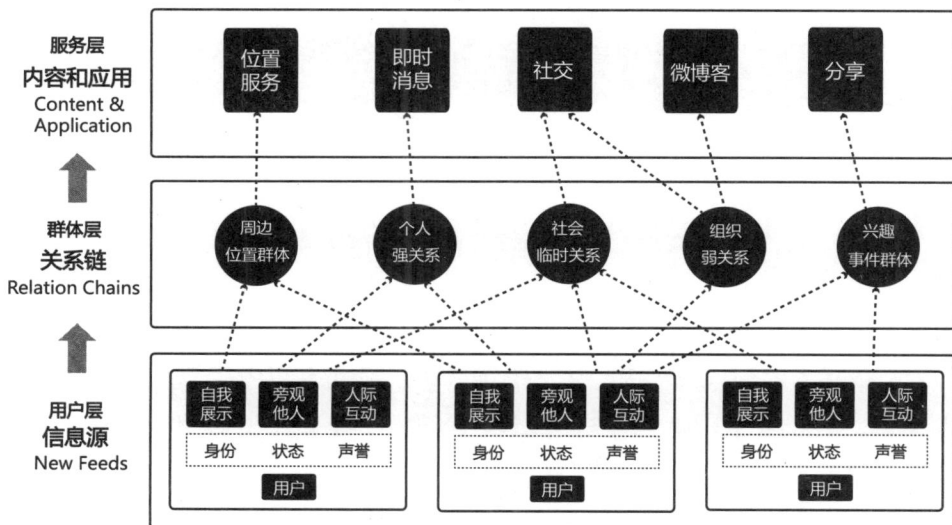

图2-24　社交网络研究的三个层次

插件的形式与平台耦合，分为主流和长尾，主要从宏观上探讨社会各层面的应用和服务。

用户层缺乏对宏观层面上用户持续使用和信息传播质量的后续研究支持，同时服务层中各种社会化软件和平台已经不是纯粹的社交工具，而是演变成在线社区、虚拟社区、朋友圈、论坛的形态。因此，将群体层作为研究对象，并将群体类型做进一步划分，便于从宏观上把握信息、用户、行为、环境变量对于社交网络的产品策略、持续使用的理论支持和实践指导，为产品的发展提供了更多适应性的使用（Adaptive use）空间。

此外，在相关社会学文献研究中，将群体作为研究角度也占有一定的比例。微观社会学将个体层次机遇（Encounter）作为研究宏观社会结构和文化层次的基点[1]。柯林斯认为"互动仪式链"（Interaction ritual chains）是人们最基本的活动，构成社会结构的基础，这里的互动可以理解为在时空中经由个体释放感情和资源不断产生再造的典型性交换与仪式，从而形成并扩展成重复性的互动模式[2]。这表明，社交活动的宏观过程来自于人际互动的发展，人际互动是微观情境下小群体即时即地发生的交互活动，是在群体情境中来理解人类的行为，因此，微观情境是行动的场景和社会行为者的基点，群体互动是社交活动分析的起点，群体互动类型和群体互动过程可以作为社交设计研究介入点。

社交网络实质上是人与人交往的社会网络，本质上等同于现实社会。群体互动基于符号互动论、互动仪式链、常人方法学、社会心理学的理论立场，在相当程度上加深了微观与宏观之间关系的理解，特别是引入了情境作为环境变量，进一步还原了人们在日常生活的中"社会动机流"能动根源。微观情境下的互动决定了群体类型和群体意识，是群体互动向宏观结构转变的研究路径。因此，社交设计的中心问题围绕如何为群体原型所映射的社交行为提供交互工具，如何展现微观社交情境下的交互线索，由此作为第三章的研究思路。

本章论点小结

本章首先对社交网络、群体类型与互动理论、信息系统领域交互设计研究、交互设计本体属性与范式转变、社交设计的社会学理论等概念逻辑与基本问题作了相关

① ［美］兰德尔·柯林斯. 互动仪式链[M]. 北京：商务印书馆，2012：1-3.
② Collins R . The Romanticism of Agency/ Structure Versusthe Analysis of Micro/ Macro [J] . Current Sociology, 1992, 40（1）.

阐述。其目的是引入社会学领域的"群体"以及"群体类型"、"群体组织"、"群体互动过程"、"群体原型"相关概念，以此探讨"群体"为社交设计对象的可行性，并构建群体互动过程整合模型，提出了位置共享群体、事件共筑群体、关系共情群体三种群体互动社交设计类型的研究思路及参与、沟通、人际、活动的群体互动四类交互因素。具体总结如下：

（1）本文根据信息系统领域的设计学范式、交互设计本体属性、社交设计研究的分析理解，厘清了社交设计的驱动因素和特征机理，提出了基于社会学中行为学、心理学对设计学的认知映射社交设计研究思路，并在I-Model的基础上，归纳出了三个社交网络社交设计研究方向："信息—用户"即交互式信息设计、"社会—用户"即社会化群体协作互动设计，"社会—信息"即社会公共服务设计。

（2）社交是社会形成的基础，社交是以群体形式进行的，群体既是人们维系社会关系的基本单位，也是社会的基本结构要素。因此，社交设计的研究首先是对社会群体的研究。本文认为群体是在社会关系下，拥有共同目标、彼此认同、共同活动的集体单位。根据社交网络边缘的类型确定了三种群体互动模式：位置群体、关系群体、事件群体，通过群体特征、群体构成和群体运行，提出了位置共享、事件共筑、关系共情三个社交互动类型设计。根据前文对群体、群体互动演变过程的分析，本文认为群体过程的推动和有效进行是持续保持成员间的互动，而互动是依靠以事件、位置、关系为纽带的群体构成和群体运行。

（3）群体过程（也称群体互动过程）是社会中人际、群体之间以不同的互动类型、人际关系、沟通方式进行的社会交往活动。群体互动存在各种"形式"背后的结构性因素。通过对群体互动过程的研究，提出四种群体过程交互设计因素。活动因素属于工具性互动，人际因素属于情感性互动，参与方式和沟通方式是群体互动过程的有效手段。基于以上分析并结合社会互动中的心理认知因素，构建群体互动过程整合模型。

（4）自组织现象是在没有外界干预的情况下，系统内部以特定的方式相互作用，自然而然所形成的一个有序化的结构和功能的过程。自组织理论在某种程度上解释了在社交网络中群内、群际与信息内容间形成的耗散、协同、循环的过程关系机制，这种"过程关系"是群体观念或群体原型，群体原型可以理解为"集体无意识"的心理基础，是群体层面上人的自觉性产生以同样方式看待事物和以同样方式行动的趋势，这种趋同促进了共同任务的合作。群体原型揭示了群体互动中的共性规范和内在趋同，为身体不在场的多元化网络社交奠定了理论立场和行为参量，由此可以根据特定的群体类型和群体原型进行有针对性的设计。

第 3 章

社交设计与共生交互

3.1 概述

当代设计已经从以产品造型为中心的设计范式转变成服务和体验的系统设计。正如NIKE+、小米智能自行车以基于社交网络的用户参与来拓展产品体验性的内容，Twitter和Facebook成为联系服务与产品的中介，产品、社交网络、服务的体验经济已成为主流的商业模式。新媒体、自媒体、全媒体正从信息、内容、文档的方式转向以人为核心，使得社交网络的群体在形成、运行、协调方面呈现出与现实社会群体不同的特征和机理。

"图式"是当代认知心理学中一个非常重要的概念，它能围绕某个主题组织一种知识的结构模型，社交图式为研究社交形式、体验、情境提供了兼具描述和解释的框架，帮助我们理解不同情境社交下群体共有的行为态度。本章依据第二章社会学社会互动理论阐述了以社交行为组织为对象的社交设计研究思路。首先借用共生理论理解社交网络中自组织活动，然后对社交图式和Affordance理论进行整合转换为社交设计的层次空间和相关设计属性，提出共生交互社交设计理论框架、整合模型以及参与赋能、沟通赋能、人际赋能、活动赋能四个社交赋能设计要素分析。通过在不同的社会情境和产品策略中对社交赋能要素的突出组合，创新了社交设计的方法，继而针对主流社交网络Flickr、Facebook、Foursquare进一步验证以上结论的可行性，为提升网络群体互动体验和社会化产品、社会化服务提供设计概念上的支持。

3.2 共生交互社交设计理念的提出

"共生"有两种不同英文词源Symbiosis、Conviviality。Symbiosis源于希腊语，指双方共栖构成的协作关系及各种生存形式的调和统一；Conviviality源于拉丁语，指人们之间相互欣赏，共同启发，展开交流的结合状态，所显现出的杂然生机[①]。"共生"一词来源为生物学，由德国微生物学家德贝里提出，意为共生单元之间通过物质、信息、能量交换，形成的共生模式[②]。

在我国，道家倡导的"天人合一"、儒家主张"和而不同"反映出的人与自然、社会和谐共生的精神境界，中医学提出的"五行学说"、"相生相克"的共生伦理，墨家的"兼相爱，交相利"的社会关系和意义，中国旧学《周易·乾》卦中"同声相应，同气相求。水流湿，火就燥，云从龙，风从虎……则各从其类也"，意为事物之间相互应和，相互融合，都反映了中国古人的"生生之道"、"互生共识"认识方法和东方哲学。在西方哲学中，怀海特曾提出的"动态共生活动"的过程哲学（Process Philosophy）即每一事物都是处于关系和环境中的事件，每一时间单位都具有享受、领悟和感受为特征的体验性[③]。胡塞尔认为在交往之中人具有"交互主体性"（Inter-subjectivity），这种交往关系是以自身为目的又同时为手段的相互沟通、相互影响的关系[④]。哈贝马斯在"生活世界"（Life-world theory）和"系统"（System）概念中理解社会交往行为，他指出"生活世界"有三个组成部分：文化、社会、自我[⑤]，这个三维结构可成为理解用户社交情境及社交行为能力的基础。胡守钧在《社会共生论》中借用生态共生来研究社会关系，认为社会各种利益关系、人际关系都是共生关系，家庭、组织、社团、国家都是共生主体，社会共生论提供了一种对于认识社会现象的新的研究思路[⑥]。总而言之，这些理论思想都阐述了在共生交互的主体共识与互识、行为协同与拓展下，人与人、人与物之间所结成群体性多维交互的社会关系。

从以上理论陈述中，我们可以得到关于社交设计的如下启发：

（1）哈贝马斯的"生活世界"揭示了社交设计和社交体验的内在维度，"文化"可引申为与用户有关的价值传统、语言表达；"社会"可引申为交往中行为协调互动、礼仪规范、群体融入，"自我"可引申为用户的动机需求、个性张扬、角色扮演。

（2）胡塞尔的"交互主体性"揭示了社交设计中用户参与、群体协作、人际关联所构成的行为和情感连带，社交网络注重用户间的互动，用户创造内容并发布、分享、传播，同时更期望与志趣相投的用户关联、沟通、协作，从而影响其他用户的情感体验和社交行为。

① 李萍. 日本现代社会中的共生伦理[J]. 湘潭师范学院学报（社会科学版），2002，5（24）：29-30.

② A E Douglas.Symbiotic Interactions[M]. Oxford University Press，1994：10.

③ [英] 怀特海. 过程与实在[M]，北京：商务印书馆，2012

④ [德] 胡塞尔，[荷] 舒曼. 纯粹现象学通论——纯粹现象学和现象学哲学的观念[M]. 李幼蒸译. 北京：商务印书馆，2011.

⑤ [德] 尤尔根·哈贝马斯. 交往行为理论[M]. 曹卫东译. 上海：上海人民出版社，2005.

⑥ 胡守钧. 社会共生论[M]. 上海：复旦大学出版社，2012：4-15.

（3）怀海特的"过程哲学"揭示了社交设计中交互形式与交互体验的历时性和共时性的关系，体验是可以累积并以事为媒介，以人与人的沟通为交互形式，相互关联的。

综上所述，共生理论为社交网络和社交设计提供了一个研究途径和理论依据。在社交网络中，主体关系、行为过程、信息内容已经构成了一个交换循环、自足发展的共生交互系统，这就是一个内容的共生，体验的共生，关系的共生，行为的共生。因此，本文提出"共生交互"就是运用共生现象来看待社交网络中的人际交互行为，按照共生原理理解和设计这些关系存在的本质和发展趋势，如图3-1所示。

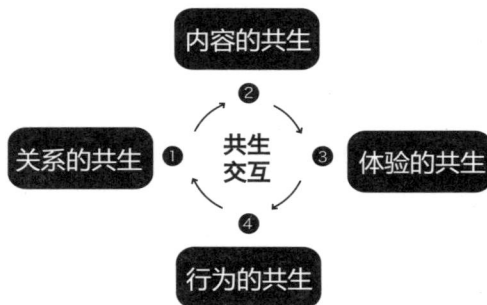

图3-1　共生交互社交设计的四个象限

3.3　社交设计的本源与推演

3.3.1　社交行为的完形：图式与社交图式

1. 图式

图式（Schema）一词源自希腊文skhēma，意为图解的表征、假设的轮廓①。《辞海》中，"图"有谋取、意图、用线条颜色显示出来的事物形象之意，"式"是式样、格式、榜样、模范、法式、规格②。根据《韦氏大学词典》中的表述，图式是"结构化框架或计划"和"对复杂对象或一组刺激的特定认知方式"。在《杜登德语大辞典》给它的解释是Haltung（姿态）、stellung（姿势）、Gestalt（形态）、Figur（体形）、Form（形式）③。本文分析对比了与"图式"相关的术语及与"图式"的关系，如表3-1所示。

---

① http://dictionary.reference.com/browse/schema[EB/OL].
② 辞海编辑委员会. 辞海[M]. 上海：上海辞书出版社，2009：2287及2075.
③ 曹俊峰. 论康德的图式学说[J]. 社会学科战线，1994（6）：49–50.

图式相关的术语及与图式的关系　　　　　　　表3-1

术语	解释	与图式的关系
意象	一般指在知觉基础上所形成的抽象化的、程度不同的心理印象和感性形象[1]	图式是意象的一种，但意象不具备图式"理想认知模型"的功能
脚本	人所从事的某些典型事件，按先后次序所作的有组织的认知[2]	是图式的一种，表示顺序性事件或程序图式
定势	先前心理活动所形成的准备状态决定同类后续心理的趋势，是完整的个体状态[3]	定势是综合化的心理现象，图式是认知的结构
原型	范畴化的典型概念，表示概念范畴所有成员共有的抽象特征，心理表征为事物原本的相似性程度[4]	图式是原型的拓展，是总体原型或事件模板，原型是事件图式的一部分并随着图式的激活而激活[5]
框架	一种用来表达情境知识的知识结构，分为客体框架、程序框架、情境框架、语法框架、文本框架、科学范式[6]	是图式的一种，表示物质客体的图式
命题	具有内在联系的两个或两个以上概念组合而成的事物，用于表征陈述性知识中小的意义单位[7]	图式除了包括命题表征外，也包括了知觉共性编码方式，即图式是命题网格
范畴	对客观事物的概括，由聚集在一起的属性所构成的完形概念[8]	图式包括范畴的激活、运用、控制一系列认知活动
仪式	典礼的秩序形式和社会文化制度。可从仪式宗教渊源和社会行为两个方面探讨[9]	仪式是图式中具有特定意识的形态，是人类经验范畴上的概念
概念	对特征的独特组合而形成的知识单元[10]，反映对象的本质属性的思维形式	是图式的一种，即事物概念图式

本节意在统整各类图式研究的分析、诠释方法，为社交图式理论的溯源提供了一个较为宽泛的视角，在心理学的图式研究中有关于认知与行为之联系的宽泛议题可以

---

[1] Langacker RW. Concept, Image and Symbol: The Cognitive Basis of Grammar[M], 2nd Revised edition, New York：Moutonde Gruyter, 2001.

[2] Schank RC, Abelson RP. Scripts, plans, goals, and understanding: An inquiry into human knowledge structures[M]. Hillsdale, NJ: Lawrence Erlbaum. 1977.

[3] [俄] A·斯米尔诺夫. 苏联心理学的发展与现状[M]. 北京：人民教育出版社，1984：526.

[4] Rosch H, Natural Categories[J]. Cognitive Psychology, 1973（4）.

[5] Hatch E, Brown C. Vocabulary, Semantics and Language Education[M], 北京：外语教学与研究出版社，2001.

[6] Minsky M. A Framework for Representing Knowledge[J]. The Psychology of Computer Vision, P. Winston (Ed.), McGraw-Hill, 1975.

[7] Anderson J. The Architecture of Cognition[M].Harvard University Press, 1983.

[8] 田延明. 语言离散-连续图式表征认知模型研究[D]. 上海外国语大学，2012：34.

[9] 彭兆荣. 人类学仪式研究评述[J]. 民族研究，2002（2）：88.

[10] 中华人民共和国国家标准GB/T 15237．1-2000[S].

转译为探讨社交情境中个体认知结构、群体原型与行为模式之间的关系，为下文社交
图式铺垫理论基础。

　　"图式"词源的意义可追溯到哲学领域，最早来源于柏拉图的"理念论"（Eidos
idea），主张概念是原型，事物是摹本①。之后，康德将图式引入先验哲学认识论中，他
认为图式是具有普遍性范畴的抽象概念，是对象与范畴的中介或桥梁，并使用范畴
（Categories）的数量、质量、关系、形态来表征外部世界，这就是康德著名的判断
论②。图式被心理学与社会学用于研究认知发展和行为组织，并证明了人类的确存在相
对稳定的行为模式和行为结构。巴特利特（Bartlett）认为图式是一种经验架构，是
过去反应或过去经验的积极组织，是人适应自然环境和社会环境并不可少的工具③。
皮亚杰（Piaget）认为图式是在同样或类似的环境中由于重复而引起迁移或概括而
成的行为结构组织④。明斯基（Minsky）认为图式既是主体内部的一种的动态的、可
变的行为模式和认知结构，又是一个该结构的加工者⑤。美国人工智能专家鲁姆哈特
（Rumelhart）提出了图式的四个主要特征：

　　（1）图式是一个含有变量的框架，可变成分的重要特征是具有"缺失值"；

　　（2）图式可以嵌套，来表征不同抽象水平的知识；

　　（3）图式不仅可以存储静态的数据结构，还可成为动态的预测推理过程；

　　（4）图式表征的是知识结构而非定义概念⑥。

　　鲁姆哈特的图式理论对社交行为的组织和设计有重要的启示：第一个特点说明图
式可以不断发展，可以对社交情境中的新信息进行整合；第二个特点说明图式具有层
次性，它不是孤立存在而是相互联系的，不仅包涵对象的关系和性质，还包涵这些对
象子图式的相关信息；第三个特点说明图式可以自动将缺失的信息赋予槽道（Slot）
之中，图式能解释的现象往往可以超出观察的范围；第四个特点说明图式既可解释某
类事物的定义，又可以描述其特点特征，例如人们在社交环境中对于面对同一情况，
形成类似的图式，而在深入交往中还会进一步收集相关信息，从而使图式更准确更
稳固。

---

① 唐芳贵. 图式研究的历史演进[J]. 重庆：重庆教育学院学报，2003（1）：52-53.

② NevidSKant. Cognitive psychotherapy, and the hardening of the categories[J].
　 Psychology and Psychotherapy: Theory, Research and Practice, 2007, 80（4）：
　 605-615.

③ [英]巴特利特. 记忆：一个实验的与社会的心理学研究[M]. 杭州：浙江教育出版社，
　 1998：259-280.

④ [瑞士]皮亚杰. 生物学与认知[M]，上海：三联出版社，1989：7.

⑤ 邵瑞珍. 教育心理学[M]. 上海：上海教育出版社，2001：43.

⑥ Rumelhart D, Ortony A. The Representation of Knowledge in Memory[A]. Schooling
　 and the Acquistion of Knowledge. Richard Anderson, Rand Spiro, William
　 Montague[C]. Hillsdale.NJ: Lawrence Earlbarm, 1977：99-135.

2. 社交图式

社交图式（Social interaction schema）是日本社会学家西田（Nishida）提出的，他认为社交图式是人们在不同的社会交往情境中对于交往知识概括而成的认知结构，一般由相互联系的图式塔（Schemata）构成[1]，如图3-2所示。在社会交流沟通中，同一社

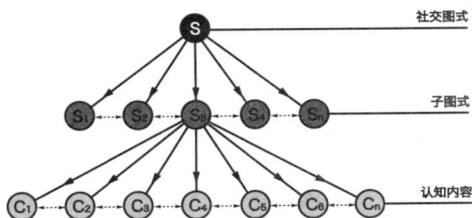

图3-2　社交图式塔

会文化环境下的成员共享相同的图式，在进行情感抒发时会在沟通过程中收集具体的信息（进一步的认知内容）或提供预期的指引，形成类似的社交图式，然后就会针对对方情感抒发进行情感和互动的回应。

社交图式有多种，一般可以分为事实概念图式、人的图式、自我图式、角色图式、情境图式、程序图式、情感图式、策略图式[2]，具体的概念和运用分析如表3-2所示：

社交图式概念和案例描述　　　　　　　　　　表3-2

社交图式	概念	社交网络中的具体表现
事实概念图式（Fact-and-concept schemas）	关于事实、概念、道理、规则等的一般知识图式	针对相关的信息、新闻、评论、报道、口碑、沟通交流，促进用户的思考，并对给予的判断和理解，提供辅助处理能力
人的图式（Person schemas）	不同特征的人的知识图式	在人际交往中对有特点的人或人群有惯性的认知，是主观感受所具有的潜在的影响力
自我图式（Myself schemas）	对自己的认知图式，与自我概念、自我预期、自我认同相连	在人际互动中都希望向对方展现自我的形象，并会沿着该图式下所具有的特征组织行为，以达到自我表现和自主权
角色图式（Role schemas）	特定身份形象的认知图式，该图式与情感图式相连	在不同社交情境中，不仅用户本身有多元的角色扮演的心理期待，系统也应有特定的角色予以回应
情境图式（Context schemas）	对社交场合及相应行为来实现目标的认知图式	通过界面的信息、图片等，感知其场景和事件，在概念层面以及实际操作层面上引出用户的相关行为
程序图式（Procedural schemas）	对事件的步骤流程的认知，跟情境图式紧密相连	对正在进行的操作给予相关的步骤提示，或是在进行群体协作时，提供用户更多的控制感，以满足用户流程的顺利进行

[1] Nishida H. Cultural schema theory [A]. Theorizing about Intercultural Communication[C]. Sage Publications, 2004: 401-418.
[2] Nishida H. A Cognitive Approach to Intercultural Communication Based on Schema Theory[J]. International Journal of Intercultural Relations, 1999（4）.

社交图式	概念	社交网络中的具体表现
情感图式 （Emotion schemas）	对生活中的情感认知的图式，但与特定的情绪相连	在群体互动中维系社交纽带，支持用户的归属感、社会关联度，在群体协作中，支持用户的成就感和领导力等
策略图式 （Strategic schemas）	对解决问题的办法认知图式，跟情境图式紧密相连	对群体协作的任务、活动、挑战，找到可以化解或实现的目标，从而获得成就感和团队意识

　　这表明，社交图式对人的社会交往有极大影响，人们在社交活动刺激下产生某种内在动机和行为反应是图式驱动的。在社交情境中，人们会自然将刺激物放到一个预存的图式中去认识。我们在交流时，有一个相应的语言图式或文化图式，在交往行为中，有一个相应的程序图示或情境图式，从而形成互动的回应，如图3-3所示。社交图式强调个人、环境、社会三者之间的关系，可以在一个变化的结构中重新组合，彼此嵌套，既可以从宏观的社会文化层面，又可从具体的情境层面去理解个体的认知与行为，为研究社交行为、社交体验、情境设计提供了兼具描述和解释可操作性的框架。

　　社交图式为复杂而整体的认知结构，人脑对社交图式的表征是基于信息客体是否能被认知，而认知是一种有目的的、主体性的活动，由多级心理和意识要素构成。本文根据社交行为与社交图式进行逻辑对应，分析整合出社交图式的三大结构要素：行为系统、情感系统、情境系统，如图3-4所示。

　　它们由一系列要素构成，这些要素对社交图式的表征有着重要的制约和激发作用。这些要素在图式表征过程中既可独立作用，又可相互嵌套、修正、协同，存在着作用与反作用的关系。

　　（1）**行为系统**：是主体认识活动的主要过程和组织状态。动机要素是认识活动的动力，马斯洛（Maslow）把个体的需求分为五个层次，生理需求、安全需求、归属

图3-3　社交图式认知下形成的互动回应
（图片来源：左bellaballroom.com，右corporatienl.nl）

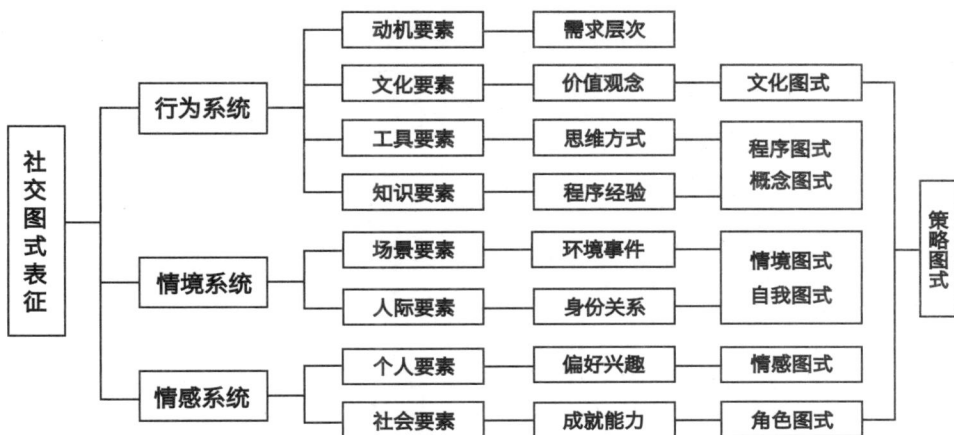

图3-4　社交图式对社交行为的表征
（图片来源：本文整理）

和爱的需求，自尊需求、自我实现需求[①]，成为主体作为动力和目的要素进行认知分析
筛选的依据。在文化要素中，价值和观念对实际的认知活动有导向作用，处于同一文
化背景的成员，能彼此理解所生产和传递的讯息，形成文化图式。工具要素是主体思
维方式对信息归纳演绎出对应的工具，知识要素是人们先在经验构成的认知结构信息
内容，知识要素、工具要素共同构成程序图式和概念图式。

（2）**情感系统**：是主体在认知时的一种心理状态，包括个人要素和社会要素。个
人要素包括兴趣、偏好、好奇心、情绪等，社会要素包括成就、能力等，个人要素和
社会要素共同构成情境图式和角色图式。

（3）**情境系统**：社会系统是在一定时间内客体存在境况，包括场景要素和人际要
素。场景要素是认知对象所在的环境和发生事件，人际要素是具有特定身份角色的认
知，两者共同构成情境图式和自我图式。德国心理学家科特·列文（Kurt Lewin）用
"场论"表示行为与情境的关系：$B=f(P \cdot E)$，B为行为，P为个体，E为情境，f为函
数关系[②]，说明社交图式是基于情境中相互联系的人、物、事的反映，行为是来自于个
人和环境共同因素作用影响的。巴拉巴西在《爆发：大数据时代预见未来的新思维》
讲道：经由情境分析，个人行为中93%是可以预测的，说明社会系统中的场景和人物
要素对于社交图式的表征有直接影响。

以角色图式表征为例：社交场景提供了与角色图式接近性的认知内容，而当这些
认知内容如角色图式应具有的行为、仪表、语言、情感等被联接成为认知结构时，该

---

① ［美］马斯洛. 动机与人格[M]. 许金声，程朝翔译. 北京：华夏出版社，1987：40-53.
② ［美］William S Sahakian. 社会心理学的历史与体系[M]. 周晓红等译. 北京：人民出版社，
1991.

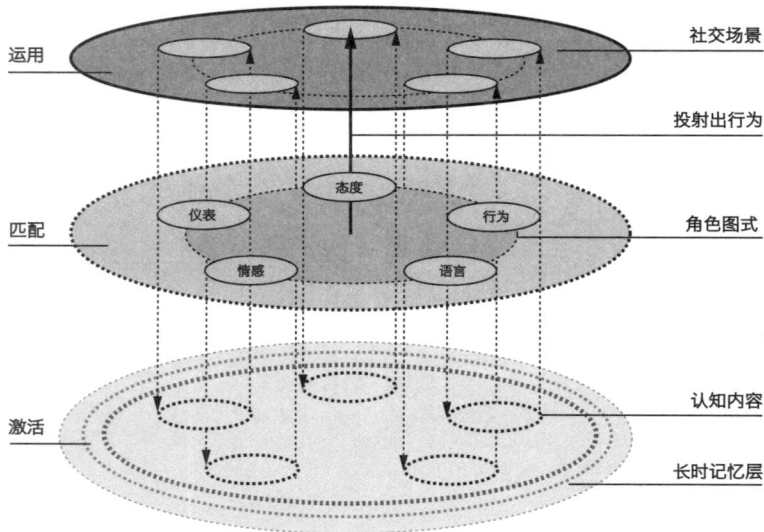

图3-5　角色图式的表征结构分析
（图片来源：本文整理）

图式被激活，从而投射出对应的社交行为，如图3-5所示。因此，图式的激活依赖于
社交场景所提供的认知内容与主体的认知能力，认知内容应具有与图式可识别的典型
认知属性或特征形态。

根据安德森（Anderson）针对人脑如何进行信息加工活动的ACT模型[①]
（Adaptive control of thought model），在社交场景中理想的社交图式表征过程是这
样的，如图3-6所示。

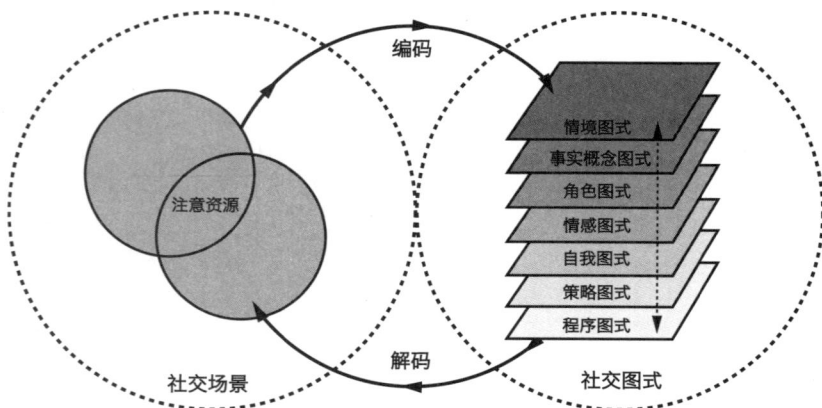

图3-6　社交图式塔的表征分析模型
（图片来源：本文整理）

---

① Anderson JR. The architecture of cognition. Cambridge[M]. MA：Harvard
University Press，1983.

（1）我们在一特定情况下的当前信息进行情景感知和环境识别的编码；

（2）根据注意资源或是场景线索检索出当前匹配的情境图式；

（3）依靠情境图式相关的角色图式、自我图式、情感图式为基础，大脑提出一个识别后的策略图式；

（4）当策略图式选定后，程序图式会进一步采取行动；

（5）在采取行为的过程中，人们会在具体的情况下依据新的场景信息，调整更适合的图式来行动。

3.3.2 社交图式的推演：社交图式转换为社交设计

社交网络正以趋近于现实交流来模拟互动，由此人类社会所形成社交行为能帮助我们理解社交过程中人是如何联系在一起，如何主导彼此的行为，如何产生社交的意义。根据上文可知，社交图式是人类在社会交往过程中的认知内容和行为模式。对于社交设计而言，社交界面是模拟现实社交场景中的社交活动，如何将社交图式中嵌套的图式塔转变为可识别的视觉线索和交互构件，以及如何从社交网络的角度，设计符合群体共享、协作、创建并发展深度交互的互动空间和互动工具。社交图式塔中的认知内容是组成社交意图、社交内容、社交工具、社交对象、社交活动的结构体，如社交活动的对话轮换的交流设计，群体协作的互动空间设计，角色和地位的身份进阶设计，群体感知与用户关联设计等。因此，对社交图式本质的把握是设计能产生映射关系的视觉线索和交互构件，这是社交设计的关键所在，如图3-7所示。

韩礼德（Halliday）的语域理论（Register theory）认为，人们的交流因情境和对象而改变，他在《Language as Social Semiotic》（作为社会符号的语言）一书中把语域看作是"通常和某一情景类型（Situation type）相联系的意义结构"，并将语域归纳为三个组成部分：语场

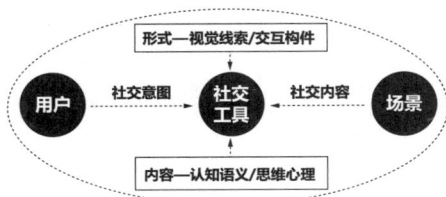

图3-7　行为使能的社交图式单元模型

（Field）、语旨（Tenor）和语式（Mode）分别对应意义结构中的语篇（Textual）、交际（Interpersonal）、概念（Ideational）[1]。韩礼德的语言层次论的理论立场是符号互动理论（Symbolic Interactionism），意即社会是由互动着的个人构成相互作用的框架，日常人际交往都在其时间和空间中有特定的结构和形式[2]。语域理论概括出了社

[1]　Halliday M.A.K. Explorations in the Functions of Languages[M]. London Edward Arnold, 1973.

[2]　[英] 安东尼·吉登斯. 社会学[M]. 李康译. 北京大学出版社, 2009：104.

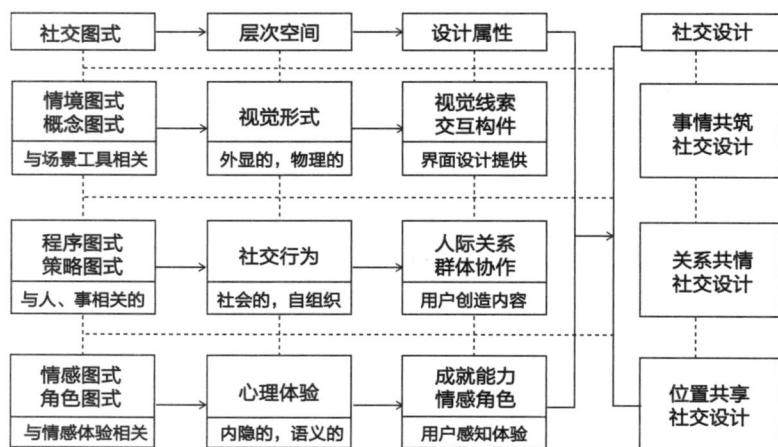

图3-8 社交图式转换为社交设计

交活动中反映社交对象、社交行为、社交体验、社交意义的共性层次，对社交设计的框架结构具有借鉴意义。

根据对社交图式理论的情感系统、情境系统和行为系统的表征研究，本文借鉴韩礼德的语域理论的语言层次论的基础上，将社交图式中嵌套的图式塔转变为社交设计的三个层次空间和设计属性，如图3-8所示。

其中社交图式塔被分类为三个层次：

（1）情境图式、概念图式。社交场景和空间的构建；

（2）程序图式、策略图式。社交中的人与事的组织；

（3）情感图式、角色图式。与意识形态相关的情感或心理体验。

这三个层次与社交设计相结合，从而构建三种设计属性：

（1）交互式—视觉形式层。外形相关的视觉线索和交互构件等属性；

（2）交互旨—社交行为层。内容相关的人际关系和群体协作等属性；

（3）交互场—心理体验层。内在相关的情感角色和成就能力等属性。

该框架列出了产生和影响社交设计的不同设计属性，这些设计属性与用户群体、事件行为、交互因素、动机情感、时间空间组合成社交的关系场，成为影响群体互动和社交体验的关键变量，将这些设计属性进行拓展可形成位置共享社交设计、关系共情社交设计、事情共筑社交设计。

社交设计的层次空间和设计属性是相互关联的、层层嵌套的整体结构，上一层级是下一层级的表征，下一层级又是上一层级的基础与来源。进一步分析社交行为可知，文化图式为其提供了意义和价值的来源即第四个层次空间：交互域——社会语境。每个群体互动交互域中，用户依赖线上或线下的社会环境，通过文字或语言传达诉求、喜好、愿望，并与人际关系链结合起来构成双向的沟通机制，意即通过"关系链、信息流、时

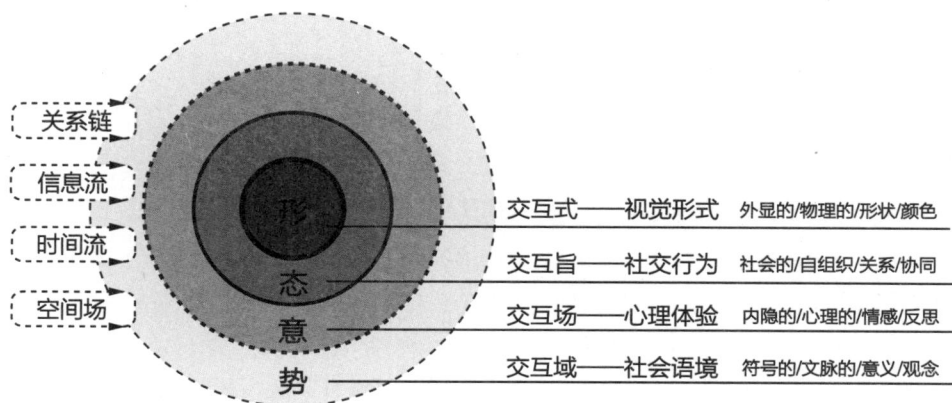

图3-9 社交设计逻辑层级与结构

间流和空间场"构成"形、态、意、势"社交设计逻辑层级与结构,如图3-9所示。

1. 交互式: 视觉形式

交互式是社交网络的行为和内容物化的视觉表现形式,"为赋予有意义的秩序作出有意识或者知觉的努力"[1],包括表现形式和信息组织两个层面,表现形式包括界面的视觉设计,如形状、颜色、按钮等,界面组织包括功能分组、信息架构、导航等。在社交网络中,由于信息是用户随时贡献产生新的内容,界面需要考虑信息流的时效性并作出更新提示,显示用户实时的行为,界面设计需要把这些内容通过规则而建立合适的索引方式,用户才能有可能回访和反馈。

2. 交互旨: 社交行为

交互旨可解释为群体互动的对话、共享、评价、关注、协助、共鸣等社交行为。社交行为背后隐藏着不同的需求和动机,而正是这种需求构成了我们在社交中所看到的形形色色的互动。用户的每一个交互行为都在社交活动中创造新的互动关联,每一个行为都有可能导致"牵一发而动全局"的局面,影响着整个社交活动的走向。在不同的社交情境中,根据社交对象的言辞、表情等可感知线索产生社交意识启动社交活动,从而形成社交态度,推动社交关系以及角色身份。一般而言,用户产生社交动机,社交网络顺应用户的行为提供支持相应的功能和工具,以满足用户的社交目的,而其他用户关联行为更新时,指引用户进行下一步的操作,使这样的交互行为得以延续。由此社交网络提供的功能和工具将直接影响用户的社交行为,应针对不同的社交目的

---

[1] Papanek V. Design for the Real World[M]. London Thames&Hudson Ltd, 1972.

和社交行为开展所支持的社交设计。

3. 交互场：心理体验

心理体验来自于社交行为本身，即将社交看成是用户参与、情感交流的抒情舞台。社交意义产生于社交网络能顺应、引导用户互动，并满足用户的心理需求，从而产生群体认同、角色扮演、情感分享、关系信任等共时性和历时性体验。社交过程中，用户传递的不仅是关于个体行为的线索，也揭示了与其他人之间的社交关系的本质[①]。比如，位置群体的心理体验是在共享的历史位置和相同的即时位置之间找到共同的兴趣、行为和活动；关系群体的心理体验是寻求用户对同一客体反映出的共同的心理需求和共同的关注点；事件群体的心理体验是以集体的凝聚力引导用户共同完成任务和群体联络。

4. 交互域：社会语境

社会语境是从社会现象和文化活动去认识社交设计，是元社交语境的符号系统、价值意义、时空环境所构成的群体精神活动、物质活动在社会与文化上的深层属性。语境本意指语言环境的上下文关系，后扩展为情境语境（语言性语境）和文化语境（社会性语境）[②]。"符号学就是意义学"[③]，文化语境是一个社会所有意义活动的总集合。因此，社会语境是由众多具体的情境语境构成，社交的形式众多，社交的语境和社交的意义也就不尽相同。这表明在进行视觉形式和社交互动设计的同时，还要看到社交行为与文化之间的相互影响，才能深刻理解用户的社交动机和社交需求，创造有意义的互动。

3.4 基于社交图式的社交赋能设计

3.4.1 Affordance理论的引入

Affordance被译成：功能可供性、示能性、指示性、启示性、自解释性、赋能性

---

① Vinciarelli A, Pantic M, Bourlard H, et al. Social Signal Processing: state -of-the Art and Future Perspectives of an Emerging Domain[A], Proceedings of the 16th ACM international conference on multimedia[C], 2008, 1061-1070.
② 维基百科[EB/OL]. http://zh.wikipedia.org/wiki/语境.
③ ［英］罗伯特·霍奇，冈瑟·克雷斯. 社会符号学[M]. 成都：四川出版集团，2012：1-2.

等。本文认为网络社交互动所需要赋予界面拟人化、自觉敏感的感官知觉和行为能动，将面对面社会交流中的语言、形象、情境、表情、情绪转化界面元素，而选择"赋能"一词是因为它较之其他解释更具有人格化的主动和能动的含义，呼应了网络社交中群体自觉投入和情感连带的特质。

Affordance最早由吉布森（Gibson）于1979年在《The Ecological Approach to Visual Perception》的生态心理学（Ecological Psychology）视知觉论提出，主张环境中的生态位（Ecological niche）都包含行为相关的环境特征与约束，都能对行为体产生的许多可感知行为能力信息，引起（Induce）特定的行为。因此吉布森所指的Affordance可以理解为环境与行为体之间的关系属性[1]。吉布森关注的是生态环境对行为体行动能力的直觉性感知（Direct affordance），直觉性感知并不需要高级认知过程来协调感官体验和感知[2]，是独立于行为体的目的、行为、文化和社会背景的。

而后，诺曼（Norman）于1988年在《The Psychology of Everyday Things》将Affordance引入设计领域，诺曼所指的Affordance是建立在人机工程和产品设计上的，可以理解为可感知的赋能（Perceived affordance），主张产品应具与用户心理相映射的可感知的行为赋能（Designed-in affordance）[3]。诺曼进一步将Affordance分成三个维度：物理限制—真实赋能（Real affordance）、逻辑约束—心智模型（Logical mental）、文化约束—文化习俗（Cultural conventions），真实赋能是与物理限制密切相关的，而心智模型、逻辑约束和文化约束是依赖社会群体共享的知识和经验[4]。此后，诺曼提出能指（Signifiers），他解释说，任何标记或声音的可感知的提示都能对人传达适当的行为。"能指"指的是人们如何发现这些可能，是信号或信息的感知，而Affordance是定义哪些操作是可能的[5]。诺曼在情感化设计（Emotional design）中，认为美好的产品更好用是因为产品具备本质（Visceral level）——行为（Behavioral level）——反思（Reflective level）的三个层次的赋能，本能水平的设计侧重于外形，行为水平的设计侧重于使用乐趣和效率，反思水平的设计侧重自我形象、个人情感或记忆[6]。因此，诺曼的Affordance已经从最开始关注物理界面控件设计

① Gibson JJ. The Ecological Approach to Visual Perception[M]. Psychology Press, Taylor and Francis Group, New York and London, 1979.

② Sternberg, Robert J. Cognitive Psychology[M]. 2nd. Ed.. Harcourt Brace College Publishers, 1996.

③ Donald Norman, The Psychology of Everyday Things[M], Basic Books Inc.; Paperback Book Club edition, 1988: 9-10.

④ Donald Norman. Affordances, Conventions, and Design[J]. Interactions, 1999, 6（3）: 38-41.

⑤ Donald Norman. Signifiers, not affordances[J]. Interactions, 2008, 15（6）: 18-19.

⑥ Donald Norman. Emotional design, Why we love（or hate）erveyday things[M], Basic Books;2004: 21-23

的可感知性，转变为根据社会内涵来赋能物理属性，即不只是识别操作，更能诱发互动行为和改善用户的体验。

盖弗（Gaver）（1999年）提出技术赋能（Technology affordance），他将Affordance分成四种感知信息组合框架[1]（图3-10）：错误的Affordance是指对象本身具有可感知的信息但信息与物理属性不成立，如纸质的椅子；可感知的Affordance是物理和感知信息两者匹配达成有效的赋能；正确的拒绝是两者都没有；隐藏的Affordance是没有可感知的信息。之后盖弗将Affordances置于感知—行为的关系中，从感知信息中理解技术赋能的社会属性，并将这些理论在媒体空间（Media space）[2]进行了论证[3][4]。

Kreijns（2001年）则是重新规划发展了吉普森（Gibson）的观点，针对计算机支持的学习系统（Computer support communication learning，CSCL）提出社交赋能（Social affordance），并认为Affordance存在于社会语境之中，CSCL不仅需要具备功能任务的达成，还需要有社会目标和社会意图的达成，并将其概括成用户—社交意图、情境—社交赋能两个关系维度（图3-11）。

首先在CSCL中，用户具备某项社交意图（Social intentions），其次社交赋能必须具备支持或预测其社交意图的工具，然后感知与行为吻合（Perception-action

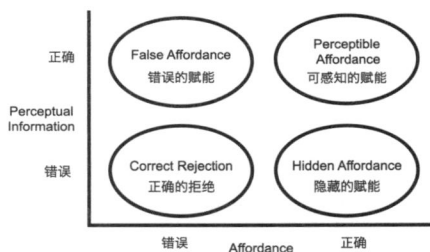

图3-10　盖弗的感知信息赋能组合框架
（图片来源：Gaver，1999年）

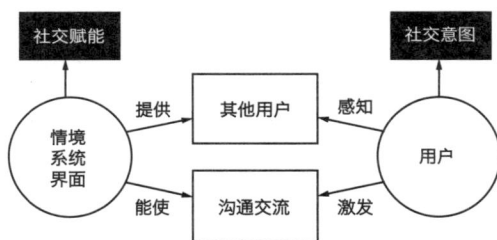

图3-11　Kreijns的社交赋能分类框架
（图片来源：笔者改编自Kreijns，2001年）

① Gaver W. Technology affordances[A]. CHI'91 Proceedings of the SIG CHI Conference on Human Factors in Computing Systems[C], 1991：79-84.
② EuroPARC Explores 'Media Spaces'[EB/OL]. 媒体空间：施乐公司所开发的利用数字媒体（包括模拟计算机技术、音频、视频）组织群体协同工作（CSCW）的技术。http://www.caruso.com/work/dm-index/digital-media-october-1991/europarc-explores-media-spaces/.
③ Gaver W, Affordances for interaction: The social is material for design[J], Ecological psychology, 1996, 8（2）：111-129.
④ Gave W. The Affordances of Media Spaces for Collaboration[A]. Proceedings of the 1992 ACM conference on Computer-supported cooperative work[C], 1992：17-24.

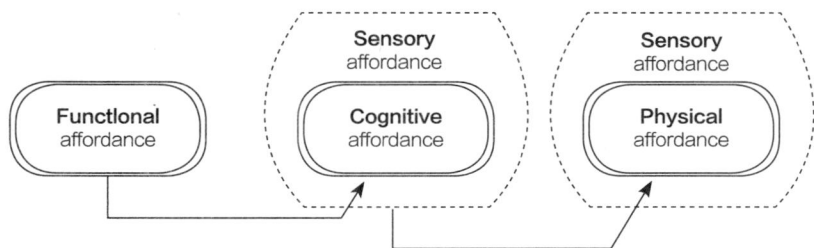

图3-12　哈特森的赋能框架
（图片来源：Hartson，2003年）

coupling）达成社交行为[①]。Kreijns的社交赋能仅针对CSCL的文本交流，对在社交网络中社交联系的双向交流和用户彼此的感知和身份形象展示，没有提供进一步的研究支持，但亦可成为本文借鉴并发展的理论基础。

哈特森（Hartson，2003年）引入了感官赋能（Sensory affordance）和功能赋能（Functional affordance）来指导Affordance的设计决策，如图3-12所示。功能赋能指向任务完成，实现用户目标；认知赋能（Cognitive affordance）确保视觉特征易察觉，类似于诺曼感知赋能及可用性方面的设计；物理赋能（Physical affordance）与诺曼的真实赋能类似，阐述用户操纵人工制品的物理特性，并帮助新手用户熟悉的人工制品，大小、纹理、位置是确定的人工制品物理赋能的因素。认知赋能和物理赋能必须基于感官参与，感官赋能是视觉，听觉或触觉形式的设计特点，感官是支撑认知和物理赋能的关键作用[②]。

（Zhang，2008年）提出动机赋能（Motivational affordance），主张网络沟通技术（Internet communication technology, ICT）应行使用户行为意图和内在动机，以促进不同程度的参与和体验，可归纳成：自主性赋能（Afford autonomy）、自我身份赋能（Afford self-identity）、能力成就赋能（Afford competence and achievement）、关系赋能（Afford relatedness）、领导追随赋能（Afford leadership and followership）、感动情绪赋能（Afford affect and emotion）[③]。

纳迪的活动理论（Activity theory）超越吉普森以物理操作水平所理解的"感知—行为"赋能，而是将Affordance置入到社会环境和社会活动层面，提出人—技术—对象的工具赋能（Instrumental affordance）：人—技术的操作赋能（Handling

① Kreijns K, Kirschner PA. The social affordances of computer-supported collaborative learning environments[C]. 31th ASEE/IEEE Frontiers in Education Conference, 2001, 10-13, 14.

② Hartson R. Cognitive, physical, sensory, and functional affordances in interaction design[J]. Behaviour & Information Technology, 2003, 22（5）: 315-338.

③ Zhang P. Motivational affordances: reasons for ICT design and use[J]. Communications of the ACM, 2008, Vol.51, No11: 145-147.

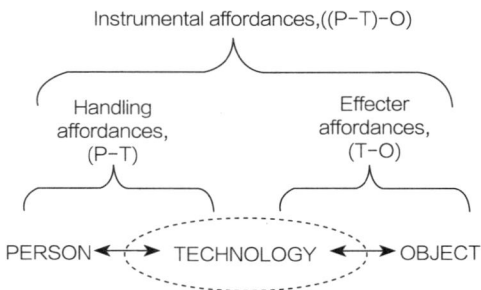

图3-13　纳迪的工具赋能
（图片来源：Nardi，1996年）

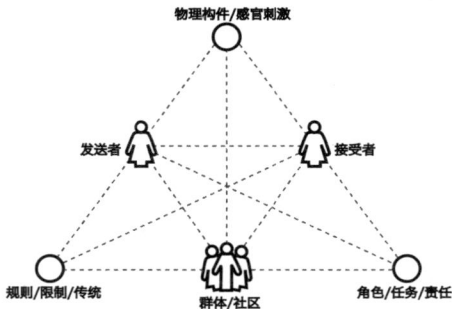

图3-14　基于活动理论的社交网络活动系统

affordance）和对象—技术的效应赋能（Effecter affordance），如图3-13[①]所示。

纳迪提出的活动理论包括六个要素：

（1）**主体**。参与者及其心理过程；

（2）**客体**。活动的目标，包括自然、社会和文化属性；

（3）**群体**。参与活动的所有成员；

（4）**工具**。活动中使用的工具或积累的经验知识；

（5）**分工**。参与者之间的分工、角色、任务；

（6）**规则**。活动的制度，准则、限制[②]。

之后，活动理论在HCI转化为以活动为中心的设计方法（Activity-Centered Design，ACD）。活动理论对于社交网络的交互活动具有借鉴意义，它描述出群体互动过程中设计介入和用户介入的因素。笔者将活动系统与社交网络要素做了逻辑对应，如图3-14所示：工具（物理构件/感官刺激）、规则就是设计介入的主导因素，分工（角色/任务/责任）和群体社区是设计介入的中介因素，发送者和接收者是用户介入的主导因素。

将以上六位研究者的Affordance理论文献整理归纳于下，如表3-3所示。

不同学者Affordance观点的文献整理　　　　　　　　　　　　表3-3

研究者	观点	概念描述
吉普森 （Gibson， 1979年）	Ecological affordance	主张直接赋能，界面所赋予的信息具有被人的视觉所直接感知的属性，可引导相应的行为

① Kaptelinin, Victor, Nardi, Bonnie. Affordances in HCI: toward a mediated action perspective[C], Höök, Kristina（ed.）Proceedings of CHI, 2012：967-976.

② NardiA, Kari K. Activity theory and human computer interaction[A]Context and Consciousness: Activity Theory and Human-Computer Interaction [C]. Cambridge, Massachusetts：The MIT Press. 1996：1-8.

研究者	观点	概念描述
诺曼 （Norman, 1988年）	Designed-in affordance	主张真实赋能是物理限制密切相关的，感知赋能（逻辑约束和文化约束）依赖社会群体共享的知识和经验，主张产品应具备直觉合理的功能使用特征
盖弗 （Gaver, 1999年）	Technology affordance	主张将affordance理解成用户和技术相结合的设计方法，从而提高产品的可用性和易用性，并提出可感知赋能、错误赋能、隐藏赋能三种方式，可感知赋能直接引发行为
Kreijns （2001年）	Social affordance	主张运用社会意图和社会行为进行计算机支持协作的程序设计，实现特定的社会目标
哈特森 （Hartson, 2003年）	Cognitive, physical, sensory, functional affordance	主张将affordance分为物理、认知、感官、功能四种维度，物理赋能即诺曼的真实赋能，认知赋能即诺曼的感知赋能，并认为感官赋能与认知、物理赋能直接相关
Zhang （2008年）	Motivationl affordance	主张动机赋能的ICT设计，从社会、心理、认识、情感等方面对ICT的内外在动机赋能设计
纳迪（Nardi, 2012年）	Activity- theoretical affordance	以活动理论对日常行为进行赋能，提出人—技术—对象的操作赋能和效应赋能的工具赋能，并扩展了活动理论的六个要素

3.4.2 社交赋能设计的概念扩展

学术界对Affordance理论重新运用、探索和补充，使其成为人机交互设计中核心的设计方法之一。社交网络是以人为核心的网络，用户以社会关系彼此联系，以信息传播彼此来往，社交赋能是引发（Invitation character）用户的社交行为，而不是创建社交行为。在时空分离的社交活动中，用户间看似随意的社会行为并非难以捕捉和预测。根据前文论证，社交图式是嵌入在社会活动上下文中的，是人在社会活动中认知和行为的底层依据和外在表现。社交行为遵守一定的群体原型和社交图式，从这个角度看来，行为体在特定的社会情境中基于共有的认知能产生相似的行为反应。社交图式可以帮助设计师理解社交行为、社交语义，如何让社交图式与群体互动有效的映射是社交设计的关键。由此，我们可以进一步认为，当用户在使用各种隐性的社会符号与社交网络进行交互时，社交网络模拟并应用了一个行为使能的社交图式单元模型来提供一组与他人交互的行为工具，社交图式单元模型使得复杂的社交行为变得更为直观。因此，社交图式成为社交赋能的底层支持，即用户因感知到特定的社交界面与功能设计可支持某种社交行为，所赋予行为执行的可能性。

综上所述，社交赋能可定义为：用户能感知到社交界面的赋能属性，以诱导、

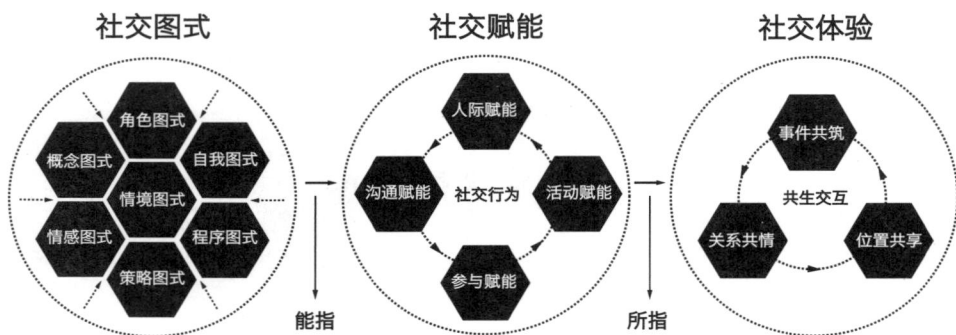

图3-15 社交赋能设计的研究思路

支持用户某种社会行为的实现，满足社交的可达性。基于以上逻辑推论，本文提出社交图式—社交赋能—社交体验的社交赋能设计（Social interaction affordance design），如图3-15所示。社交赋能设计是利用界面构件吸引用户参与，展现社会临场感（Social presence perception），使具有结构性的社交图式形成良好的行为引导和适当反馈，它包括两个耦合的关系：其一是用户—情境的耦合关系，提供支持或预测用户社交意图转换的社交场景，其二是感知—行为的耦合关系，提供界面具有可感知和赋能有意义的行为动作基础。

　　社交赋能设计可用于解释社交网络中用户与媒介之间的关系问题，根据社交图式所转换的视觉形式—社交行为—心理体验三个社交设计属性，可将社交赋能设计大致可扩展为三个设计层面，这三个层面与伯德（Boedker）对于计算机技术三个用途相互对应：物理的（Physical）针对计算机的物理部件，处理（Handling）针对计算机应用，主体/客体（Subject/object）针对物理部件进行主客体间的交互[1]。具体解释如下。

　　（1）**界面的物理认知赋能**：主要针对感官刺激上或行为干预上可操作的物理属性，或者通过调用一个抽象的逻辑将原本间接的感知过程转化为一个直接感知赋能，如在社交网络中经常使用隐喻（Metaphor）来减轻用户的认知负担，或是综合运用视觉、触觉、听觉降低人机交互复杂程度，提高可用性和满意度。

　　（2）**交互的社交行为赋能**：主要针对社交网络各项功能应介导赋能各个层面的群体互动，包括社会情境下的主题和规则、媒介情境下的工具和功能、任务情境的下目标和意义、人际情境下的关系和礼仪等。

　　（3）**体验的情感动机赋能**：主要针对社交互动中社会知觉（Social perception）

---

① Boedker Susanne. Through the Interface-A Human Activity Approach to User Interface Design[J]. Hillsdale, NJ, Lawrence Erlbaum Associates, 1991.

如自我效能、自我表达、群体认同、归属感等动机、情感、体验因素的赋能。

3.4.3　社交赋能设计的分析框架

社交图式是一个包含图式塔的复合理论模型，既包含认知因素，又包含情感心理因素，还包含社会因素。基于上文对于社交图式和社交赋能的理论进行了研究分析，下文笔者尝试构建社交赋能设计的方法框架来探究关键变量和设计因素，以此理解社交行为情境下的复杂关系，如图3-16所示。

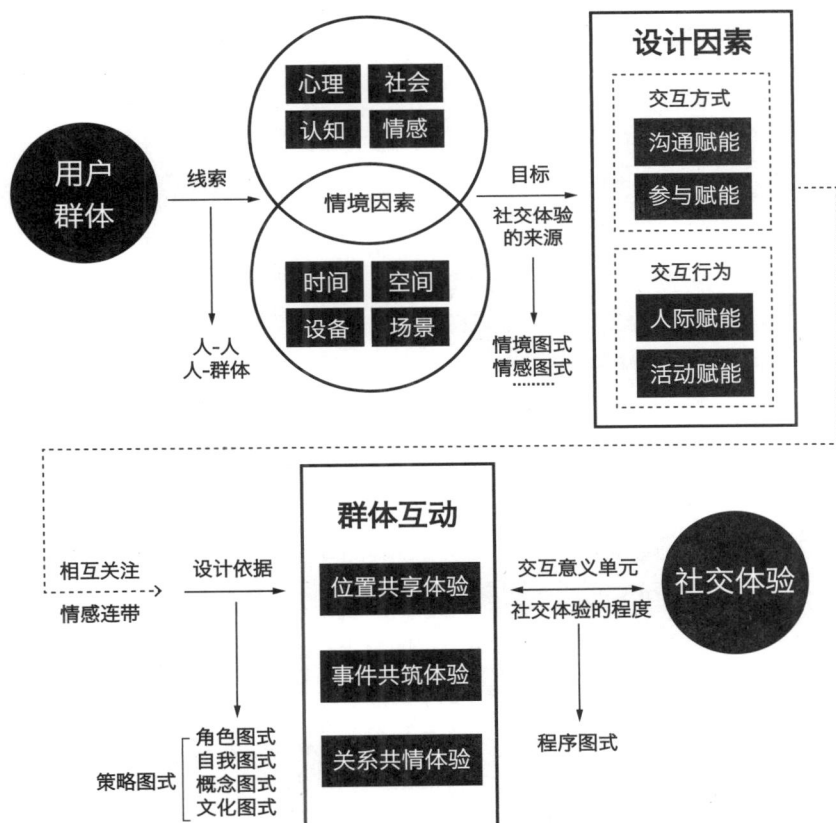

图3-16　社交赋能设计分析框架

该框架分成三个部分：情境输入因素、设计驱动因素、群体互动因素。乔丹（Jordan）利用心理学相关理论来理解用户动机和行为所带来的体验感和满足感，提出了四个层次：认知思维层次、社会层次、情感心理层次、物理生理层次[①]。本文将其

---

① Jordan P. Design pleasurable products: An introduction to the new human factors[M]. London: Taylorand Francis, 2002: 11-57.

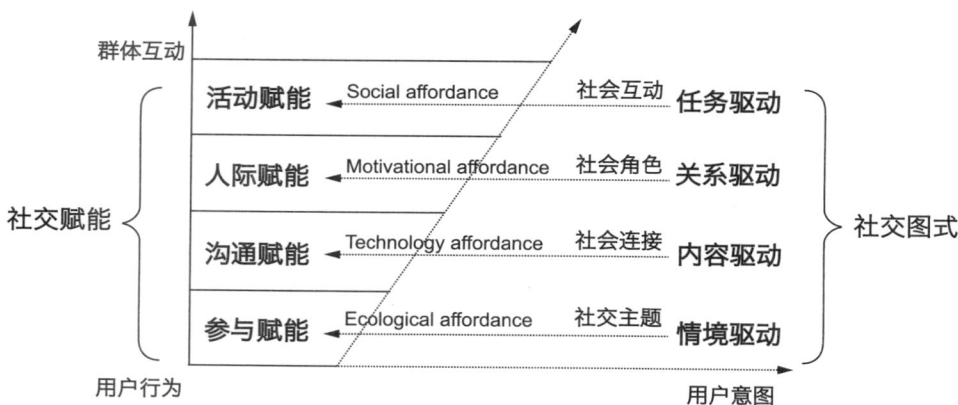

图3-17 社交赋能设计因素关系图

与社交图式的表征进行逻辑上的对应，确定心理、社会、认知、情感为社交互动中的动机因素，用户的所处的外部环境潜在的影响变量，共同构成情境因素。通过沟通赋能、参与赋能、人际赋能、活动赋能促发社交行为构成交互意义单元，引导位置共享体验、事件共筑体验、关系共情体验的群体互动。参与赋能、沟通赋能、人际赋能、活动赋能这四类社交赋能的设计属性并非相互排斥，在实际运用情境中，由于用户的感知输入和行为输出具有动态性，界面赋能的构件也可能出现一定的重叠。

　　根据不同的Affordance理论和第二章所提出的群体互动中四个交互设计因素，本文尝试为社交赋能设计做进一步的演绎拓展，如图3-17所示。

　　（1）根据吉普森的Ecological affordance的理论研究，提出参与赋能（Social participation affordance）即社交界面应具有可感知的社交参与和社会临场感（Social presence）的界面设计特征属性，如用户自身的设定、用户首页或空间的场景应具有社会互动，角色身份、个性形象、空间布置、首页设置等。

　　（2）根据盖弗的Technology affordance的理论研究提出沟通赋能（Communication affordance），即社交界面应具有信息交流的设计特征属性，如视觉上的文字、图片、表情、评价，听觉上的音、视频，在交流方式上包括时间上的延时、即时、实时通讯，人数上的群体交流、单独交流等多种层次的沟通支持。

　　（3）根据Zhang的Motivational affordance的理论研究提出人际赋能（Social relationships affordance），即社交界面应具有维持关系、发展友谊、感知群体等围绕"人"的情感表达、声誉成就、追随关注等设计特征属性。

　　（4）根据（Kreijns）的Social affordance的理论研究提出活动赋能（Social activity affordance），即社交界面应具有群体协同下的、围绕"事"的合作、分享、创造的设计特征属性，支持不同层面用户的社交行动。

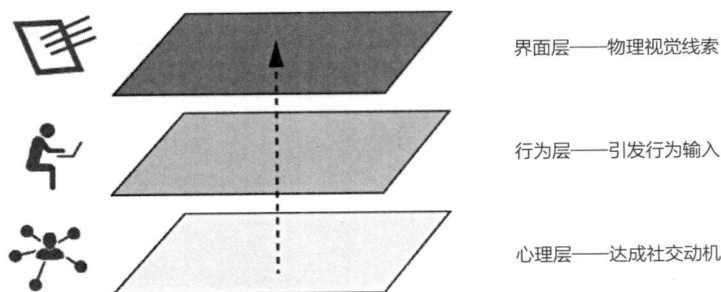

界面层——物理视觉线索

行为层——引发行为输入

心理层——达成社交动机

图3-18　社交赋能设计是包含这三层关系的调节集

　　社交赋能设计是包含界面层—行为层—心理层，这三层关系的调节集。以参与赋能中的身份形象为例，这个义项在界面层为展示可感知的形象图片，行为层为提供自定义设置，心理层为自我表达的意图，这三个层面构成了一个连贯的用户意图下的社交行为。换而言之，参与赋能、沟通赋能、人际赋能、活动赋能中的每一个义项都具有物理界面构件、行为功能提供、心理社动机，如图3-18所示。

　　从界面构件的角度，将参与赋能、沟通赋能、人际赋能、活动赋能与心理层、行为层、界面层、社交图式的集合包含关系作细化，如表3-4所示。

社交赋能设计构件列表　　　　　　　　　　　表3-4

分类	心理层	行为层	界面层	社交图式
参与赋能	构建社交场景和活动空间，提供身份形象、状态、参与程度的赋能，满足自主、自我、自我认同和自我表现的需要	首页装扮 角色识别 空间营造 身份创造 状态设置	登录注册表单 时间轴 聊天场景 身份ID 照片图片	情境图式 角色图式 自我图式
沟通赋能	信息交流、发展友谊、保持关系、观点认同等信息控制与表达	保持沟通 营造气氛 评价回复 情感抒发 私密交流	讨论区 表情库 留言板 即时通讯 私密群组 公开对话	概念图式 情感图式
人际赋能	与他人建立连接、满足用户群体归属的需要、保持社会关系，建立人际互动	人际连接 维系情感 信息更新 发展关系 追随拒绝 声誉成就	好友管理 粉丝关注 屏蔽拒绝邀请 回应支持点赞 群组控件 礼物贺卡	情感图式 角色图式

续表

分类	心理层	行为层	界面层	社交图式
活动赋能	协助、合作、共享、互助等各种活动中的动作、命令的构件满足集体意识、自我效能的心理机制	位置服务 任务参与 合作协同 创造协助 信息分享 社区建设 成就奖励 个性化推荐 群体感知 本地活动	进度提示 一键转发 动作面板 添加标签 共享组件 投票工具 积分排名 位置标记 按钮组 社交链接 工作空间 图片管理器 内容列表 转帖评论	策略图式 程序图式 角色图式 概念图式

3.5 共生交互社交设计方法与赋能要素分析

3.5.1 共生交互与社交赋能的整合模型

根据前文可知社交界面要从用户认知角度出发，为社交行为赋能存在于沟通、互动和人际关系之中的社交线索，保持行为互动的暗示和敏感。换而言之，社交赋能就是为用户提供具有社交参与的社交工具，以行使出该应用所要赋予用户的社会行为。在此基础上，共生交互设计作为整体方法（Holistic）与社交赋能设计的类别方法（Categorical）相互嵌套，形成形式（Form）与内容（Content）的关系，共同构成了本文所提出的共生交互社交设计方法论，如图3-19所示。继而，在三种群体互动类型的基础上，组合出三个共生交互模式，三个交互模式中的每一个赋能设计都是和特定类型的位置共享社交、事件共筑社交、关系共情社交群体互动直接相关的。在社交网络的共生交互中，这些细致的区分在实际进行的社会互动时并不是总那么清晰和绝对，群体互动类型也不是三元对立的，赋能的形式和内容也并不总是容易区分，而且上面提到的几个从类别视角分析的结论，是指每一种群体互动类型下的赋能设计的倾向更多地集中在共生交互中的独立部分。这样的研究立场和设计路径是基于社交网络中各共生部分在一短暂时间内的相互关系或者是在每个连续体的一端中主导群体行为的状态，以设计赋能社交行为进而将其推向一个混合连续体的整体。

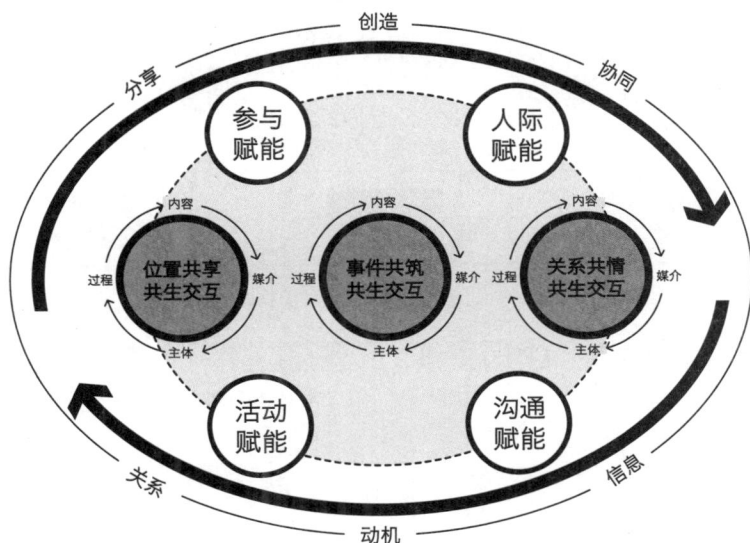

图3-19　共生交互与社交赋能的组织框架

　　社交图式塔为社交赋能提供了社交行为语义发生的来源、知觉识别的依据。在赋能的语义知觉层面，社交赋能的结构设计直接决定了赋能感知的质量，通过添加知觉信息可提高赋能的感知阈限。根据前文的论述，本文将社交图式、社交赋能、社交体验进行演绎和拓展，可得到共生交互社交设计的整合模型，如图3-20所示。

　　在群体互动发展过程的层面，本模型构建人际赋能、活动赋能、沟通赋能、参与赋能四个要素：

　　（1）参与赋能是社交活动的开始，这个阶段旨在为用户互动行为提供环境基础，引起用户的社交涉入，因此注重用户的内在动机与情境主题的耦合。

　　（2）沟通赋能是社交活动发展的工具基础，社交网络的互动行为依赖于用户或群体的交流，在这个阶段为了充分表达使互动得以顺利进行，用户会使用信息控制（Information control）[①]构成更加紧密的社会连接。

　　（3）人际赋能是社交活动的路径，它与沟通赋能共同构成人际连接、信息连接、情感连接等社会连接的建立和发展。

　　（4）活动赋能则是典型群体协作、协助、合作、咨询的问题解决，形成位置共享、事件共筑、关系共情的群体互动。

---

① Wise K, Alhabash S, Park H. Emotional responses during social information seeking on facebook[J]. Cyber Psychology, Behavior & Social Networking, 2010, Vol. 13, No. 5：555-562.

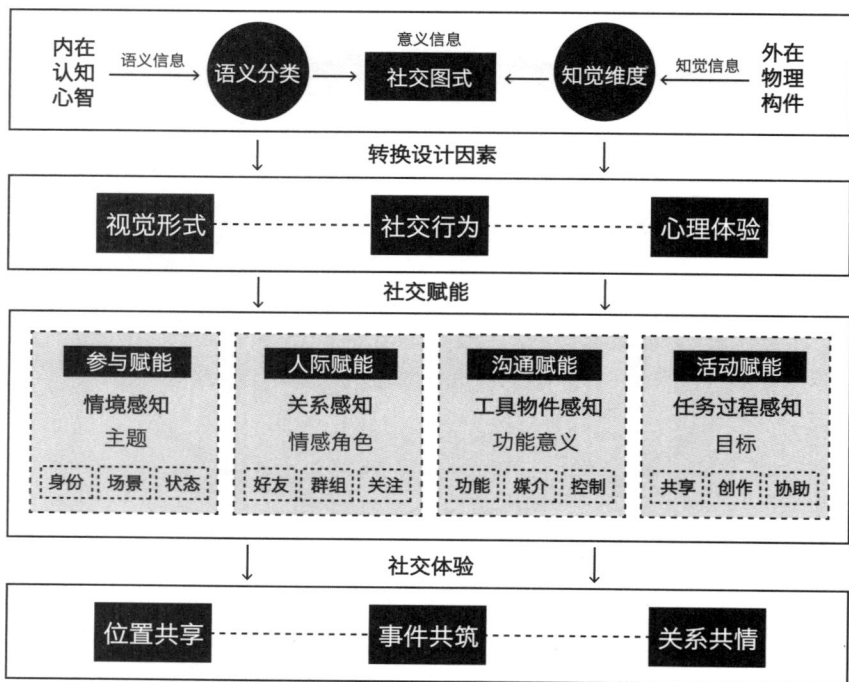

图3-20　共生交互社交设计整合模型

3.5.2　社交网络产品策略与社交赋能的关系

社交网络的产品类型愈加丰富和多元,呈现出"社交媒体即社区"(Social media as a community)的趋势[①]。由于不同社交网络的产品所重视的用户群体社交活动不同,导致其在交互行为、产品构架、信息呈现、界面设计的倾向不同,这是有效区分用户对社交产品使用度差异的产品策略。现有的社交网络中,Web端和移动端交互和界面设计已针对其用户群体进行服务功能的拓展,但具体产品的用户体验和使用接受度却出现极大差别。而社交网络的产品并不是单纯意义上的个性化界面或线上线下的服务拓展,也不是纯粹的用户参与和内容创造,而是这些不同层面的综合集成的功能体。关系共情型、事件共筑型、位置共享型的社交网络一般都具备参与、沟通、人际、活动四个设计要素,但会各有突出。通过各构成的要素分析,我们看到,关系共情互动侧重于人际赋能与沟通赋能,事件共筑互动注重活动赋能与人际赋能,位置共享赋能重在参与赋能与活动赋能,如图3-21所示。下面以Facebook、Flickr、Foursquare为例,进一步验证以上结论的可行性。

① Social Media as Community. Keith Hampton. [EB/OL], 2012-06-18. http://www.nytimes.com/roomfordebate/2012/02/12/the-advantages-and-disadvantages-of-living-alone/social-media-as-community.

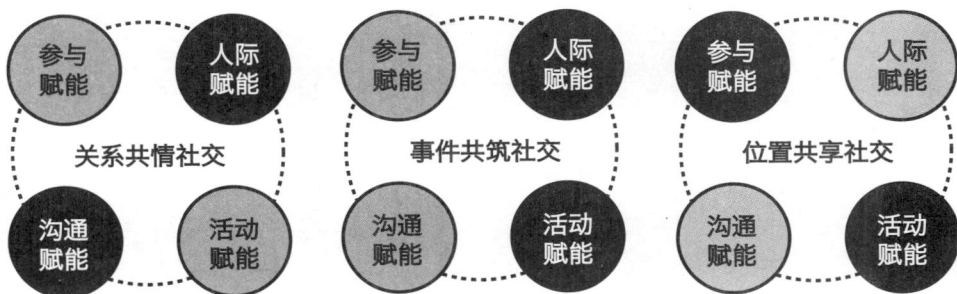

图3-21　群体互动类型的社交赋能的设计重点

　　Facebook是以人际关系为中心的社交应用，交往的对象大多是现实生活中的同学、朋友，其目的是维系人际连接、信息连接的社群生活，因此这种社交行为具有双向相似的传播维度与信息开放程度，如图3-22所示。结合用户对信息使用策略和使用权限，Facebook的沟通赋能提供了Friends、Groups、Message、Call、Chat Online等多种模式。Friends模式属于单向邀请即指定朋友圈的某一人与我进行信息交流，这种认证型的沟通方式既可即时消息也可异步留言。由于沟通需要双向认定，导致信息具有隐私性并在固定的社交圈内传播，因此只有跨关系圈的用户通过好友的Share才能实现信息的扩散。为了创建用户—内容—用户的连接，Facebook在界面中集中了活动流（Status、Photo、Check in）、个人身份形象（Profile）、信息追踪（Wall、Events、Nearby places）、回应支持（Like、Comment、Share、Gifts）、开放的API等界面构件，通过持续的推送更新信息，增加关系群体的沟通渠道和群体融入感，确保用户拥有可感知的人际关联和社交行为，从而达到关系维护的目的。

□ 参与赋能　□ 人际赋能　□ 活动赋能　□ 沟通赋能

图3-22　以人际-沟通赋能为主的Facebook
（图片来源：Facebook）

☐ 参与赋能 ☐ 人际赋能 ☐ 活动赋能 ☐ 沟通赋能

图3-23 以参与—活动赋能为主的Foursquare
（图片来源：Foursquare）

　　Foursquare是一款让用户使用手机位置信息，提供位置服务、游戏元素的社交聚合平台，它并没有专属的社交网络，而是借助于Twitter或Facebook进行签到和好友互动关联，因此如何将本地用户人际聚合、线上用户兴趣活动聚合从而展开人际和活动赋能是Foursquare社交设计的关键，如图3-23所示。Foursquare的线上人际共享活动（Friends）是将用户位置、时间、事件和身份ID（Me）通过社会化分享组件关联到社交网络，通过电子地图创建历史位置轨迹，并以照片和文字的叙事形式记载位置故事，实现信息服务共享。本地位置活动设计（Place、Explore）则通过在地图上显示周边用户的身份图标、位置服务场所增加群体感知和参与渠道，以签到、评论、分享、关注（Tips、Check-ins、Badges、Points）的形式创造可带入的话题和互动渠道，让用户提供周边位置信息获得虚拟徽章、荣誉激励等来延展社会连接。

　　Flickr是一款基于用户社区的相册图片应用，它依托图片分享构筑了一个基于用户人际关系的社交网络，因此如何对图片资源有效利用是Flickr社交设计的关键。Flickr在首页给用户提供三个活动行为入口：上传、搜索、分享（Upload、Discover、Share），实现了图片分享搜索管理功能的快速启动，并采用图片标签（Tag）增加图片信息组织、搜索和浏览。此外，Flickr属于用户人数和任务目标相对分散的集群共享活动，用户多以个人的兴趣、人际关系聚集，参与的贡献度不同、互动交流较为间接，这决定了图片分享的方式会有显著差异。因此Flickr将图片分享设为个人私密（Private）、公开分享（Public）、指定分享（Friend、Family）的不同权限。另外Flickr提供图片追溯链接，如图片拍摄的时间、发布时间、拍摄地点以及相机参数、访问次数等，尽可能可视化用户和图片的关系，这样的设定很大程度上鼓励了用户之间的分享、收藏、评论、搜索等各种互动，如图3-24所示。

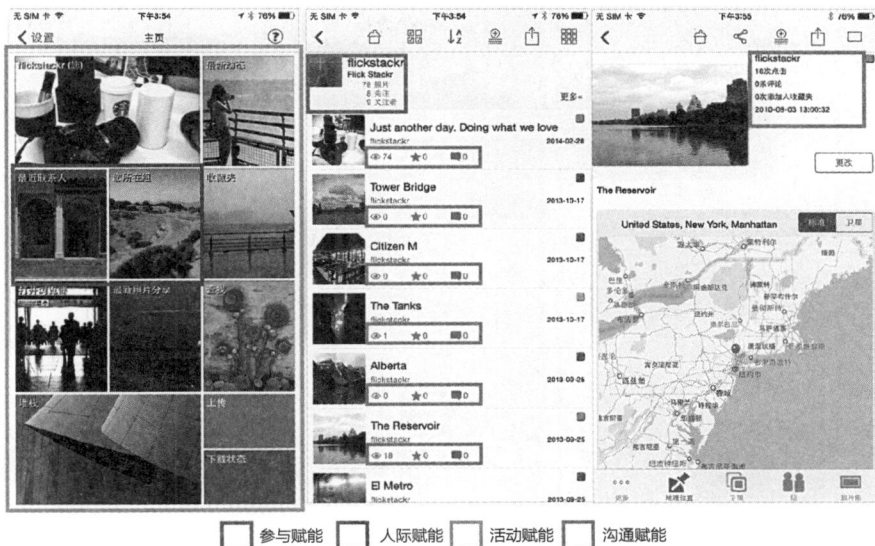

图3-24 以人际-活动赋能为主的Flickr
（图片来源：Flickstackr）

社交赋能的目的是触发和塑造用户社交行为，进而创建这些平台上和内容的连接。下文结合社交网络社交行为的特征，依据用户创造和设计提供、设计特征、设计依据四个方面，针对参与赋能、沟通赋能、人际赋能、活动赋能展开讨论。

（1）社交行为存在的场景—参与赋能，即提供场景、状态和身份介入的基础；

（2）社交行为展开的方式—沟通赋能，即沟通传播的控制、沟通方式和结构；

（3）社交行为承载的轨迹—人际赋能，即关系拓展和维护、群组圈子组织形成；

（4）社交行为事件的组织—活动赋能，即用户执行、群体协作下单个行为和序列行为活动的组织。

3.5.3 社交行为存在的场景：参与赋能

在现实社会交往中，个性特征是彼此吸引的重要部分。我们通过感官获得外部世界的信息，并以情感为驱动对外界信息进行筛选和忽略，具有视觉吸引的身份图像和空间场景能使用户感知到交互界面所表现出的人、事、物，并与能触发情感反应。参与赋能是针对用户以何种方式参与到社交活动中，其目的就是要为用户社交参与（Social engagement）和社交空间吸引（Social space attraction）提供形象和场景，并提供个性和自主的社交活动场景和活动参与方式，为后续社交活动奠定基础。本节主要针对具有促发社交行为的参与赋能设计，而注册、登录、邀请等基本的参与赋能设计在此不再赘述。

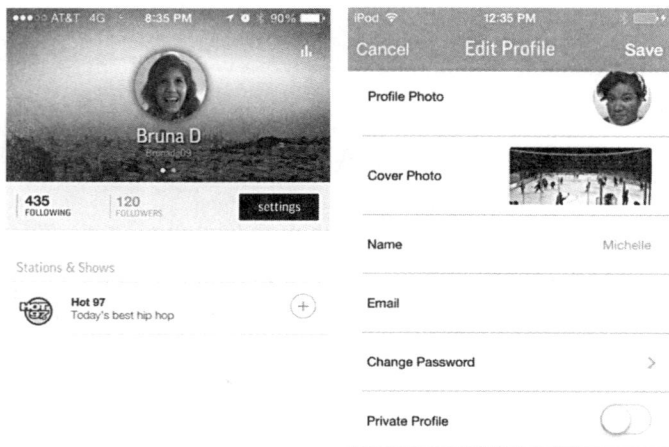

图3-25　某用户身份ID的设定
（图片来源：Tunein Help Center）

1. 身份形象赋能

　　身份形象赋能是模拟面对面的交往对象所创建的个人形象识别（Personal image recognition），为用户提供可感知的用户身份地位、社会角色、精神面貌等外在特征的具体表现，从而引起他人的社交和情感活动。用户可以通过界面设计的功能键和内联操作进行自定义功能设置，具体包括：身份ID、个人图像、昵称、基本信息、兴趣爱好、个性签名、个人相册、主题性的服装等。如图3-25所示，用户真实的图像和自我介绍提供他人交往的对象符号，展现用户的特点和气质。

2. 场景空间赋能

　　社会临场感（Social presence）是指通过网络技术提高用户在媒体交互过程中与其他参与者互动时产生的心理感知，使得物理距离遥远的人与他人在网络环境中彼此亲近，这种心理感知可以通过人为的设计进行培养[①]。场景空间赋能其目的就是为提供用户人际交往和活动任务开展的界面形态，激发与满足不同层次的社交动机与需求，通过个性化的背景图片呈现用户线上的样貌，拉进人际关系的社会距离感。如图3-26所示，某用户的Flickr首页，空间的装扮、背景图片，快速启动图形按钮都能为用户

---

① Gunawardena N, Zittle F. Social presence as apredictor of satisfaction within a compute mediated conferencing environment[J]. American Journal of Distance Education, 1997, 11（3）: 8-25.

提供特定的印象和联想。

3. 群体感知赋能

社会临场感需要界面能感知到群体存在，活跃社交气氛，产生群体感染力（Group contagion），为用户的社交行为提供响应的可能。界面设计可通过活动流、最近访问记录、最近聊天记录、好友状态显示、最新消息提醒、位置地图等方式感知同时在线的群体和刚刚访问的群体，使得用户有较高的群体融入感，提高了用户参与的等级，诱发了社交活动的前摄行为，如图3-27所示。

4. 参与状态赋能

参与状态赋能主要表现在用户可以自行决定参与程度和个人状态，由此设计需要提供相应的选择，如在线、离线、隐身、在忙等。而用户可以根据自身需求确定公开、潜水、隐私、闲逛、旁观、自我展示的参与程度，如图3-28所示。

综上所述，参与赋能主要表现在身份形象赋能、场景空间赋能、群体感知赋能、

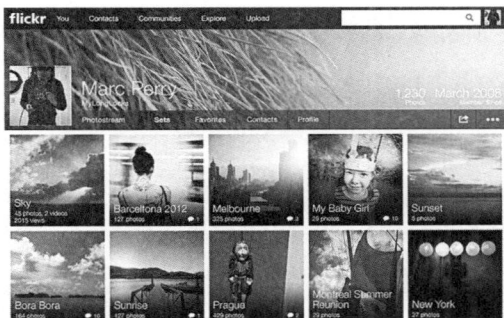

图3-26　某用户Flickr的首页
（图片来源：Flickr）

图3-27　群体感知的界面设计形式
（图片来源：Facebook、Flickr、Foursquare）

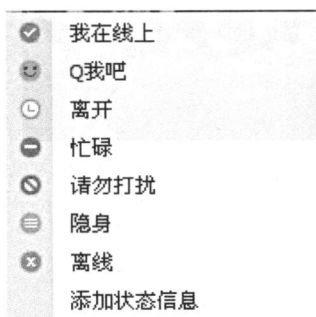

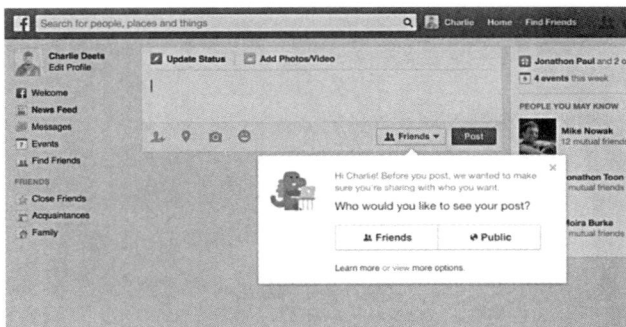

图3-28　参与状态界面
（图片来源：腾讯QQ、Facebook）

参与状态赋能四个维度，如表3-5所示。

参与赋能分类　　　　　　　　　　　表3-5

	设计依据	赋能分类	设计特征	界面构件
参与赋能	社会临场感、社会存在感、自我认同、形象识别	身份形象赋能	个性的身份ID	①用户创造：个人图像、个性签名、昵称、基本资料、相册、爱好 ②设计提供：Profile表单、控件设置以及相关的内联操作
		场景空间赋能	自主的空间构建与识别	①用户创造：个人页面标题、背景布置、背景音乐、域名设置 ②设计提供：时间轴、迷你讨论区、混合编辑的内联操作
		群体感知赋能	群体同在的环境、群体融入性	①用户创造：好友添加、对话访问 ②设计提供：活动流、位置地图、好友列表、更新时间、最新留言、最近访问记录、内容列表、最近谈话
		参与状态赋能	参与程度、状态和持续时间	①用户创造：公开、潜水、隐私、闲逛、旁观、自我展示 ②设计提供：在线、离线、隐身、在忙等参与状态

3.5.4　社交行为展开的方式：沟通赋能

沟通是社交中最常见的互动方式，是各种类型社交活动中自然的场景。社交网络将大量的信息即时储存，赋予同步或异步的传播特征，使用户在任何地方任何时间都可以接受信息，信息传递方式的能力除了靠文字的语言线索外，还可借助图像符号、图片、语音、短视频等方式。因此社交网络增加了用户的信息掌握能力，提高用户的社会临场感。沟通赋能是人际赋能和活动赋能的基本要素，沟通信息逻辑赋能是针对不同的情境表达的方式，沟通媒介赋能是指沟通中所采用的多样化的表达载体，沟通控制赋能是在沟通过程中信息传播方式，如私密性、公开性、即时的、双向的、单向的等。本文结合社交媒体的特征和相关的理论依据，提出沟通赋能设计的相关原则。

1. 沟通信息逻辑赋能

在社交活动中因为存在不同的群体情境和活动模式，即存在不同的沟通表达，良好的交流可发展积极的社交行为并形成群体情感，不同的表达会产生不同的沟通信息逻辑，可分为情感表达、团队激励、信息传达、任务控制四项[1]，如表3-6所示。

---

[1] Scott W, Mitchell T. Organizational theory: a structural and behavioral analysis[M]. Home, Illinois: Richard D Irwin, Inc, 1976.

四种沟通信息逻辑赋能　　　　　　　　　　　表3-6

赋能	取向	设计特征	设计依据	界面构件
情感表达赋能	情感	激发本能的生理反应，以时间维度，增加成员之间角色接受度	情感设计理论，强弱连接理论，角色定义与关联理论	①用户创造：情感话语、自我剖析、自我激励、幽默话语、经历分享、问候招呼、感谢赞扬 ②设计提供：表情图像、文本输入。语音输入、社交礼仪控件
信息传达赋能	工具	提供必需的消息，便于认知与决策	社会资本理论，目标理论，符号互动理论	①用户创造：话题的讨论、评价与建议、分享与反思 ②设计提供：群体更新信息，对话设计、表情图像、文本语音输入
团队激励赋能	凝聚	忠于目标、建立正向反馈，产生凝聚力	社会认同理论，自我效能理论，心流理论	①用户创造：相互激励、自我表现，帮助与支持、建立共识 ②设计提供：奖赏声誉、任务进程、表情图像、文本语音输入
任务控制赋能	协同	任务澄清、责任明确、绩效导向	影响控制理论，自我决定理论，共享认知理论，领导与追随理论	①用户创造：任务的持续讨论、评价与建议、帮助与支持 ②设计提供：多方对话、任务目标，任务活动进度，表情图像、文本语音输入、动作面板

2. 沟通媒介赋能

富媒体理论（Media richness theory）认为人选用沟通媒介是基于媒介所具有的特性的[1]。社交网络中的沟通媒介依赖于传感设备，随着智能硬件的发展，内容采集的范围和场景也随之扩大，用户间的互动可借用更多新媒介，实现多用户的远程多维互动，诞生出新的社交方式。例如摄像头创造了图片和短视频沟通媒介，麦克风和扩音器创造了语音、电话、音乐沟通媒介，位置传感器创造了位置、距离沟通媒介，体感传感器创造了运动、身体交互沟通媒介，这些设备再进行综合又出现了图片和位置的实景社交模式，视频和位置的瞬间社交模式等，利用新的虚拟现实技术营造新的互动方式，这些技术的运用将开拓多样化的用户互动社交场景，带来新的体验。另外，沟通媒介赋能对用户产生内容、优化内容有促进作用，内容的展现形式也可以变化，如图片类信息内容的可以是增加各种滤镜、贴纸、模板、多图嵌套的组图形式等素材，如在文本交流时使用表情、图像来弥补时空分离导致的信息交流的缺失，增强各种社会线索和情感表达，如可多人集体间共同生产一个内容，比如一段视频、声音或文字等。这些沟通媒介一般以功能键的形式在界面出现或是系统后台自动生成，具体分析

---

[1] Daft L, Lengel H. Organizational Information Requirement, Media Richness and Structural Design[J]. Management Science, 1986, 32（5）: 554-571.

如表3-7所示。

沟通媒介分类　　　　　　　　　　　表3-7

沟通内容	媒介	内容来源
图片视频信息	摄像头	用户线下原创
语音信息、音乐电话	麦克风、扩音器	用户输入
位置信息、距离信息	位置传感器	系统自动生成
身体信息、运动信息	体感传感器	系统自动生成
文本信息、SMS短信	语音识别、屏幕输入	用户输入
表情图片信息	多图嵌套的组图形式、滤镜、模板、贴纸等素材	用户输入、系统显示

3. 沟通控制赋能

沟通控制赋能（Information control）是对信息传播渠道和信息结构的管理，沟通渠道与沟通对象的身份和人数有直接关系。计算机支持的协同工作系统（CSCW）提出了两个协同系统的维度：地理维度的共存与分散、时间维度的同步与异步，这两项交叉组成了四种CSCW协同方式，如图3-29[①]所示。

面对面的互动（同一时间和地点）、持续的任务（不同时间相同地点）、远程交互（同一时间不同地点）、沟通协同（不同时间不同地点）。人类的群体活动大致可以分为三类：沟通、共享、协作，可根据参与方式和参与状态产生同时实时活动或不在同一时间异步活动。根据CSCW的产品和行为，对社交网络互动行为进行沟通技术分类，如表3-8所示。

社交网络行为与沟通技术分类　　　　　　　　　表3-8

行为	实时	异步
沟通	电话、视频会议、即时消息、短信	电子邮件、语音信息、博客
共享	电子版、应用共享程序	维基百科、团队工作空间、社交网站
协作	对话管理、在线会议、位置跟踪	日程安排、项目管理、工作流程管理

① Baecker M.et al. Readings in human-computer interaction: toward the year 2000[M]. Morgan Kaufmann Publishers, 1995.

社交设计与共生交互

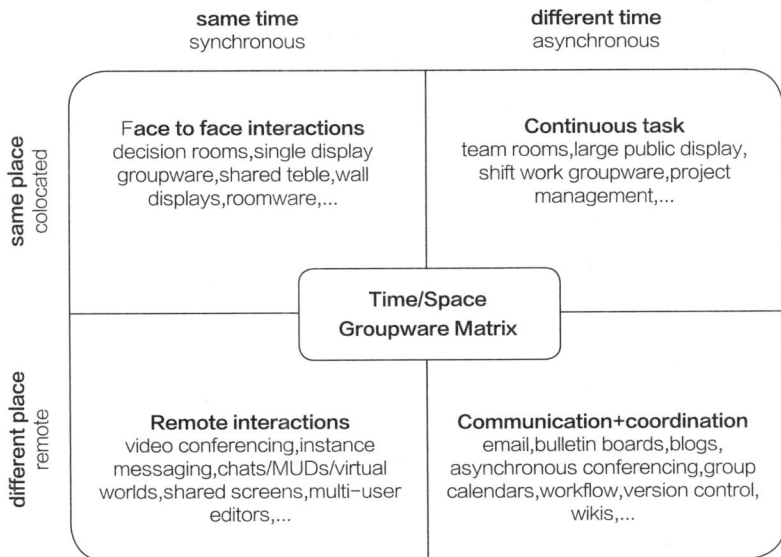

图3-29　CSCW分类矩阵模型
（图片来源Baecker，1995年）

　　沟通对象的人数一般分为四种：一人，双人，群体，公众[1]。虽然一人的沟通在现实生活中是不存在的，但在社交网络中，一人的沟通可认为是没有互动浏览性的潜水者；双向双人沟通与群体、公众的多向沟通意味着说话人和听话人彼此皆为发送者和接收者，如此循环互换直到沟通结束。结合沟通通道分为六种沟通模式，即单向关注、单向邀请、双向同步、双向异步、多向共同、多向单独，具体见如3-9所示。

基于沟通通道的沟通模式分类　　　　　　　　　　表3-9

人数	渠道	设计特征	沟通模式	举例
一人	单向	公开扩散性的通用访问	单向关注	关注、follow、like、share等功能键
		隐私性的限制访问	单向邀请	访客设置、屏蔽设置、People、Private、Circle、Group等功能键
双人	双向	认证型的一对一交流	双向同步	实时、即时聊天、在线会议、
			双向异步	推送的延时私信、语音留言、电子邮件

① Ruesch J，Bateson G. Communication：The Social Matrix of Psychiatry[M].
Transaction Publishers，2008.

续表

人数	渠道	设计特征	沟通模式	举例
群体公众	多向	内容可共同编辑创建	多向异步共同	基于维基模式的协同编著、基于BBS的异步协作学习
			多向同步共同	实时群件（Real-time groupware）、电子会议系统
		内容只能单独编辑创建	多向单独	超链接（hyper-linking）、社会性的标记（tagging）、公告栏、评价、投票、工作流、博客

　　单向沟通通道有两种：单向关注和单向邀请。单向关注通用访问模式属于扩散公开型的，即用户发布时没有设置信息的隐私权限，订阅即可接收对方发布的内容，比如公众号关注或Twitter中的Follow模式，如图3-30所示。

　　单向邀请的限制访问，用户只希望内容被指定的人看到，如Path的People模式，QQ空间的访客设置，Flickr的Private模式。除此之外，还有节点对圈子的单边模式如Google+的Circle，对于发布的信息可以单边邀请圈内的任何人看，而接收的信息可以单边关注我喜欢的人的公共信息，如图3-31所示。

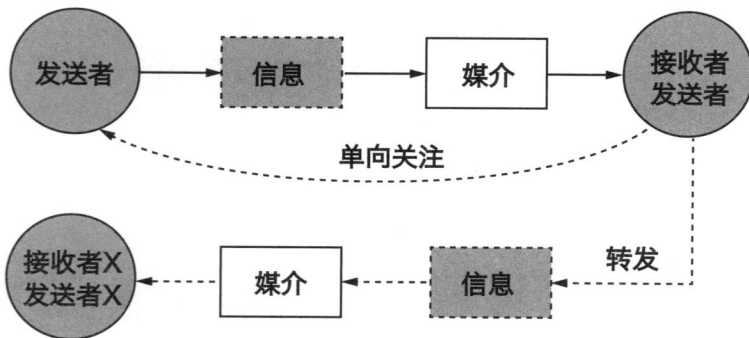

图3-30　单向关注的通用访问沟通模式

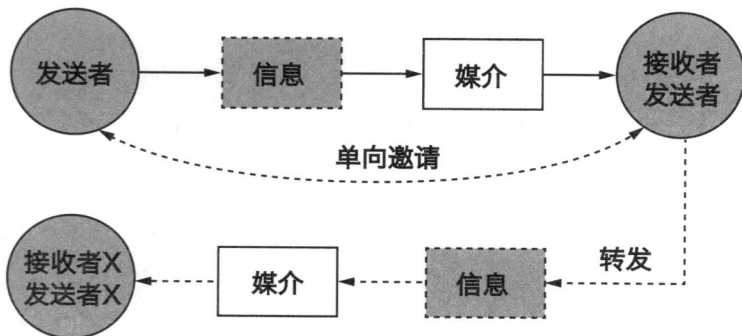

图3-31　单向邀请的限制访问沟通模式

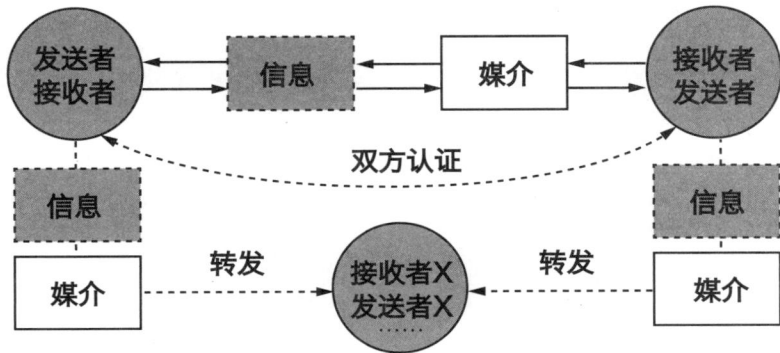

图3-32　双向沟通模式

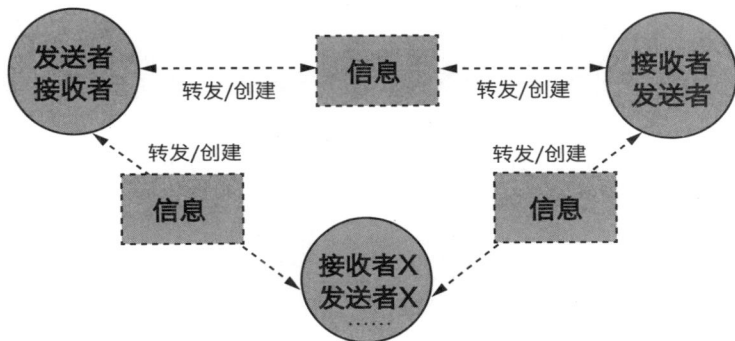

图3-33　多向沟通模式

双向沟通控制：属于认证型的一对一的交流模式，建立关系时需要双方确认，这是一种非常清晰的好友关系。这种信息传递既可以是强关系间的即时通信，也可是弱关系间的私信，信息内容隐私度高，公开信息比较少，如QQ好友、微信朋友圈、Facebook的Friends，如图3-32所示。

多向沟通控制：多向沟通对于消息的使用策略分为可以共同创建和单独创建两个类别，共同创建如维基百科，每个人都能编辑的特点。单独创建指的是只有原创者可以编辑分享之后，其他人只能浏览或转发、评价，无法修改，如图3-33所示。

多向意味着所有人既是消息的发送者也是消息的接收者，由此多向沟通中不同的组织模式产生不同的信息传播方式，根据莱维特（Leavitt）对于沟通网络，一般分为以下五种[1]，如图3-34所示。

（1）星形沟通属于开放式系统，合作度高，交流密切；

---

[1] H. J. Leavitt, Some Effects of Communication Patterns on Group Performance[J], Journal of Abnormal and Social Psychology, Vol. 1, No. 46, 1951：38-50.

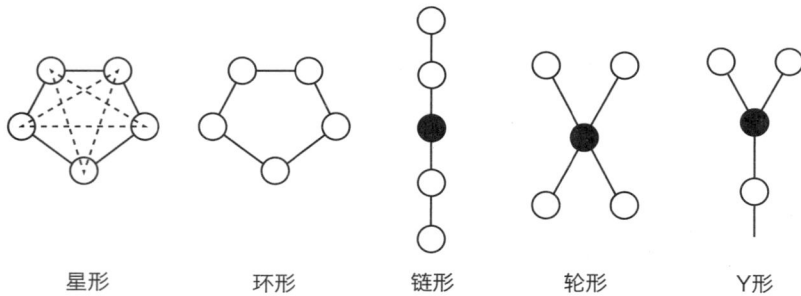

星形　　　　环形　　　　链形　　　　轮形　　　　Y形

图3-34　多向沟通网络
（图片来源Leavitt,1951年）

（2）环形沟通属于横向沟通网络，信息传播只能同时存在于两侧；

（3）链形沟通属于纵向网络，信息自上而下或反之传递，信息容易失真，差异较大；

（4）轮形属于控制性网络，中间人成为向心指标，对信息集中化程度高，但沟通渠道少；

（5）Y型属于纵向沟通，同样存在信息集中于中间人，中间人容易成为领导者。

因此，高度集中的网络在解决简单的、信息量、复杂性小的问题时更有效率，而分散开发的系统对复杂问题的解决更具有优越性，各沟通网络指标评价如表3-10所示。

各沟通网络在各指标上的表现[①]　　　　　　　　　　表3-10

评价指标	类型	链形、轮形、Y形	环形、星形
速度	对简单问题	较快	较慢
	对复杂问题	较慢	较快
正确性	对简单问题	较佳	较差
	对复杂问题	较差	较佳
成员彼此满意度		较差	较佳
工作转换适应性		较慢	较快

综上所述，沟通赋能主要表现在沟通功能赋能、沟通媒介赋能、沟通控制赋能三个维度，具体分析如表3-11所示。

---

① 谢文全. 教育行政——理论与务实[M]. 台北：文景出版社，1997：514.

沟通赋能分类　　　　　　　　　表3-11

设计依据		赋能分类	设计特征	界面构件
沟通赋能	信息语义的传达、信息传播的管理	沟通信息逻辑赋能	支持情感表达、信息传达、团队合作、任务协同的沟通行为	①用户创造：个人声音，内容输入、话题讨论、评价建议、分享转发、情感话语、幽默话语，经历分享、问候招呼、感谢赞扬 ②设计提供：图像表情、对话方式、群聊方式、发帖量提示、消息长度设定、进度提示、表情图像、文本语音输入、动作面板
		沟通媒介赋能	文本、视频、图片、语音、表情符号的多元化沟通	①用户创造：用户线上线下输入、原创 ②设计提供：数据自动生成、文本语音图片输入控件、混合编辑、表情库
		沟通控制赋能	物理层面的时间地点，社会层面的人数和协同的信息传播方式	①用户创造：自定义沟通的方式、公开与隐私、关注与邀请 ②设计提供：同步与异步、多向协同与多向展示、扁平化、直线型沟通结构

3.5.5　社交行为承载的轨迹：人际赋能

当互联网开始以一种传播媒介进入人们生活时，最早承载的形态就是人际传播[①]。社交网络已经改变了早期CMC作为一种单纯的信息交换工具，同时具备用户之间的社会性关联，透过它得到社会性支持（Social support）、陪伴、归属感、虚拟的情感连带。在社交网络中，人际关系强度、关系需求与信息流向和角色印象是密切联系的。

美国人类学家爱德华·霍尔围绕个人与他人之间的物理距离划分了人际交往空间存在的四个同心圆：亲密区域（家庭成员、亲密朋友）、个人区域（朋友同事、小组成员）、社交区域（熟人、新组织的成员）、公众区域（演讲、剧院等社交场合中更大的公共距离）[②]，如图3-35所示。霍尔的人际交往空间理论是通过时间和空间表现出的客观的社会距离与人际关系中的亲近程度。在社交网络中，人际交往空间主要指主观上的个人之间、个人与群体之间的内心感受，可理解为在社社交网络中家人和朋友，私人和公开不同的社交圈，这些社交圈有各自的社交情境。社交网络应允许不同的社交圈的组合创建，提供管理不同社交情境转换的工具，为用户提供细分的权限控制和过滤设置，以此细分这些用户体验。

① 彭兰. 网络传播概论[M]. 北京：中国人民大学出版社，2001：265.
② Hall ET. The Hidden Dimension[M]. Anchor Books，1966.

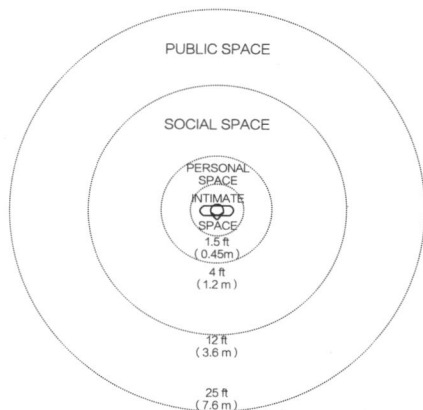

图3-35 霍尔的人际沟通空间
（图片来源Hall，1966年）

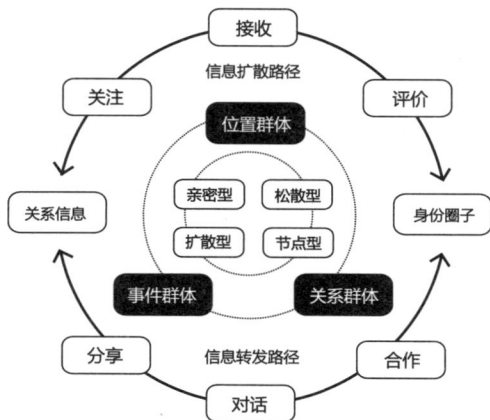

图3-36 沟通模式信息扩散路径与信息转发路径

　　社交网站中，人际关系决定信息，信息是关系之间相互联系的唯一中介，信息传播过程如下：首先用户上传一条原创信息，用户的关系链一一接收，这是第一层级的信息扩散路径；然后好友或粉丝持续分享、评价、推荐这条信息到各自的圈子，周而复始，这是第二层级的信息转发路径，如图3-36所示。

　　由于用户关系链中存在不同的圈子，因此在第二层级的转发路径中，又有多向、双向和单向信息结构，这涉及用户分组、信息的公开与隐私、不同的兴趣，人际关系强度、关系模式、信息流传播半径和反馈回路方式，共同构成了社交网络的基本要素。人际关系划分为四种关系强度：第一，紧密型关系意味着用户行为相似，具有聚类串联效应，交往频繁，信息较为公开，比如位置群体在面对相似情境时会有相似的行为或在关系、兴趣群体中针对行为目的的趋同度高的用户，可设计垂直型的社交产品和有针对性的推送服务；第二，松散型关系是社交网络中主流的行为模式，互动频率和关联度较弱，有助于分析整个社交网络行为属性；第三，扩散型关系则是用户不断转发、分享，这是事件群体信息传播的典型模式；第四，节点型关系是指双边一对一的交流模式，建立关系时需要双方确认，这种信息传递既可以是强关系也可是弱关系。

　　对网络人际关系而言，人际关系与用户行为、目的意图密切相关，能识别特定群体单元的用户需求，影响着信息的流向。人际赋能可分为四个因素，即关系维护赋能、关系拓展赋能、交往动机赋能、角色扮演赋能，如图3-37所示。

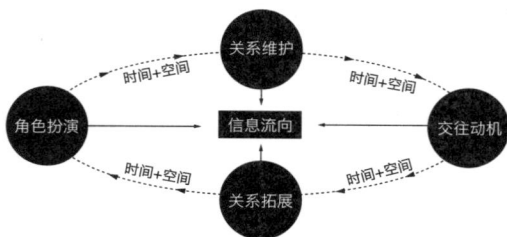

图3-37 人际赋能的四个因素

1. 关系维护赋能

社交网络中的强弱关系是依据现实社会交往的，关系维护是社交网络中最主要的功能。一般而言，强关系是针对小圈子熟人社交设计，关系维护是持续保持双方高频率的互动，持续推送群组中的消息，显示新近谈话。为了降低维护成本确保信息质量，可限制用户好友人数，因为增加过多的人将会减弱了彼此的相关性，降低熟人间密度。针对弱关系的维护主要依靠某个因素作为连接点建立起人际关系，比如共同的兴趣爱好、共同的话题，或是依赖于自我展示、情感抒发、产生优质吸引的内容，可划分兴趣、爱好等模块供用户发布和分享，用户通过在相关区域的兴趣交流形成关注和被关注的关系，达到关系维护的目的，如图3-38所示中通过好友编辑管理群组或圈子。

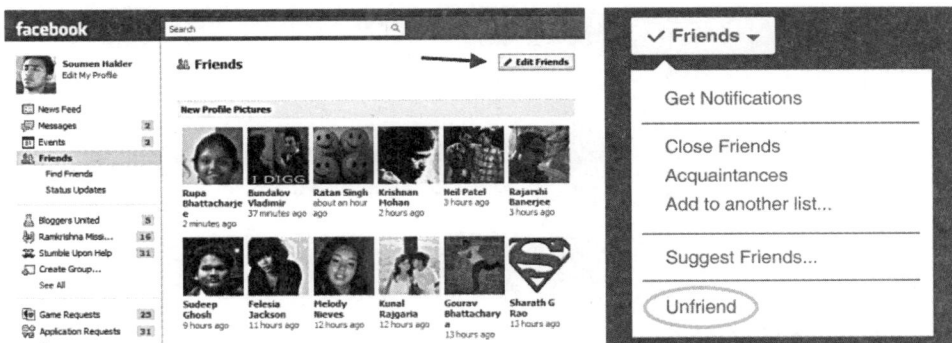

图3-38　Facebook的好友管理
（图片来源：Facebook）

2. 关系拓展赋能

关系强度和信息流可以帮助我们理清用户使用情境和行为模式，关系拓展主要是弱关系和临时关系。社交设计的关键是创造可带入的话题和对话渠道来延展的用户互动，帮助、引导、激励用户产生高质量的内容，包括赞美、评论、分享、关注、荣誉激励等手段，满足用户的存在感和自我认同，实现、维系、发展社交互动。另外，还可以通过共同兴趣爱好产生话题和产生互动。临时关系是需要系统推送的，系统可根据用户的个人爱好、标签、位置等，如Foursquare可以将自己的位置共享、自己的兴趣共享，为用户拓展新的人际关系。

将关系强度与关系拓展、交往动机综合分析，我们可以看到，强关系和弱关系主要针对的是情感交往和群体归属的关系维护，而临时关系和公众的社交对象，则是通过自我表现、兴趣相投的关系拓展，如图3-39所示。

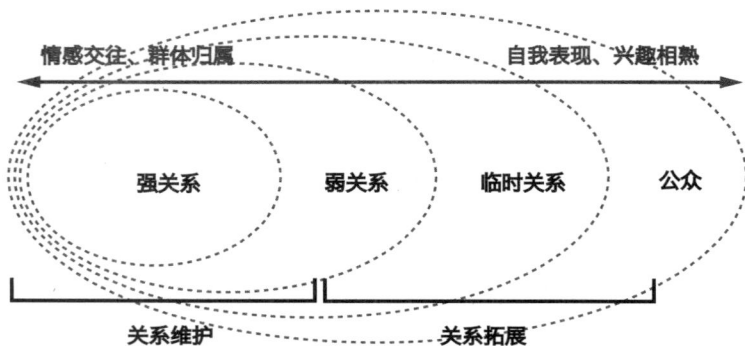

图3-39　关系强度与关系管理

3. 交往动机赋能

人际交往动机依赖交往对象的自我呈现，也与交往的社会情境有直接关系。根据现有社交产品可将人际交往动机分为四类：第一，群体归属动机在交往中表现为把自己看成是隶属于某一个组织或团体的社会成员，群组、圈子的好友管理模式，可将用户纳入其中；第二，自我表现动机在交往中表现为展现自己的行为并期待他人的回馈，促成影响别人的渴望，粉丝、追随、好友、群组讨论都可以提示自我身份；第三，兴趣相熟动机在交往中表现为喜欢与兴趣和习俗相同的人相处；第四，情感交往动机在交往中表现为喜欢和自己的亲人保持亲密的接触，表情图像、照片、个人签名、聊天场景和音乐创造情感表达的氛围。

4. 角色扮演赋能

在社会交往中，用户会根据不同的社交对象和社交活动扮演不同的社会角色，它依照人们对社会地位的理解，以自我分类（Self category）形成某种角色和符号来执行行为，比如成就与领导者的角色、粉丝与追随者的角色、情绪感染的同理心等。而美国社会学家戈夫曼提出的社会拟剧论（Dramaturgical theory）用戏剧表演来比拟社会交往过程中所塑造的"自我"角色（Shape user involvement）[1]。此外，社交网络中角色赋能还引出了第二个概念，即参与赋能所提供的交往线索、主观印象所赋予的社会支持。社会支持是个体在人际互动中受尊重、支持、理解的程度，分为客观可见的支持和主观体验的支持[2]。客观支持为声誉、等级、积分、好友数量、活跃度等，主观支持体现在获得肯定、增加见识、知道新消息、了解他人用意等方面。

---

[1] Erving Goffman. The Presentation of Self in Everyday Life[M]. Anchor Books, 1959.

[2] Kessler C, Price H. Social factors in psychopathology: stress, social support and coping process[J]. Ann Rev, Psychology, 1985（36）：531-572.

综上所述，人际赋能主要表现在关系维护赋能、关系拓展赋能、交往动机赋能、角色扮演赋能四个维度，具体分析如表3-12所示。

人际赋能分类   表3-12

	设计依据	赋能分类	设计特征	设计构件
人际赋能	促进人与人互动，加强社会连接和社会支持	关系维护赋能	支持强弱关系维护，增加互动频率和情感连带	①用户创造：群组管理，积极创造优质吸引的内容 ②设计提供：限制好友人数、查找、添加删除、推荐好友、表情图像、群组管理、私密设置
		关系拓展赋能	支持弱、临时关系拓展，发展社交互动和实现情感连带	①用户创造：积极分享内容和位置，创造优质的内容 ②设计提供：引导激励用户产生高质量的内容，创造可带入的话题和对话渠道，赞美、评论、分享、关注、荣誉激励
		交往动机赋能	群体归属、自我表现、兴趣相熟、情感交往动机	①用户创造：积极地参与群组讨论、信息追踪、自我展示、情感抒发。 ②设计提供：个性签名、回帖数、活动邀请、好友数、贡献值、表情图像
		角色扮演赋能	以自我分类形成某种角色来产生行为取向	①用户创造：成就与领导者的角色、粉丝与追随者的角色、情绪感染产生同理心的角色等 ②设计提供：粉丝、追随、反馈、声誉等级排名、点赞数

3.5.6 社交行为事件的组织：活动赋能

活动赋能是指在社交网络中拥有共同愿望的群体针对某一目标或对象产生的行为。活动赋能界面设计为工作空间模式（Work space pattern），将活动相关的人、任务、行为组织起来，把共同的任务和目标分解到每个用户，并提供用户完成管理这些任务的工具，通常包括活动任务编辑上传分享、用户集结、设定目标、同步异步的群体协作、交流反馈、时间表，状态更新、全局显示板、投票电子版。

共享认知（Shared cognition）理论来源于Cannon-bowers利用认知心理学中对群体意义构建和团队行为的研究。共享认知是指集体认知活动，包括技术（Equipment）、任务（Task）、团队（Teammate）、协作（Taskwork）[①]，并提出了四种共享认知分类形式：一致（Overlapped）、共存（Compatible）、补充

---

① Cannon-Bowers J A, Salas E. Reflections on shared cognition[J].Journal of Organizational Behavior, 2001, 22（2）: 195-202.

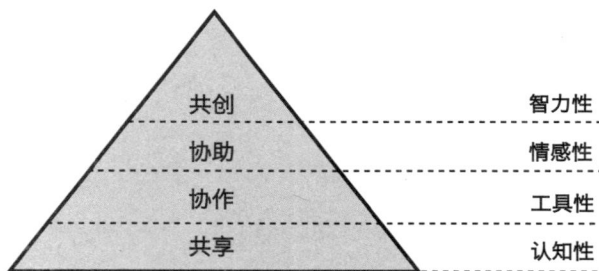

图3-40 活动赋能的分类与参与层次

（Complementary）、分布（Distributed）[①]。虽然共享认知理论主要聚焦于团队合作组织中成员交叉认知的心理表征研究，但同样也解释了群体活动需要围绕行为关系及所在情境进行组织，以及提出了完成任务相关的事实展现、沟通方式、团队行为过程、团队构成等变量因素，为界面设计中信息的内容、表现形式和交互方式提供了理论依据。其次，共享认知理论为活动赋能中活动形式的分类提供了依据，根据四种认知层次可推导出相应的任务行为。从网络自组织和自适应的角度看，用户的行为模式也存在发展、升级和代谢，社交网络中互动关系的进化是一个自然衍生的社会过程。在不同的服务接触点（Touch points），用户参与能将优化产品开发流程，提高信息服务的效率，推进功能的升级和迭代，这种四种互动可以是基于内容的分布式互动架构，或者是基于事件序列程序性的互动架构。同时这四种活动有不同的用户黏度，它们并不是独立毫无联系的，而是经常是以迭代或同时涵盖了某些活动，如图3-40所示。

（1）共享：共享认知中"共存"指的是成员之间具有各自的资源，可产生共享行为，用户产生的内容是相对独立，是用户间的互动，是以内容进行浏览和传播关联的，互动的形式为分享评价赞许，因此这种社交活动多属于认知性的行为。

（2）协作：共享认知中"一致"是指团队成员对某个目标具有完全一致的认知或群体意识，由此可产生协作的行为。在协作行为中，用户与用户之间以个人利益、兴趣、任务为目标，参与合作，因此这种社交活动多属于工具性的行为。

（3）协助：共享认知中"补充"指的是较之其他成员相比，具有某种优势的资源，由此可产生协助的行为。在协助行为中，用户自发性地投入精力创建出对于他人有用之物或是救助他人，因此这种社交活动多属于情感性的行为。

（4）共创：共享认知中"分布"指的是不同成员具有不同的资源，但彼此依赖集合不同的资源才能产生群体智慧，达到团队目标，由此可产生共创的行为。在共创的行为中，用户针对某一信息、功能、服务、产品进行创新行为从而集聚成集体成果，因此这种社交活动多属于智力性的行为。

---

① Klimoski R, Mohammed S. Team mental model: Construct or metaphor?[J] Journal of Management, 1994, 20: 403-437.

1. 共享活动赋能

　　共享是Web2.0和社交网络的基本特征之一。共享是鼓励用户创造分享引人注目的内容，从而促进其他用户参与传播，成员不仅仅共享自己的信息，同时也主动参与并影响了成员间的信息加工，建立人际关系和情感连接，比如分享个人照片与生活、分享信息知识、分享旅游故事。比如BitTorrent（BT）的P2P信息对等技术分享，Napster音乐交换软件，开源软件（Open source software）、公开软件接口API（Application programming interface）、开放的学习数据等，如图3-41所示。

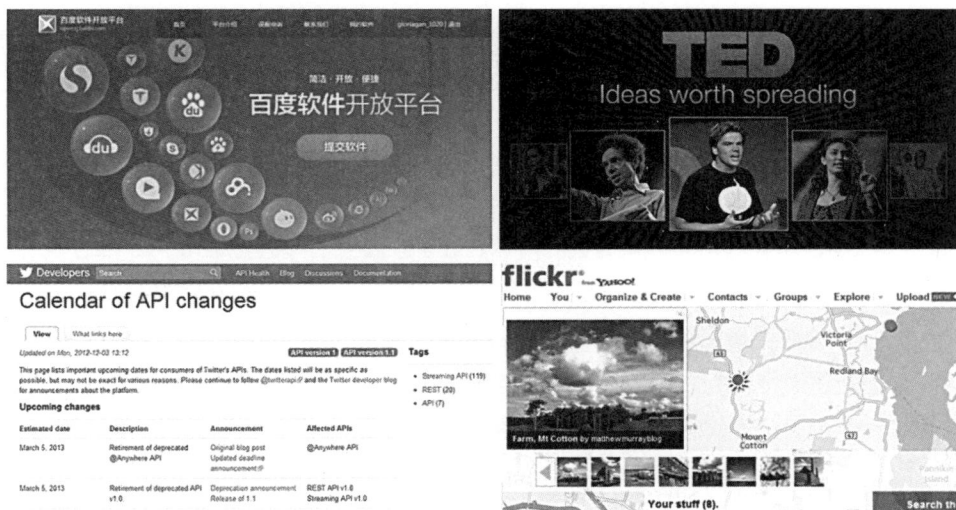

图3-41　共享的案例
（图片来源：百度、TED、Twitter API、flickr withgeotagged photos）

　　共享活动从信息传播上可分为原创性的共享，这类共享活动多以用户原创内容为主，以及传播性的共享，这类共享活动属于扩散性的共享，利用社会化分享组件将信息内容跨人际圈、跨平台的传播。另外，共享活动也可从社会性和技术性两个方面来分析，社会性的因素包括共享的功能和共享和方式，如图3-42所示。

　　从共享的功能上看，共享活动可分为工具型共享、人际型共享。

　　（1）**工具型共享**：为了达到某种目的或实现某种功能而进行的共享，比如API接口的分享有利于服务的开发，获得更多的功能，活动的赋能设计需要提供共享上传的入口，并为共享内容提供相关描述，最好以标签的形式方便其他用

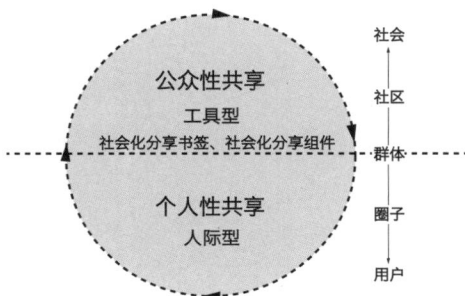

图3-42　共享活动的类型

户搜索，内容上传之后系统可提供下载数、其他用
户的评价、获得的积分等内容列表。

（2）人际型共享：在自己的人际圈中分享信息
或数据，加强社会连接，这种共享活动比如Flickr
照片共享论坛，用户上传个人照片到布告栏，利用
社会网络拓展人际关系，这种活动赋能设计需要为
用户提供多种类型，比如图片、语音、文本等信息
媒介的内容上传入口，并提供用户所在的好友圈，
提供推送、反馈、讨论的交流平台。

图3-43　个人共享的案例
（图片来源：5 Mobile Design
Patterns for a Successful App）

从共享的方式上看，共享活动分为个人性共享
和公众性共享：

（1）个人性共享：用户可以选择性地将信息发送给特定的用户或用户组，如群组
服务、共享个人活动流动、其他用户状态实时更新推送等，如图3-43所示。个人性共
享一般用户选择推送的内容和推送的对象，如访客设置、登录验证限制、邀请限制、
隐私限制等。

（2）公众性共享：公开性的共享行为，这种共享行为更为开放，传播广度更大，
属于社会性的共享行为。这种共享赋能设计需提供共享内容的传播平台，并通过公众
模式、关注模式、粉丝模式等吸引用户进行信息扩散。

社会化分享书签（Sharing tagging）和社会化分享组件（Sharing widget）已经实现
了快键简便的共享行为，可通过第三方书签和媒体共享服务使用这一功能。社会化分享是
一种用于组织，存储，管理和搜索网络资源的一种方式。用户贡献个人数据、社会资本、
分享、关注的形式进行参与，通过评价回馈创造良好的循环机制，鼓励用户参与传播。
社会化分享组件类似于一组小图标，可以将文字、图片、视频、音乐等内容一键分享到社
交网络网站，实现基于人际关系网的分享、关注、转帖、评论、个性化推荐。如ShareAPP
就是一款第三方社交分享功能的软件，它支持新浪微博、微信朋友圈、微信好友、QQ好
友、QQ空间、腾讯微博多平台同步分享，并可以追踪分析共享的内容，如图3-44所示。

图3-44　社会化分享软件
（图片来源：ShareAPP）

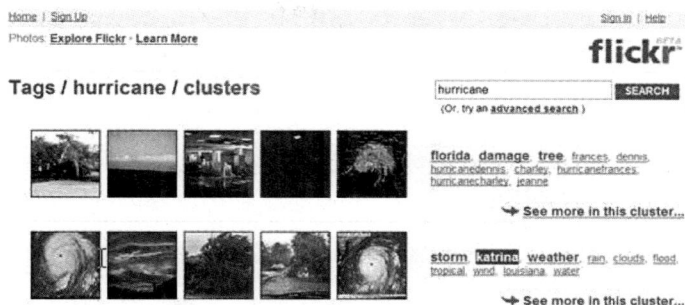

图3-45　社会化分享书签
（图片来源：Flickr: Folksonomy Extends Geospatial Taxonomy）

　　大众分类（Folksonomy）是由社会化书签服务中最具特色的自定义书签
（Tags），它是由用户个人公开的为网络中某些信息进行定义，产生用户群体定义的高
频标签，经常是一组具有超链接的书签云（Tag cloud）作为该类信息的一种网络信
息分类法，成为社会搜索服务开展的有效方式。这种共享活动赋能设计一般需提供信
息选择、信息标签编辑、信息分享、搜索等界面构件。例如Flickr是一个图标标注与
分享系统，为分享的内容添加标签（Tagging）成为图片信息检索和组织的有效方式，
如图3-45所示。

2. 协作活动赋能

　　群体协作活动存在多种形式，一般
任务和人员的集中、分散程度对协作的融
合和目标的实现有直接关系，任务集中的
群体目标明确，成员协同度和群体融入度
高，密集度高的群体可诱发紧密的合作。
本文将任务、人员两个元素从集中、分散
两个角度交叉形成四个群体协作的分类：
集群协作（Swarm）、团队协作（Team）、
社区协作（Community）、众包协作
（Crowd sourcing），如图3-46所示。

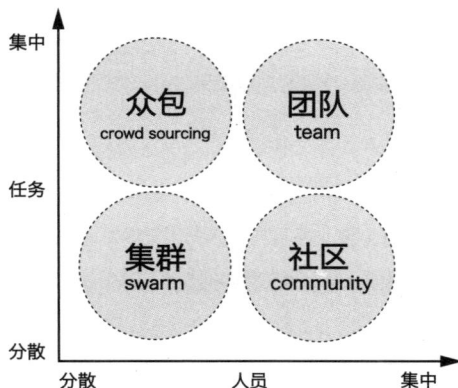

图3-46　人员-任务的群体协作分类

　　协作赋能设计界面要提供工作空间模
式（Work space pattern），如任务、人员、信息上传、协同编辑等组织因素，还需
要提供一个任务进展全貌图和交流平台，对任务进度和参与者交流进行实时播报、投
票、奖励，以实现群组对话。在进行过程中，可赋予不同成员对任务进行管理、分配，
设置时间节点和实时消息提醒，引导其他协作者共同完成任务。

（1）**集群协作**：群体人数和任务目标都相对分散（Do-it-yourself in web-based communities），因此成员之间互动较为间接（Weaker ties），目标多样化（Diversity of goals），人员参与的贡献度不同（Loosely bound cooperation）[①]。集群协作由于有庞大的人数且多以个人的兴趣、利益为聚集，具有鲜明的差异和个性，对其引导后可以发展垂直型的社交产品，彼此的关联多见于用超链接（Hyber-linking）和标签（Tagging）连接。这种协作赋能设计应提供信息追溯链接、可视化用户和内容的关系，此外对协作内容的组织和分类也是集群协作中用户参与的重要渠道。

（2）**众包协作**：人数分散但任务集中，多数用户拥有共同的目标（Bound together by ashared vision），可进行整合完成任务。维基百科给众包的定义是：一个公司或机构把过去由员工执行的工作任务，以自由自愿的形式外包给非特定的大众网络的做法。众包的典型案例就是利用长尾理论所主张的大规模定制（Mass customization），如Minicooper汽车、Nike运动鞋发起以用户为中心的产品定制，就是利用众包的思想提供个性化和差异化的产品，如图3-47所示。

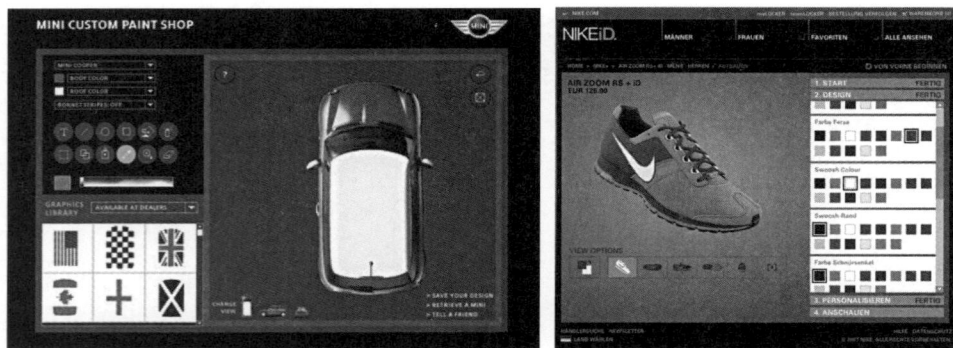

图3-47　Minicooper、NikeiD的定制商店
（图片来源：Minicooper、NikeiD）

（3）**社区协作**：人数集中但任务分散，参与的用户群体没有整体的目标和协同方向。社区一般会有两种群体维度：内群和外群。内群是核心群体，协作度、贡献度高，一般被认为是领导者；外群是追随内群的群体，一般被认为是追随者。这些群体也需要进行差异化协作赋能设计，比如针对保持内群持续的协作行为，设计运用激励因素提供赋权领导者的身份象征的管理权限、积分荣誉等，外群的协作设计则是需要更多的协作行为的接触点，促进用户参与。

[①] Yannick Assogba, Judith Donath. Share: A Programming Environment for Loosely Bound Cooperation [C]. CHI 2010: Sharing Content and Searches, Atlanta, GA, USA, 2010, April 10 - 15.

（4）**团队协作**：人数集中，任务也集中，成员之间组成一个共同体，有明确的协同合作，对于整个任务的进程和目标也有规划，为了特定目标而按照一定规则结合在一起的组织，团队与集群最多的区别就是团队具有目标和计划，稳定的成员关系。这种群体的协作赋能就是工作空间模式，通常包括任务分配、用户集结、协同参与、设定目标、沟通方式等的群体协作。

3. 协助活动赋能

协助是成员间取长补短，追求共同的目标和集体的成果，自发性贡献、帮助他人的亲社会的行为。这类行为可拓展到满足社会需求和创造新的社会关系，例如为提高个人或社区的生活质量、实施新的劳动工作形式、解决公共卫生或环境问题等，这种合作的产品、服务被称为社会创新[①]。协助的动机是自我实现、同理心、满足感和互惠互利的群体选择，因此协助赋能主要针对移情的中介作用以及情境再现即角色获得（Role-taking）进行设计。协助可分为援助和互助两种：

（1）**互助**。这种协助行为是功能性的、互惠性的社会交换，包括帮助馈赠和报答补偿两个阶段。因此互助活动设计强调三个方面，一是可视化双方已有的所有物；二是互助的交换形式，同时同地或异时异地进行，以及交换物品是物物交换、货币交换、劳动成果交换等；三是互助后的积极影响，是个人利益或是涉及社会因素。例如，星巴克发起"共享地球"（Shared planet）活动，通过在网络收购咖啡豆以及"地球日"折扣的方式奖励自带杯子的顾客，这是企业在社会范围内以物物交换的互助形式，如图3-48所示。

图3-48　互助活动的案例
（图片来源：Starbucks共享地球）

---

① OECD LEED. Forum on Social Innovations[EB/OL]. www.oecd.org/document, 2009

图3-49 援助活动的案例
（图片来源：壹基金网站、寻找失踪儿童网站）

（2）**援助**。是单向的帮助，指定对象的帮助是让用户可选择受助对象，或是针对某社会事件进行帮助，如地震网络捐款、关注留守儿童、老红军回家等公益活动。这种协助赋能可利用丰富的背景信息、大幅的具有感染力的图片，可视化受助对象所处的情境，然后做出反应或给予帮助，如图3-49所示。此外还将协助的行为简单直接，展现受助者的信息或直接与受助者联系，或者提供反馈和赞扬的沟通渠道，如提供相应的身份标签、赞许等积极的社会评价。

4. 共创活动赋能

共创（co-creation）一词最先是指营销领域针对用户参与共同设计、开发合作的服务模式。共创是指多用户发挥集体智慧和共享知识，共同创建事先不存在的对象和内容，共同指的是集体协同的过程概念。共创活动赋能设计关键在于允许创造对象的可视化以及创造者实时交互行为，共创行为的投入时间和创造活动的趣味程度会影响共创体验。

例如，维基百科是社会条件下用户参与、大众创新、开放创新、协同创新的生动诠释[1]。ThinkCycle是一个由MIT媒体实验室的设计师、工程师、领域专家组成基于Web协作的工业设计平台，旨在打造社区和环境之间的设计创新，如图3-50所示。共创是利用广泛的用户参与，针对具体的目标共建、共享任务的创新，这种共创活动的界面需要提供任务信息的内容以及编辑、上传等创造行为入口，显示成员之间实时的创造过程。

例如，YouTube交响乐团是由视频共享网站YouTube举办的网络交响乐比赛，通过用户参与共享的视频，专家和网友投票海选出33个国家的101位音乐家组成，并在YouTube上进行直播，这些音乐家均来自于用户直接参与，并演出了第一场网上交响乐音乐会，获得了愉悦与精神享受，如图3-51所示。

综上所述，活动赋能主要表现在共享活动赋能、协作活动赋能、协助活动赋能、共创活动赋能四个维度，具体分析如表3-13所示。

---

[1] 百度百科：维基百科[EB/OL]. baike.baidu.com/ 2013-01-08.

图3-50　共创活动案例
（图片来源：Wikipedia、ThinkCycle）

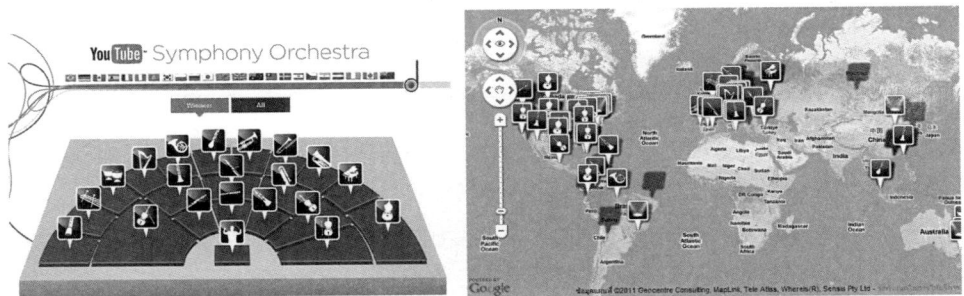

图3-51　共创活动案例
（图片来源：YouTube交响乐团）

活动赋能分类　　　　　　　　表3-13

设计依据	赋能分类	设计特征	界面构件
活动赋能	发挥集体智慧和共享知识，加强社会连接和社会支持	协作活动赋能	协同的工作空间模式，增加服务效用	①用户创造：积极参与、贡献和共享内容，协同 ②设计提供：工作空间模式，如交流平台、状态播报平台、时间进度、协作编辑、文件上传、跟踪、更新
		共享活动赋能	功能性、人际性分享，满足目的获得成就感、充实感	①用户创造：积极创造优质吸引的内容，并分享传播 ②设计提供：内容列表，分享组件，个性化推荐、分类标签
		协助活动赋能	社会临场感、自我实现，参与协助行为实现互利	①用户创造：自发性的创造可以帮助他人的信息 ②设计提供：协助的渠道、丰富的背景信息、有感染力的图片，有叙事情节的故事，小模块的交互协助功能键
		共创活动赋能	协同的工作空间模式，创造新的产品	①用户创造：发挥个人才智自愿服务贡献 ②设计提供：项目管理显示面板、奖励机制、协作编辑、文件上传

本章论点小结

　　社交网络不仅需要实现人与人之间的交流与互动，还需要参照人类的社交行为规范来设计。用户既是内容的创造者也是内容的分享者，他们在设计师规划的不同界面模式和约束条件下进行活动，社交界面限定了用户活动的行为、交互的方式，并且为用户社交行为提供了工具。本章的研究思路是以共生交互作为整体方法，社交赋能作为类别方法，社交图式作为赋能的蓝本，探讨共生交互社交设计方法研究。本章首先对图式理论、社交图式、Affordance理论等作了相关的阐述，并针对具有典型性的社交产品案例和产品策略进一步探究参与赋能、沟通赋能、人际赋能、活动赋能设计的基本方法和规律。此研究有助于从社会化交互的角度更好地把握群体互动内在的行为和情感的连带关系，有助于社交设计在设计理论、社会行为支持等方面的基础研究，为社交网络产品和服务的开发提供新的设计视角。本章论点具体总结如下几方面。

　　（1）运用生态学的共生原理来理解和把握社交网络中内容共生、关系共生、体验共生、行为共生的多元交互，为理解社交网络的特点和社交设计研究提供理论立场。社交网络注重用户间互动，用户创造内容并发布、分享、传播、关联、协作，影响其他用户的认知和行为。这种自组织的交互活动已经构成了互惠互利、自足发展的共生体系，可依据共生原理不断推进其向优化转变。

　　（2）社交图式是由相互联系的图式塔构成，人们在社交活动刺激下产生某种内在动机和行为反应是图式驱动的。继而将社交图式表征的内部结构分成三大系统：情境系统、情感系统、行为系统。图式的激活依赖于社交场景所提供的认知内容与主体的认知能力，认知内容应具有与图式可识别的典型认知属性和特征形态，因此对社交设计本质的把握是界面具有社交图式映射关系的视觉线索和交互构件。

　　（3）根据语域层次论和社交图式理论整合推演成为社交设计三个属性，即交互式—视觉形式、交互旨—社交行为、交互场—心理体验，并将这三个设计属性纳入到交互域—社会语境的意义和价值系统，以"为赋予有意义的秩序作出有意识或者知觉的努力"为前提，在社会与文化上的深层属性之上创造有意义的互动体验。

　　（4）本章引入Affordance理论，通过对该理论不同学者观点的梳理，揭示了Affordance已形成在认知行为中的递进层级关系，反映出从物理生态属性到社会文化属性的转变。本文将其拓展成社交赋能设计方法：具体而言，根据吉普森的Ecological affordance的理论研究提出参与赋能；根据盖弗的Technology affordance的理论研究提出沟通赋能；根据Zhang的Motivational affordance的理论研究提出人际赋能；根据Kreijns的Social affordance的理论研究提出活动赋能。为探究社交中关键变量的设计因素，进一步将社交赋能设计分为三个层面：界面的物理认知层、交互的互动行为层、心理的社会动机层，并总结出了这四类社交赋能所对应的界面构件。

（5）社交图式为社交赋能提供了语义发生的来源、知觉识别的依据。社交赋能为用户提供具有社交参与的社交工具，以行使出该应用所要赋予用户的社会行为。本章将社交图式、社交赋能、社交体验进行归纳和拓展，得到共生交互社交设计整合模型。本研究分别为"参与赋能"、"人际赋能"、"沟通赋能"和"活动赋能"从用户创造和设计提供、设计特征、设计依据四个方面进行了归纳，如表3-14所示。

针对社交行为组织的社交设计及界面构件 表3-14

	行为	依据	内容	界面构件
社 交 行 为 组 织	参与赋能	社会临场感	身份形象 场景空间 群体感知 参与状态	用户创造：自我展示、空间布置、活动流 设计提供：位置地图、好友列表、更新提示、最近访问记录、状态设置
	沟通赋能	信息控制	单向关注 单向邀请 双向同步 双向异步 多向共同 多向单独	用户创造：个人声音、评价分享转发、问候赞扬、屏蔽或关注、公开与隐私、关注与邀请 设计提供：图像表情、群聊私聊沟通方式、发帖量提示、消息长度进度提示、同步异步多向沟通结构
	人际赋能	社会连接	关系维护 关系拓展 交往动机 角色扮演	用户创造：创造优质的内容，分享传播，信息追踪，好友权限设置和过滤设置 设计提供：关系链群组管理、成就声誉值、话题渠道，粉丝数、人际推荐
	活动赋能	社会支持	共享 共创 协作 协助	用户创造：积极参与、贡献内容、自愿自发的服务他人 设计提供：社会化分享组件，个性化推荐，工作空间模式，协助对象信息和渠道

第 4 章

共生交互的汽车
社交设计

4.1   概述

根据《中国新型城市化报告》和《中国城市畅行指数年度报告》显示，出行时间因交通拥堵而变长，上下班时汽车平均时速为23.5km/h。交通导航服务商TomTom称在2014年，所有车主耗在晚高峰堵车路上的时间超过100h/年。美国麻省理工学院（MIT）媒体实验室（Media Lab）教授尼葛洛庞蒂（N. Negroponte）在1995年的新作《Being Digital》（数字化生存）中提出"数字化将决定我们生存"。而今数字技术已向人类生活和社会各个领域不断渗透，汽车与交通就是移动互联网数字化进程中的主要领域。现今超过80％的汽车工业创新都集中在汽车电子产品[①]，汽车逐步发展成为汽内信息、汽车间信息（Car to car）、汽车与其他信息载体（Car to X）交互的复杂信息体系[②]，多样化人车信息服务已成为人们日常驾驶中不可或缺的体验。这表明汽车已从机械技术驱动走向了电子技术驱动的模式转变，将成为消费者最大的信息服务智能产品。

因此，驾驶中长久的等待时间、驾驶中大量的信息需求、随身的移动设备出现信息处理行为需求、汽车互联以及社交网络对驾驶体验的推动和探索，使得汽车社交成为全新的互动媒介，为社交设计提供了新的设计机会和设计空间。本章根据典型的汽车社交案例，探究共生交互社交设计在具体应用情境的方法，并就每一个案例提供社交图式与社交赋能设计的分析例证，即提供了三个社交模式、六种社交设计分析。

---

① Danneberg, J. Burgard. J. A Comprehensive study on innovation in the automotive industry, [EB/OL], http://www.oliverwyman.com/pdf_files/CarInnovation2015_engl.pdf, 2012.

② Schmid T A, Spiess L W, Kern D. Driving Automotive User Interface Research[J]. IEEE Pervasive Computing, 2010（1-3）: 85-88.

4.2　汽车社交的设计立场与服务拓展

4.2.1　基于社交网络的汽车社交

汽车社交是车联网车载信息服务（Telemactics）之中最具市场和民生导向的典型应用，是汽车业、信息通信业、交通业、服务业协同创新的领域，具有技术、信息、应用、服务的四维生态系统。社交网络为拥挤的城市道路和枯燥闭塞的驾驶活动带来新的机遇与挑战。随着无人驾驶、半自动驾驶汽车的迅速发展和汽车主动安全技术的提高，汽车智能化、信息化、互联化不再是个概念，而将体现为实在的汽车产品和服务。汽车社交以汽车社会化信息服务为目标，以社交网络、地理位置作为信息载体，以人与人、人与车、车与车作为设计框架，满足车内外信息联通的需要，如图4-1所示。

目前，汽车互联最易于实现的方式是依靠用户的移动设备与汽车内置显示屏连接进行程序移植，从而同步更新手机信息。此外，车对车交流技术、汽车传感器、车外网络可增加位置、交通、人际信息，这些媒介信息的整合使得汽车在任何时间和地点可获得实时信息接收和发送的功能。交互技术的发展使得语音控制识别、触摸、体感和增强现实等多通道显示设计和自然交互方式运用在车内，在最大化地确保驾驶的安全之外，更关注驾驶行为中的交互体验。因此，如何利用现有的数字信息和交互技术为汽车进行社会化信息服务设计是社会化交互设计在汽车领域的具体运用，是探讨如何让汽车具有社交参与、保持敏感的社交线索和信息内容的社交工具，以促使驾驶

图4-1　社交网络拓展汽车社交的车载信息服务
（图片来源：上左wired.com，上右sweetsharing.com，下左fastcocreate.com，下右infotreeservice.com）

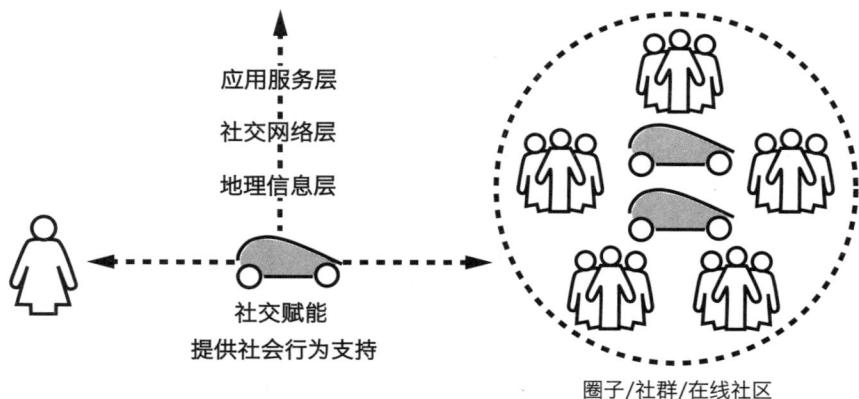

图4-2　汽车社交是为汽车提供社会行为的支持

者行使出该应用所要赋予的社会行为，达到沟通交流和获取服务的目的，如图4-2所示。

　　当代设计已从以产品造型为中心的设计范式转变成服务和体验的系统设计。如何运用互联网思维提升产品的服务与体验是当代设计师关注的问题。正如NIKE+、小米智能自行车以基于社交网络的用户参与、创造、分享来拓展产品及品牌体验性的内容，如图4-3所示，Facebook、Twitter已经成了第三方应用程序的聚集地。社交网络逐渐将用户、信息、产品、服务聚合，形成用户参与、即时互动和信息共享为核心交互式信息平台。

　　社交网络作为一种新兴崛起的媒介平台，是基于互联网并且由无数个用户根据个体创造、过滤、加工、信息内容后进行传播的工具。社交网络较之于用户，可理解为一个服务应用，一个提供交际互通的工具；社交网络较之于社会，可以理解为一个平台，一个具有开创性的在线社区；社交网络较之于信息内容，可以理解为一项技术，高价值的信息可以大范围迅速传播，低价值的信息则小范围扩散甚至过滤。

　　用户使用产品并能通过社交网络进行分享，构建出产品与社交、应用与服务的网络平台，继而呈现出产品即媒介，媒介即社交，社交即服务的发展趋势。社交网络已经演变成联系服务与媒介的中介，由此社交网络开创了"信息、用户、

Steady　　Ready　　Run　　Synchronous

图4-3　基于社交网络中用户参与的NIKE+和小米智能自行车
（图片来源：上图NIKE+，下图kingzonecn.com）

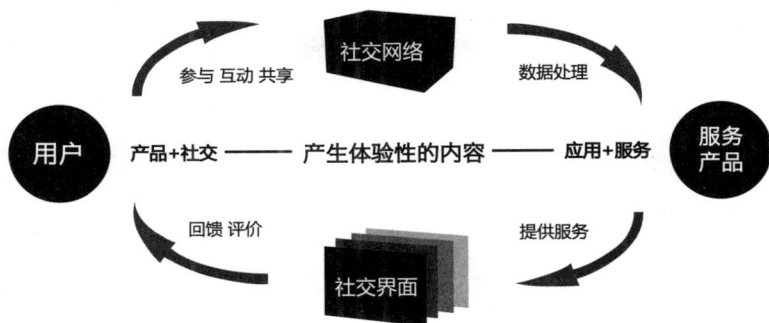

图4-4　社交网络开创的商业模式

关系"双向沟通体系的平台商业模式（Platform business model）[1]和基于Web 2.0
产品、社交网络、服务的体验经济的社会化商业模式（Social business model）[2]，如
图4-4所示。而汽车社交正是凭借社交网络的网络传播的力量，利用用户创造的信息
作为契机，产生资源协同共享和增值服务，满足人际互动和信息需求。

4.2.2　汽车互联衍生的设计机会

随着汽车辅助驾驶和娱乐信息功能的增加，用户对车辆导航、信息娱乐和社交网
络密集的信息需求导致车载界面的功能和设计愈加复杂，汽车正从单一的、交通运输
功能的机械代步工具逐步成了一个集合信息获取、人际交流、娱乐服务的交互式社交
空间，因此对汽车人机界面提出了更高的设计要求，传统的单一机械式的车内布局已
无法满足当前需求。如何组织外部的城市道路信息、本地位置服务信息、人际关联信
息进入车内以此支持社会行为，如何设计移动设备与汽车的连通性，如何为车内设备
设计界面和交互方式而不造成认知负荷，这是汽车社交的人机交互界面设计所要回答
的关键问题。

汽车社交的技术基础是人群（社交网络）、地点（GPS传感器）、时间和技术（社
群发现network groupdiscovery、社会计算Social computing、移动互联网）的组
合，如图4-5所示。道路安全往往限制和规范驾驶者的行为，使驾驶变成单一的任务。
随着各种嵌入移动互联网的智能产品使人类的出行成为地理标签，城市信息感知和社

---

① Chen TF. Building a platform of Business Model 2.0 to creating real business value
with Web 2.0 for web information services industry[J], International Journal of
Electronic Business Management, 2009, 7（3）: 168–180.
② Brogan, Chris. An Insider's Guide to Social Media Etiquette [EB/OL], http://www.
chrisbrogan.com/socialmediaetiquette/], ChrisBrogan.com, 2011-2-24.

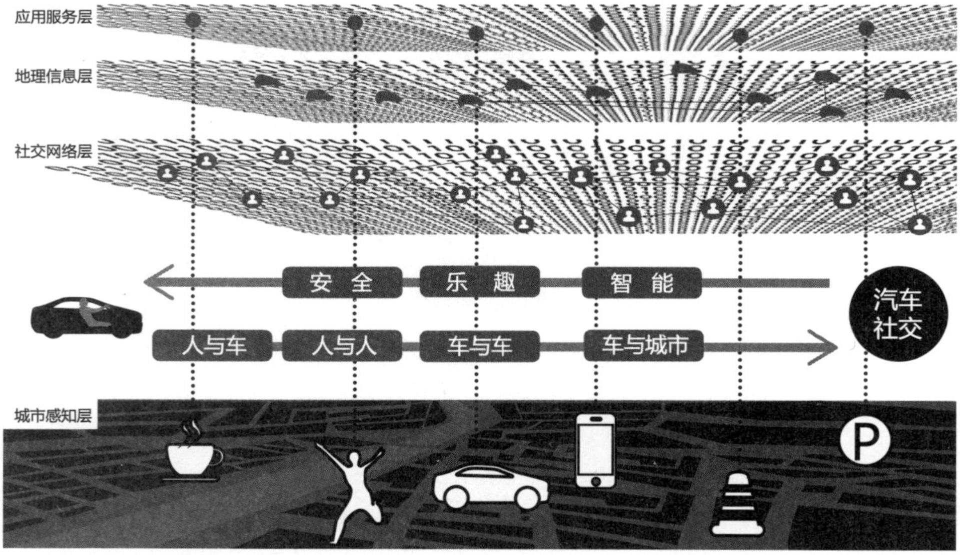

图4-5　多重互动的人车社交情境

交网络将人与人（线下：主驾驶和副驾驶、前排和后排，线上：用户与社交圈），车与车，车与城市交叉关联，协调人–车–环境的关系，获得人际互动、行车轨迹、周边服务、城市动态的数字信息。这些信息可用于生活、交通、环境的可持续发展，形成情境化的社交化信息服务，旨在保证汽车安全的同时，带来乐趣、智能的驾驶体验。

如图4-6所示，说明了汽车存在不同空间距离、地理维度、并行在线离线的社交圈，根据驾驶者的互动位置、亲密程度以及互惠行为可以分为强连接、弱连接、临时连接三种。汽车社交是基于位置的信息扩散与传播，汽车用户社交信息更多来自临时连接，它是汽车社交服务的一个创新机会点。

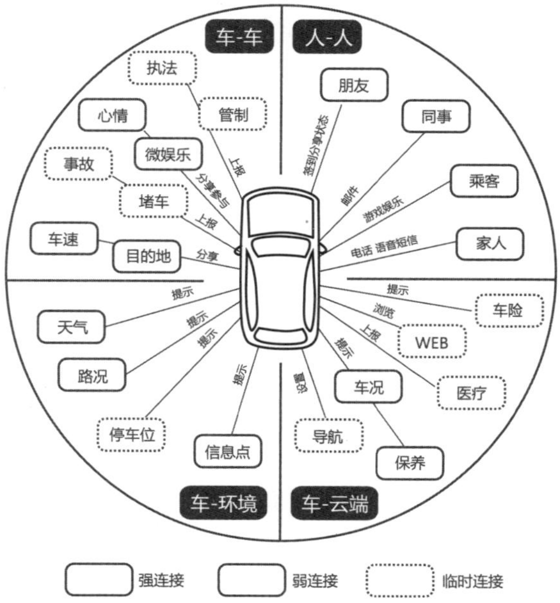

笔者认为，汽车社交是以信息科技、汽车科技为驱动的，汽车的硬件平台直接决定汽车社交及其人机交互的形态，此研究是一系列底层多模态信息数据驱动模型和上层社交智能相耦合的技术问题而非设计的典型问题，需要对其进一步地研究和不断论

图4-6　汽车社交的设计空间

证、测评。因此本文主要从设计的角度，围绕社交设计的系统构建及针对现有的汽车开展社交应用研究。

汽车社交在感官和动作通道竞争、驾驶分心、复杂情境与行为、交互对象扩展等多个方面都面临着问题和挑战，良好的交互设计和新型的交互技术也可缓和复杂的人车交互下的认知负荷。例如正确组合界面设计元素、宽而浅的信息层级结构、定量的视觉信息显示、可快速识别的操作行为、避开驾驶主任务所占用的主要视觉注意（Primary visual attention lobe, PVAL）确保驾驶安全等。在交互方式上，增强现实（AR）和语音交互的多通道人机交互设计模式被认为是最佳的驾驶体验。增强现实经常与抬头显示（Head-up display, HUD）进行结合是解决信息可视化的有效手段，通过将屏幕上的虚拟信息与现实世界的信息进行嵌套并投射在前挡风玻璃上，解决驾驶者不能同时观察车内信息和道路环境的矛盾。自然交互技术如语音交互、手势交互、触摸交互通过音频（如警告音）或触觉反馈（振动方向盘或安全带），能提高输入技术，减少物理操作，情境感知推荐系统也可以在正确的时间提供适量的信息，减少驾驶分心，这些技术都在一定程度上保障了驾驶主任务的安全进行。

汽车社会化信息服务系统有四个层次：技术层、信息层、应用层、服务层，如图4-7所示。其中，技术层有车内外网络结点、资源管理、应用层的可视化工具，具体包括网络连接、软硬件兼容、界面显示、语音控制组件等；信息层指的是用户创造的内容和汽车服务中各种类型的信息和内容，包括用户内容、音乐广播、天气路况、地图导航、电话信息等；应用层可以理解为汽车平台的各种应用APP，如App Store、Android市场；汽车社交是服务层的典型代表，能为用户解决实际问题并带来不同的驾驶体验。

如果把汽车看成是一个应用平台，那么服务层就可以分为四个子项：位置类服务、媒体类服务、人际类服务、自己类服务。位置类服务是汽车最为典型的应用，几乎所有的汽车APP都需要有地理位置的标记功能，除此之外还包括车外与车内人际关系的维系，以及各种媒体类的服务和驾驶者自身的个性应用，如图4-8所示。

图4-7 汽车社会化信息服务系统的四个层次

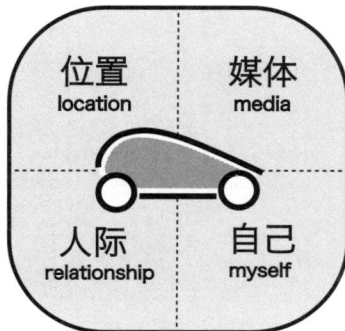

图4-8 汽车社会化信息服务层内容分类

4.3　汽车社交设计案例分析

4.3.1　事件共筑案例分析：奔驰Tweet Race

　　Tweet Race是奔驰汽车公司在美国橄榄球联盟超级碗杯期间，利用Twitter同步举办的网上汽车赛。竞赛组织了四个双人团队，每个团队分配了一名名人教练并负责宣达和加油，最快到达目的地的团队可获得善款支持慈善事业和奔驰汽车。可以看出，Tweet Race依据组织行为学制定目标、结构、技术、参与者，具有明确的目标导向、精心设计的结构、团队协同活动组织。Tweet Race驾驶的奔驰汽车具有特殊的油量（Twitter-fueled cars）指示仪，他们在Twitter上收到关于比赛支持团队的帖子（#MbteamS/GL/E/CL）可转换为1分05秒左右的油量，累积四条可行驶1英里（1.609km），收到的帖子越多就会越快，如图4-9所示。

　　奔驰的Tweet Race可以作为事件共筑的社交设计案例，如图4-10所示。在这个案例中，团队成员协调分工，包括助威加油的粉丝、号召与拉票的名人教练以及海选后可争夺奔驰汽车的驾驶者。团队目标明确，四个团队有个各自帮助的慈善对象，这是利用社交图式中同理心（Empathy）所产生的亲社会行为所获得广泛的用户参与。

　　事件共筑社交图式塔主要通过策略图式、角色图式、情境图式、情感图式和自我图式表征，如图4-11所示。

　　在角色图式中，通过设定团队身份激发集体意识，让用户产生特定行为。在策略图式中，通过团队规则、团队目标、成员之间的分工协作，共同完成事件共筑的活动。在情境图式中，通过邀请用户参与活动、成为团队一员增加身份转变的仪式感，有助于强化团队意识，通过界面设计的活动流和地图位置等多样化的背景信息，增加社会临场感以及人际关系的亲密感。在情感图式中，通过协助慈善对象、参与群体互动获得社会认同，通过实时的视觉显示了解团队的状况，多向沟通，激发完成任务目标的同理心。在自我图式中，通过帮助他人的亲社会行为达到自我实现的内在需求，在团

图4-9　奔驰Tweet Race超级杯
（图片来源：www.mbtweetrace.com）

图4-10　奔驰Tweet Race超级杯界面截图
（图片来源：www.mbtwtterrace.com）

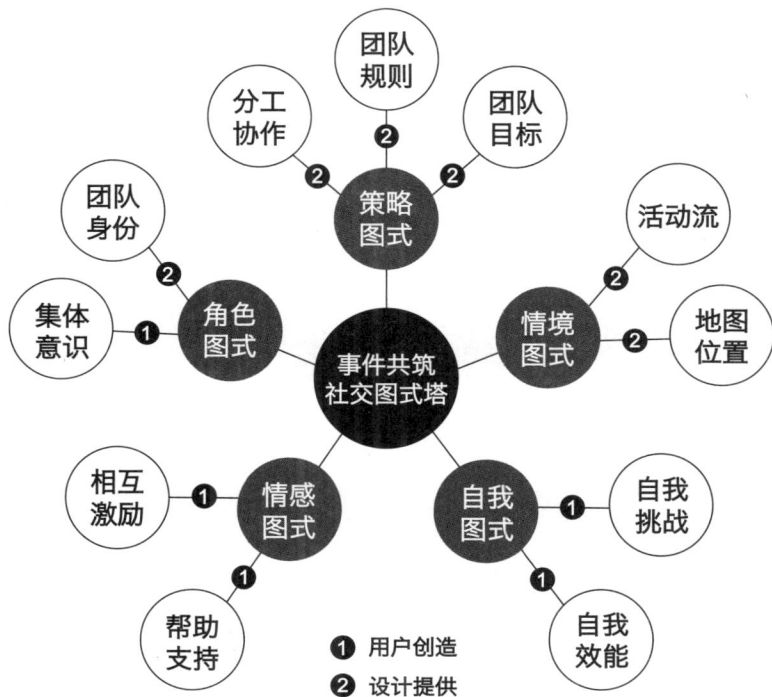

图4-11　Tweet Race的社交图式塔

图4-12　Tweet Race的社交赋能设计分析

队协作中，成员之间相互影响，相互合作，共同实现预期目标，这种信念产生了自我效能和自我挑战的心理。这些社交图式塔作为在群体协助活动中的认知结构构成了完整的事件共筑社交设计。

　　根据前文对于事件共筑社交图式塔，得到社交赋能设计模型的分析，对应到奔驰Tweet Race信息技架构、交互设计、界面设计上，如图4-12所示。

　　在信息架构上，可分为团队层面、对手层面、规则层面三个基本层面，团队层面又分为个人和群体的子集层面，包括成员的加入、投票的累积、粉丝的拉票发帖、路线位置的提示、团队内部成员的交流联系；在对手层面上，提示对手的发帖点数、行驶的位置；在规则层面上，需要制定帖子对应的行驶里程、团队参与的人数和分工、赛制与奖品、团队慈善的目标、线上线下的活动组织。在交互设计上，通过简单的比赛流程和游戏机制让用户易用、想用，实时的视觉反馈不仅提高了群体间的感知性和活动的响应性，而且增加了团队成员对于共同的任务工具的控制感。通过吸引用户成为团队一员面对共同的命运，激发个人力量进而有助于团队目标的实现。在界面设计上，利用电子投票、路线地图展现团队共同合作的实时进程，通过电子公告牌展现团队成员即时交流，增进信任，通过团队身份形象和团队组别的设定，增进成员之间的群体依赖性，力图为用户带来集体荣誉感和成就感的社交体验。

4.3.2 位置共享案例分析：谷歌Waze

Waze是谷歌公司旗下的一款基于位置的汽车社交导航应用，如图4-13所示。它利用移动设备的GPS来获取当前路面交通信息，通过众包的形式，让用户参与上报实时交通路况信息，从而形成及时准确的行车路线，再推送到其他Waze客户端。Waze注册会员可进行地图编辑和添加道路细节信息，如新修道路、超速监视区、事故易发地段的上传等。

Waze可以作为位置共享社交设计的案例，如图4-14所示。在这个案例中，为了

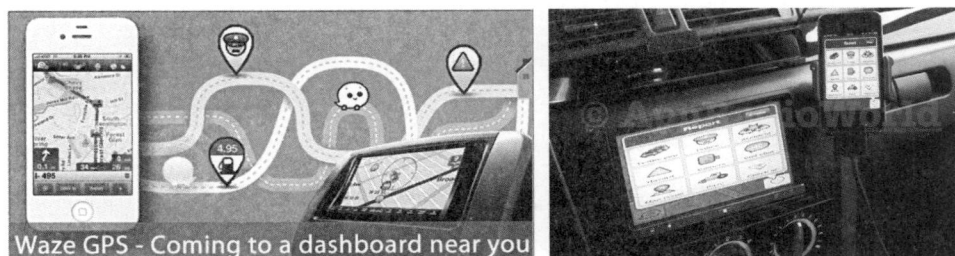

图4-13 Waze汽车社交导航应用
（图片来源：www.waze.com）

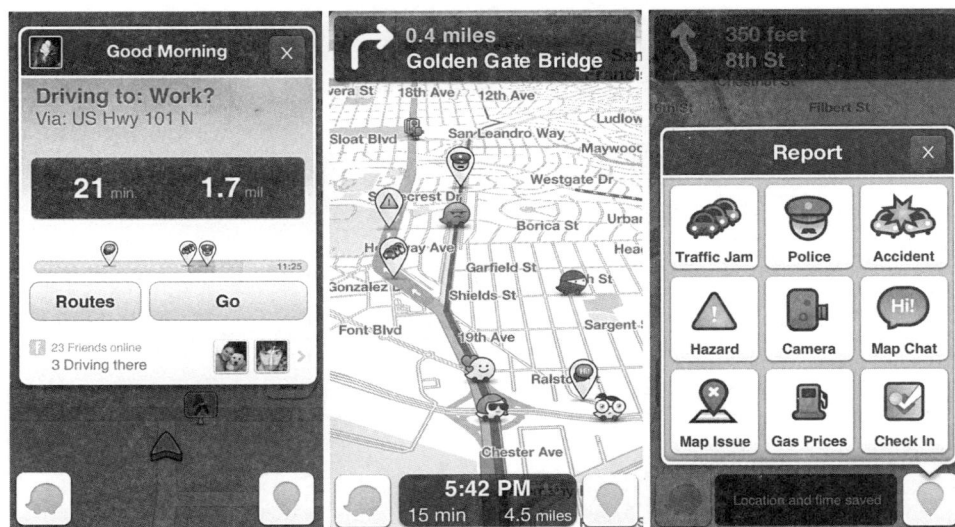

图4-14 Waze应用截屏
（图片来源：www.waze.com）

鼓励用户共享，Waze利用信息交换的方式：用户打开程序即可获得路况信息又参与到路况分享之中，同时通过奖品和积分吸引用户到新路段分享，以充实Waze地图信息。位置感（在哪）和空间感（去哪）是导航类产品中影响用户体验的两个重要元素，而如何有效创造近景、陌生人和附近车辆的情境社交机会是位置类产品的设计核心。

位置共享社交图式塔主要通过策略图式、角色图式、情境图式、情感图式和自我图式表征，如图4-15所示。

在角色图式中，通过个性化的身份形象来激发用户产生积极的行为，而用户多元的角色扮演可以激发用户间的社交互动。在策略图式中，众包参与共享是双向的交互行为，这种交互行为中的要素包括共享对象、共享方式和共享活动。共享对象的信息提示、图标化的控制，利他互惠、外部奖励的交换合作参与方式，共享活动中成员之间的信息交流以及通过用户的地图编辑行为、自发地将自己的位置和路况数据共享、GPS定位测速聚集起来形成整体的路线推荐，这样的策略图式中可以为用户带来成就感和自豪感。在情境图式中，通过附近用户的提示、即时的交流互动、抒发或回应当下的心情和感受，有助于形成邻里感和人际关系的亲密感，缩小社会距离，通过界面设计的角色图标、位置行程提示等信息，增加社会临场感和人际吸引。在情感图式中，通过合作互动并共享信息，获得社会认同和群体所有感，通过实时的视觉显示了解附近的位置服务，促使主动参与的同理心。在自我图式中，通过参与分享信息的亲社会行为，并由此获得声誉和积分，展现了自我效能和自我激励的行为，个性化的角色形

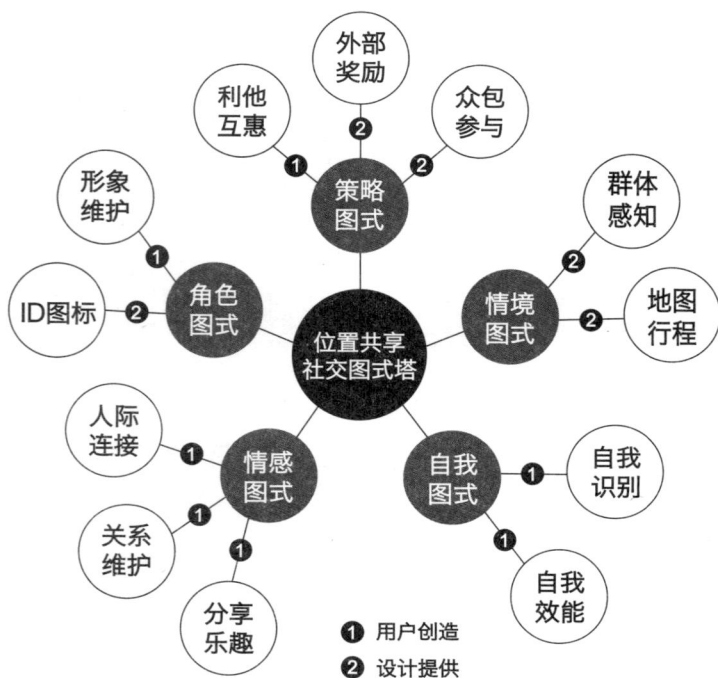

图4-15　Waze的社交图式塔

象塑造是自我识别、自主行为的表现。这些社交图式塔作为在群体参与分享活动中的认知结构构成了完整的位置共享社交体验。

　　根据前文对于位置共享社交图式塔，得到社交赋能设计模型的分析，对应到Waze信息架构、交互设计、界面设计上，如图4-16所示。

　　在信息架构上，Waze可分为个人层面、位置层面、内容层面三个基本层面。个人层面利用共享表征理论展现用户位置、时间、事件、目的地和身份ID，创建基于当前位置的共享内容，展现具有时效性共享信息；在位置层面上，通过在地图上显示周边用户的身份图标增加了群体感知性，激发用户的共享行为；在内容层面上，通过提供道路信息获得奖品积分、角色图标、社区与社交圈的关联、地图信息的编辑与更新、基于位置的线上线下活动，形成了完整的位置共享活动。在交互设计上，图标化操作方式提高了驾驶过程中执行快捷操作的可能性；Waze利用交通信息更新来增强位置服务的功能，同时通过社区和集体智慧进行地图编辑、添加道路细节信息、上报道路事件、规划和调整路线等，并按照用户心智模型预设了交互信息的选择，共享信息可关联到社交网络进行位置、目的地分享，使之具有灵活性和可控性；Waze多通道的社交

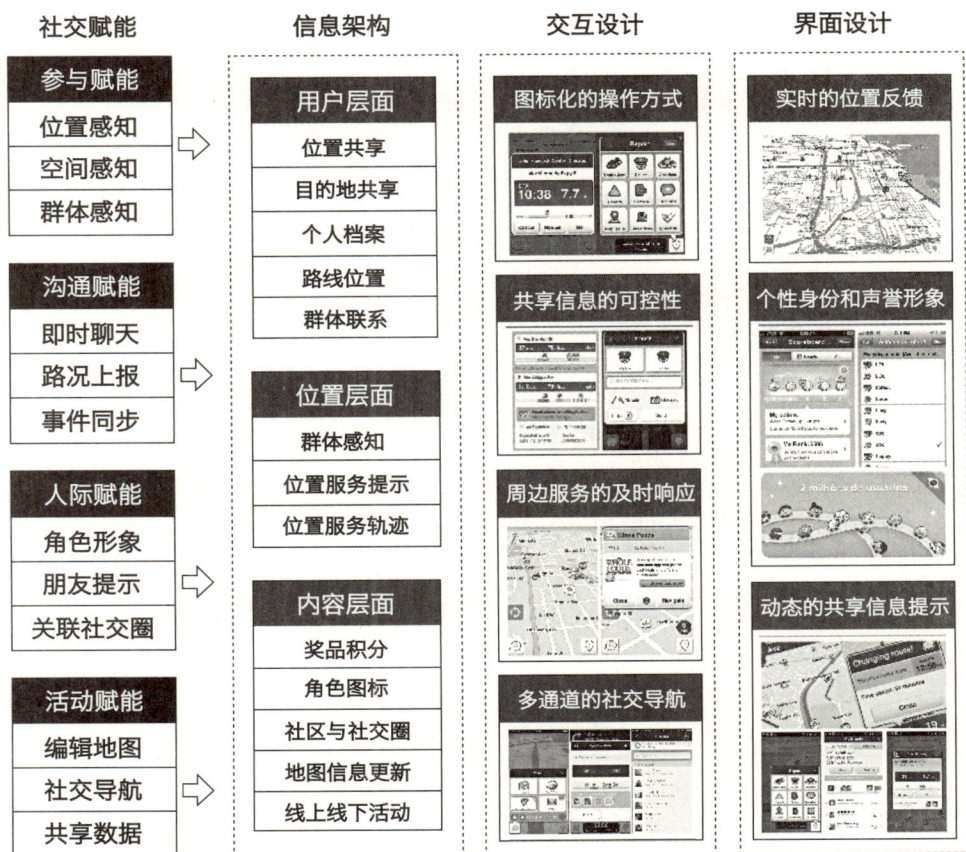

图4-16　Waze的社交赋能设计分析

导航使用户利用视觉和听觉两种感觉通道来同时执行交互任务，以语音的方式提示道路信息，以视觉信息的方式进行社交活动，减少了驾驶的分心和用户的可控性；此外，Waze还提供了与本地车友群互享通勤信息，提高出行的效率。在界面设计上，Waze清晰的配色帮助用户明确自己的位置和目的地路线，车与车之间的互动，动态的群体联系，共享信息的累积变化，周边位置服务的提醒，强化了社交属性和位置服务；造型圆润饱满、颜色饱和的"人脸化"角色图标以视觉交流的方式展现个性的身份和声誉形象，提高了群体存在感。

4.3.3　关系共情案例分析：大众SmileDrive

SmileDrive是大众汽车公司和谷歌合作推出的一款基于汽车社交出行旅途应用，如图4-17所示。大众汽车认为"重要的不是你开了多远，而是开车所伴随的故事"。SmileDrive利用手机和社交网络展开互动，引入大众甲壳虫全盛时期曾经风靡过一个叫打虫子（Punch Dub）的游戏化元素，SmileDrive通过蓝牙系统将手机与汽车进行匹配，自动生成天气情况、行车里程、开车时间等SmileCast行车和旅途记录，SmileScore可以对旅途信息数据进行分析得分。

SmileDrive可以作为关系共情社交设计的案例，如图4-18所示。在这个案例中，SmileDrive为了保证专心驾驶，当汽车发动时应用便无法再操作，当汽车关闭发动机，它就会根据后台收集的每段驾驶的停车的位置、距离、时间以及天气状况、系安全带、深夜驾驶获得微笑积分，通过奖励勋章鼓励良好的驾驶行为，遇到同样在使用SmileDrive的汽车进行"拳击"。

关系共情社交图式塔主要通过策略图式、角色图式、情境图式、情感图式和自我图式表征，如图4-19所示。

在角色图式中，通过用户好友旅途陪伴、图片分享、评论、赞美满足用户对成就和能力的期许。在策略图式中，通过行车的活动流、具有情节故事的图片、共享对象的背景信息、与乘客和在线好友共同记录旅途内容，引发用户共享行为，达到话题互动和情感交流的目的。在情境图式中，通过车与车的社交感应、Google+社交圈及车内乘客的旅途分享、地图数据焦点模式下丰富的行车记录信息感知，无缝地将自己的照片和状态更新到相同的SmileCast中，增加用户的社会临场感和人际吸引。在情感图式中，通过邀请Google+的好友或亲人作为在线乘客，让他们共同参与跟进整个旅行，并通过在朋友圈中分享SmileCast的动态旅行见闻、旅途照片、旅行路线、个人心情、情感话语，创造出线上线下一起旅行体验，形成基于移动生活和位置游戏的社交互动，从而获得群体归属感。在自我图式中，SmileDrive抓住了用户的竞争求胜的心理和自我提升的期许，通过文明驾驶赢得微笑得分（SmileScore）和给予贴纸

图4-17　大众SmileDrive汽车社交应用
（图片来源：www.smiledrive.vw.com）

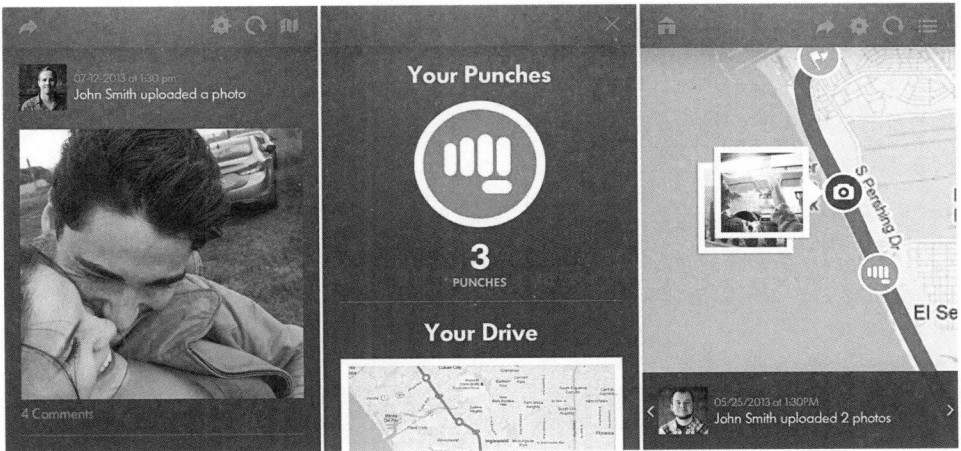

图4-18　SmileDrive应用截屏
（图片来源：www.smiledrive.vw.com）

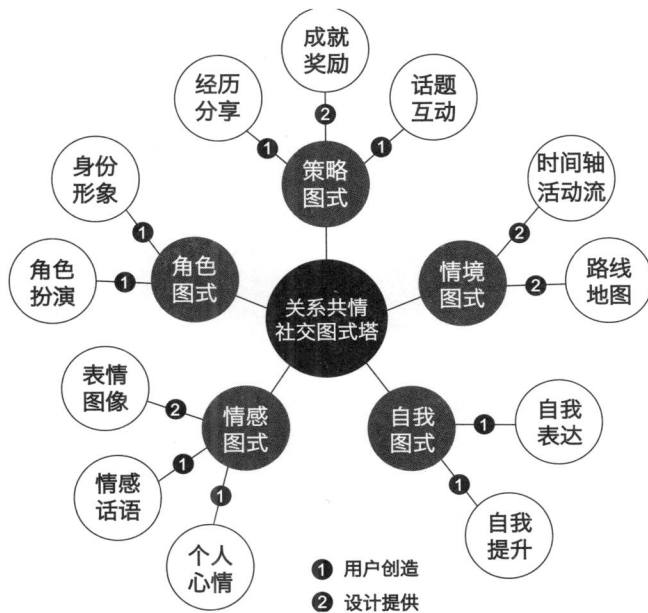

图4-19　SmileDrive的社交图式塔

（Sticker）奖励安全驾驶获得声誉和积分。这些社交图式塔作为在群体参与分享活动中的认知结构，构成了完整的关系共情社交体验。

根据前文对于位置共享社交图式塔，得到社交赋能设计模型的分析，对应到SmileDrive信息架构、交互设计、界面设计，如图4-20所示。

在信息构架上，SmileDrive可分为驾驶层面、社交层面、内容层面三个基本层面。在驾驶层面上，SmileDrive将位置、距离、天气等背景性信息与社会化功能相关联，用户可以给公路旅行、驾驶过程做具备丰富元素的签到及轨迹记录；在社交层面上引入好友圈子强化人际吸引，利用旅途叙事性的照片流引发情感图式，缩短用户间的心理距离；在内容层面上，通过得分、游记、奖励将线上的活动与线下的人际相互连接，强化了社交关系的连接。在交互设计中，蓝牙匹配无需再激活交互操作，降低用户认知开销；车与车的交互互动引入了视觉和听觉的多模态游戏化元素，Google+分享形成了驾驶者与乘客的共创体验社交互动，这种互动是向共同的共享对象协同交换信息，增加了群体的所有感。在界面设计上，SmileDrive运用清晰精美的成就勋章、明亮饱和的颜色，凸显亲密的情感因素，在保持界面简洁的同时增加了信息的识别性和趣味

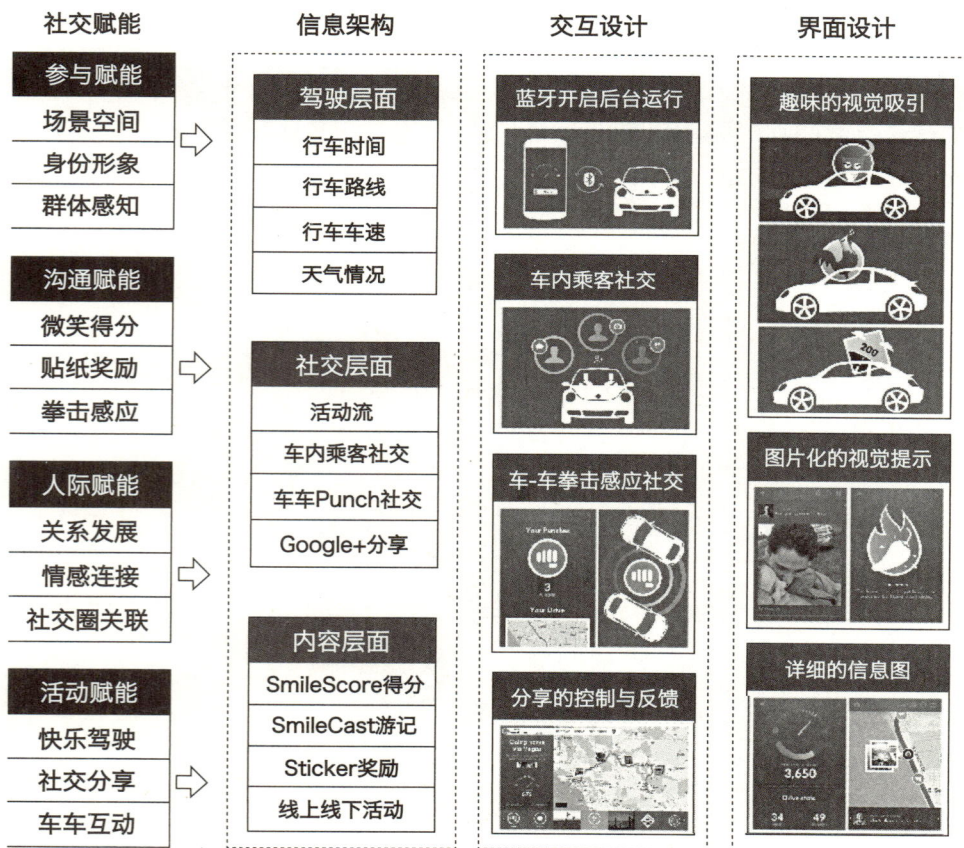

图4-20　SmileDrive的社交赋能设计分析

性；巧妙地使用图片化的视觉信息提示，驾驶者可以快速识别视觉线索并清晰地与其他内容区别开来，提高用户执行特定操作的效率，行车旅途的得分、游记和奖励以地图和基于滑动操作的图片选项卡的形式进行展示，更易于浏览。

4.4 共生交互的汽车社交设计策略

4.4.1 汽车社交共生体验映射关系框架

根据前文对于三个汽车社交典型案例社交赋能和社交图式的分析，本节将社交赋能总结出的参与赋能、人际赋能、沟通赋能、活动赋能设计要素延伸至心理体验，并得到情境体验、互动体验、叙事体验、符号体验四个体验映射关系，这些体验因素与人、事件、行为、信息、动机情感、时间空间组合成社交的关系场，随着位置、事件、关系的群体组织模式有所偏重，具体如图4-21所示。

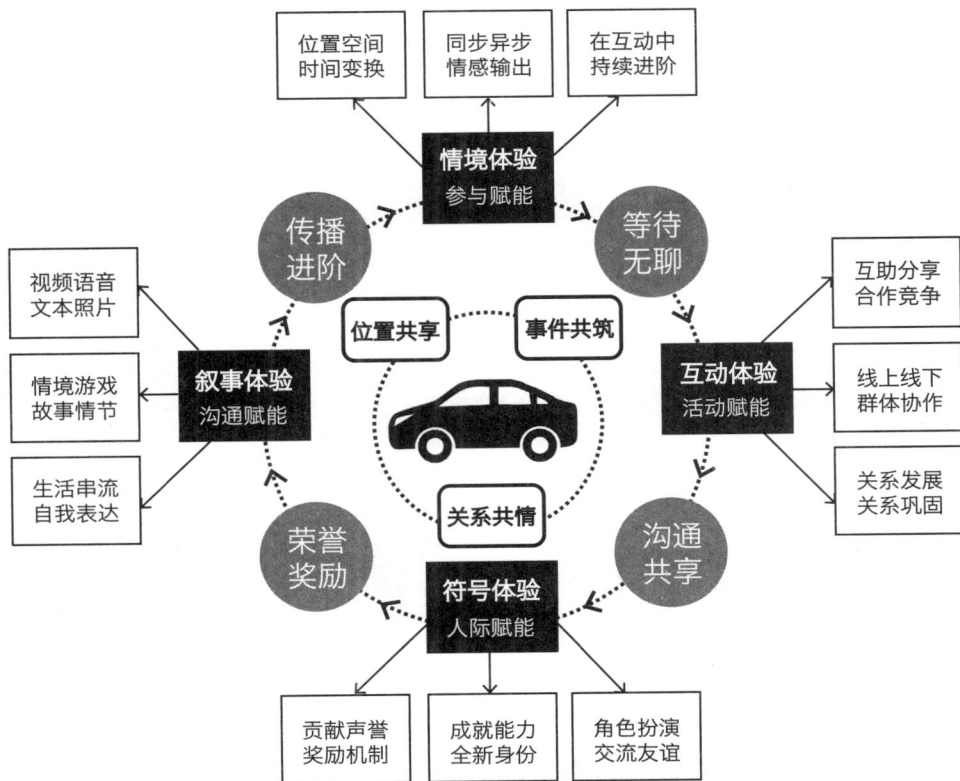

图4-21 汽车社交共生体验映射关系框架

（1）**情境体验**：封闭、移动、独立的复合驾驶情境涌现出心理和情感的需求，这是汽车社交体验的来源，也是诱发社交动机的环境变量。在汽车越来越智能的年代，保证用户行车安全之后，可利用停车和堵车间隙等不同的位置、空间和时间，展开同步或异步汽车社交活动，同时在互动活动中持续进阶，保持交互行为的连续性。

（2）**互动体验**：在社交活动中，用户的个人活动转变为群体、社区之间的协作、共享、协助、共创活动，用户与他人合作或者在某件事情中与他人竞争、沟通，巩固与发展人际关系，并扩展到更广泛的线上线下的社会性交互，提供人际连接、情感连接、信息追踪的社会行动的支持。

（3）**符号体验**：象征性积分、成就、声誉、角色身份是跟随社交互动的过程不断循环发展，符号元素的意义系统和激励因素与社交动机、信心能力、地位自尊、交流友谊、自我效能、心理情感产生关联，通过强化角色扮演、身份识别的符号体验。

（4）**叙事体验**：生活串流、时间轴、状态更新、自我表达、图片故事情节等聚合成叙事化的社交内容，具有情感连带的信息以及持续的交流能形成某种心理能量，并映射出与之建立起关系和情感的体验。

4.4.2　共生交互的汽车社交设计整合模型

为了进一步理解特定社交设计因素与特定社交行为之间的关系，本文针对位置共享、事件共筑、关系共情三个共生交互的汽车社交设计类型，提出信息架构、交互设计、界面设计相关设计模型，如图4-22所示。

位置共享、事件共筑、关系共情三种共生交互的汽车社交设计类型并不是孤立的，在具体的社交产品案例中，它们经常是彼此支持、共同作用的。汽车社交应隶属于移动社交设计，位置是汽车社交开展的基础。位置共享为用户提供社交的环境和地理信息背景；关系共情属于人际社交，特别是强关系、弱关系社交，关系是信息流的向度；事件共筑是将共同的社交对象作为用户的连接，它既可以是基于位置的事件共筑，也可以是基于关系的事件共筑，或者完全是社会范围内的事件共筑。共享活动是共筑活动和共情活动的首要条件，首先将自己的信息进行开放性的分享，从而在共筑活动时获得更全面的信息，在共情活动时关联到与自身关系密切的信息。用户渴望与附近群体位置关联并共享信息，进而触发了用户参与并创造的事件共筑社交行为，而在事件或位置社交时，又可沉淀出共同的感情，从而促进关系共情社交行为。

（1）**位置共享**：基于社会临场感、社交交换和社会连接的心理体验，通过在社交网络中嵌入用户位置信息，促成用户线上线下开放性的位置服务。位置感（在哪）和空间感（去哪）是位置共享两个重要元素，而如何有效创造位置情境社交机会是位置社交产品的设计核心。位置信息分为三种类型：具有地理标记的社交媒体生成的历史

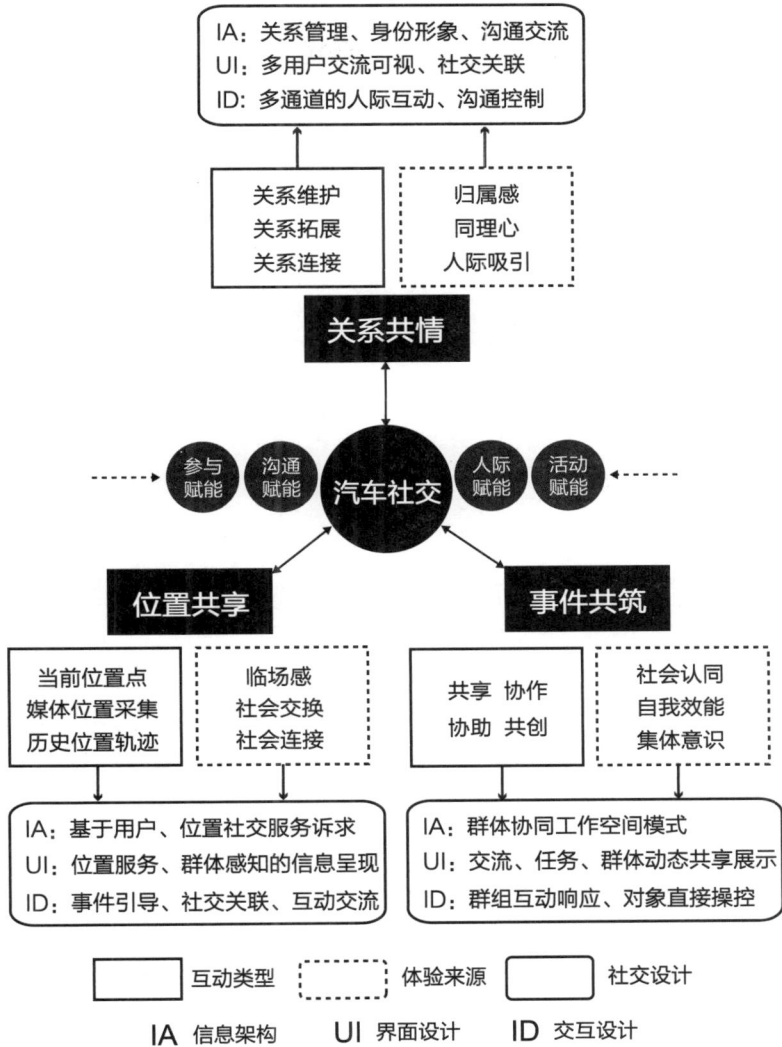

图4-22　共生交互的汽车社交设计整合模型

位置信息、当前位置点关联的多用户位置信息、历史行动轨迹关联的多用户位置间的信息。信息架构设计可分为基于用户的应用和基于位置的应用；界面设计着眼于位置情境下事件引导、周围群体和服务的信息呈现；交互设计提供位置群体的互动交流、事件引导、社交关联和周边服务的控制。位置共享通过身份形象和成就声誉来激发用户的角色图式，通过个性图标、位置提示等群体在线信息激发情境图式，通过参与分享信息获得声誉和积分展现了自我图式。

（2）事件共筑：基于自我效能、集体意识、社会认同的心理体验，以活动或任务引导用户共享、协作、协助、共创活动。共享将自己的东西分享给他人，共创是共同创造新的东西，协作是基于共同的目标进行合作，协助是自发性的帮助他人的亲社会行为。集体组织模型和群体协同工作空间界面模式是事件共筑社交设计的关键。信息架构是依据群体协同工作空间模式，将成员、对象、协作活动、任务管理等组织因素连接起来；界面设计提供一个全貌图，显示活动进程和群体交流信息；交互设计支持群体间的对话，支持对任务的直接操作管理和实时消息提醒，并对不同层次的用户提供完成目标的多种可能途径和结果，设置投票、奖励等互动引导成员共同完成任务。事件共筑是通过团队身份和集体意识来激发用户角色图式，通过参与团队协作，共同实现目标，激发用户策略图式，产生了自我效能的自我图式和获得社会认同的情感图式。

（3）**关系共情**：依据群体归属感、同理心、人际吸引的心理体验，针对拥有共同情感、彼此认同、信任的人际社交互动，关系共情围绕关系维护、关系拓展、关系连接三个层面所展开的相关的社交设计，包括强关系熟人社交、弱关系社区社交或在某些特殊社会连接下的临时关系社会社交。关系共情是以人际为中心，群体感知、群体可达和社会临场感是设计的关键。对于汽车社交而言，社交信息更多来自临时连接，它是汽车社交服务的一个创新机会点。信息架构包括关系的管理、身份形象、沟通交流三个部分；界面设计着眼于展现群体感知、群体互动的多向信息聚合显示，通过视觉吸引、个性身份象征、自我表达建立亲密感，激发情感图式和角色图式；交互设计提供面向不同交流对象的沟通控制，多通道的人际互动方式和多种社会化分享的社交关联。

本章论点小结

汽车作为新的媒介平台，使得社交互动表现出独特的形态。汽车社交既继承了社交网络的人际吸引、团队协作、助人善举、角色扮演，同时又传达出交通工具所带来的复合驾驶情境下的情绪输出，呈现出片段化、私密性、游戏性、叙事性、安全性的特点。利用现有的数字信息和交互技术为汽车进行社会化信息服务设计是值得探索的课题，也是社交网络的社会化交互设计在汽车领域的具体运用。具体总结如下。

（1）汽车社交以社会化网络、地理位置信息为载体形成基于关系链与信息流、时间流和空间场的独特的社会组织结构，是汽车用户在情境趋同情况下形成的人际互动和周边服务，包括具有地理标记的手机、车对车交流技术、汽车传感器、社交网络使汽车拥有实时的信息接收和社会化信息服务的功能。这种信息系统可分为技术层、信息层、应用层、服务层四个层面，而服务层又可分为位置类、媒体类、人际类、自己类。

（2）社交网络已经成为连接不同服务与产品的中介，用户使用产品并能通过社交网络将信息进行传播和分享，产生体验性的内容，形成了产品与社交、应用与服务的商业模式。随着各种嵌入移动互联网的智能产品使人类的出行成为地理标签，城市信息感知和社交网络将人与人、车与车、车与城市交叉关联，获得人际互动、行车轨迹、周边服务、城市动态的数字信息，这些信息可用于生活、交通、环境的可持续发展，形成情境化的社交模式和信息服务。

（3）为了进一步理解特定汽车社交设计因素与特定社交行为之间的关系，本章选取谷歌Waze位置共享、奔驰Tweet Race事件共筑、大众SmileDrive关系共情三个典型的汽车社交产品进行案例研究，进一步探究汽车社交中社交图式所支持的参与赋能、沟通赋能、人际赋能、活动赋能设计方法和规律，提出信息架构、交互设计、界面设计相关设计策略。此研究结果将有助于汽车社交产品在用户群体、使用认知、互动行为支持等方面的应用研究。

（4）本文将社交赋能设计总结出四个赋能，即：参与赋能、人际赋能、沟通赋能、活动赋能，设计要素延伸至汽车社交，得到情境体验、互动体验、叙事体验、符号体验四个体验映射关系，这些设计点与人、事件、行为互动、信息交互、动机情感、时间空间组合成社交的关系场，随着位置、事件、关系的群体组织模型有所偏重。

第 5 章

汽车社交设计与实践

5.1 概述

《线车宣言》一书将互联网比喻成"古代希腊广场",一个人们聚集在一起讲故事、交易、往来的社会场所。社交网络中,用户参与和协作使之成为人、服务、环境、媒介关联在一起的社会连接器。汽车作为交通工具,需要在安全驾驶和安全乘坐的同时实现各种信息交互服务,这些信息服务可围绕驾驶的导航、路况等,或是围绕体验的社交、娱乐等。汽车社交运用群体智慧、社交网络、城市信息、电子商务进行社会化信息互动与整合服务创新,形成了基于本地位置的人与人的社群服务、基于周边的车与车的信息服务、基于车与社会的城市生活服务三种汽车社交服务形式,拓展了社会创新的产品服务。随着汽车互联、大数据、自动驾驶关键技术节点被打通,汽车社交将更替现有的交互技术,届时汽车又将再次成为"定义时代的机器"。

本章根据第三章和第四章的研究基础,结合两个设计项目——"汽车用户界面设计知识系统"和基于社交网络的"乐驾"电动汽车社交设计实践,对上述研究结论进行运用和验证。"汽车用户界面设计知识系统"是运用群体文化学和人类学定性的研究方法,以用户情境作为中介实现设计知识的快速提取、表征和重用,进而帮助和支持设计师理解驾驶环境下用户对于社交信息和界面设计的相关需求,构成连贯的知识转化架构。"乐驾"电动汽车社交设计是根据车与人、车与车、人与人构成的位置、事件、关系群体模式,利用社交网络的用户参与分享的理念,探索汽车社会化的信息服务。

5.2 辅助与工具:汽车用户界面设计知识系统

现代设计是基于知识的设计,汽车用户知识的获取、管理、应用是汽车社交设计的基础性研究课题。肯·华莱士(Ken Wallace)指出,设计本质上就是一个知识获取、存储和使用的过程①。此外，知识是在一定的情境下产生的，情境赋予知识的关系和意义，是知识共享、识别、重用的基础②。汽车用户界面设计知识系统（Transportation user interface，TUI）以汽车用户生活形态、现场驾驶情境的实地调研为样本，创建复杂和多层次的车内用户情境行为分析框架，构建了连贯的用户知识——设计知识循环，拓展了设计知识获取的途径，产生了新一代汽车用户界面和服务设计案例，为汽车社交设计提供概念生成的工具支持。TUI是中国第一个针对汽车用户和用户界面所展开的系统性设计研究，研究团队包括交互设计师、平面设计师、产品设计师、社会学家、机械工程师、软件工程师。至2014年年底，TUI已对301名中国驾驶员的驾驶行为和生活形态展开深入研究，累积存储了6471个设计要素、79个设计情境、1284个设计命题和21个设计概念。

5.2.1 用户研究：生活形态和驾驶行为的人类学研究

人类学（Ethnography）是描述某个社会群体和阶层文化的学科，主要通过实地调查（Field study）和案例研究（Case report）来观察群体并总结群体行为和生活方式③。参与式设计（User participatory design）源于20世纪七八十年代北欧民主化运动，美国企业将其发展成一种实用的设计方法。现有的研究表明用户参与式设计能准确完整地定义需求④、优化用户界面⑤、实现对用户的承诺⑥，它被看作是相对于传统的以产品为中心的设计方法的一种创新。参与式设计一般步骤包括：调研任务分解、用户参与设计、用户数据分析、用户知识识别、快速原型、用户评估。此外，用户参与有三种不同的方式⑦：用户提供建议（As advisers），设计师评估捕获用户需求；用

① Ken Wallace. Capturing Storing and Retrieving Design Knowledge in a Distributed Environment[A]. Proceedings of the 9th International Conference on Computer Supported Cooperative Work in Design[C]. US: IEEE Press, 2005: 10.

② Nonaka I, Reinmoeller P.Dynamic Business System for Knowledge Creation and Utilization[A]. Knowledge Horizons: The Present and the Promise of Knowledge Management[C]. USA, Bulterworth—Helnemann, 2000: 89–112.

③ Christina W. Ethnography in the Field of Design[J]. Human Organization, 2000, 59（4）: 377–388.

④ Maiden N, Rugg G. Selecting methods for requirements acquisition[J], Software Engineering Journal, 11（3）, 1996: 183–192.

⑤ Smith A, Dunckley L. Prototype evaluation and redesign: Structuring the design space through contextual techniques[J]. Interacting with Computers, 2002, 14（6）: 821 - 843.

⑥ Markus M. Participation in development and implementation[J], Journal of the Association for Information Systems, 5（11）, 2004: 514–544.

⑦ Karlsson F, Holgersson J . Exploring user participation approaches in public e-service development[J]. Government Information Quarterly, 2012, 29: 158–168.

户作为代表（As representatives）与设计师进行共同决策；所有参与用户达成共识
（Make consensus）形成决策。

我们采用人类学定性研究方法和参与式设计方法，考查用户在真实驾驶情境下用
户的操作方式和驾驶行为，在实验室情境下调研用户对产品的功能及可用性相关问题，
在用户日常生活情境下理解用户生活形态。研究方法及主要步骤如图5-1所示。

1. 生活形态问卷

生活形态分析采用生活形态问卷和实地调研的两种方法。通过生活形态问卷调查
收集用户的基本信息。具体包括：地域属性（地区、气候、经济条件、交通情况），人
口统计学信息（年龄、学历、性别、收入、工作、职位），社会文化心理信息（爱好、

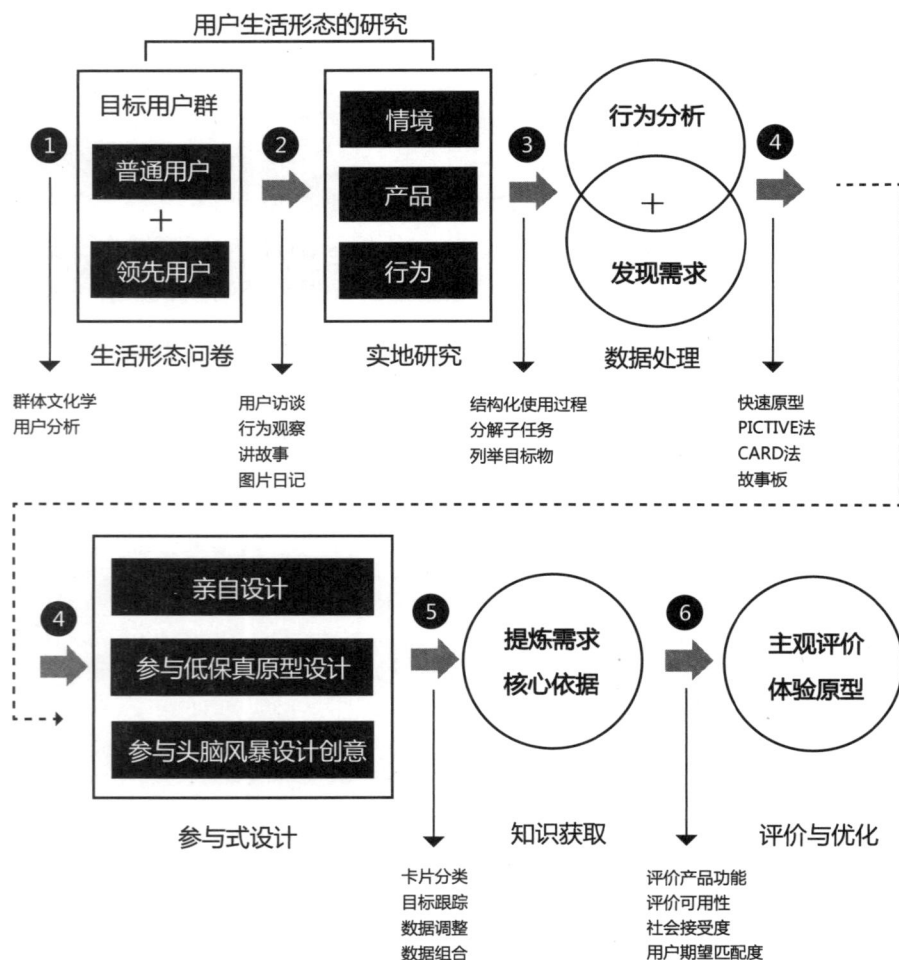

图5-1 研究方法与流程图

社会阶层、网络特征），汽车相关经验（汽车品牌、驾龄、车型、车的综合分级、互联网使用偏好），汽车用户界面相关的网络属性与行为特征等共100道问题，分为主观评价和客观描述两种回答方式。我们将用户分为领先用户（Leader User）和普通用户（Normal User）[①]。领先用户和未来用户行为类似，可建立先导需求，创造全新产品。此外，我们选择了五年以上的驾驶经验、汽车设计行业和人机交互领域的领先用户。普通用户具有一定的产品经验，但缺乏系统的专业知识，可改进现有产品，需要帮助用户描述使用经验或生活经历，以此来挖掘使用过程中用户与产品的关系、用户参与涉及用户身份和知识经验。

2. 实地研究

　　实地研究是在车内驾驶中观察用户一天的行为（One day story）和目标物操作。根据非结构化的情境观察计划，主试、设计师、观察人员携带摄影机随车1h跟拍（Camera-tracing），如图5-2所示。研究意图在于观察用户在车内的操作行为、互动环境，完成任务的对象及效果，通过相机捕捉到用户汽车内饰的关键组件和重要的交互行为画面。主试坐在汽车副驾驶位，获取用户的主要

图5-2　实地研究与用户照片日志

信息；设计师与观察人员在后排，观察界面系统的回馈、任务序列与交互动作的输入、非语言维度的动作，如视线、头手的位置、身体的姿势。主试围绕车内操作行为，以日常生活情境沟通开始，通过用户自我描述渐入驾驶情境，详细记录任务序列以便在后阶段进行深度挖掘。

3. 参与式设计

　　设计师和研究人员回顾了实地调研的图片、视频、文本，并根据情境描述和用户需求得到相关的设计因素，展开参与式设计与用户访谈，通过故事板和纸上原型、模型、视频等来表达他们的想法和概念。用户访谈中，用户有较大的弹性来表达观点，主试询问用户并要求用户解释复述关键设计要点，并引导用户作深层的需求挖掘。用户参与或独立设计出不同层次的原型概念，包括纸质的、框架的、低保真的交互产品，

---

① ［美］艾伦·库伯，罗伯特·瑞宁，大伟·克洛林. About face 3：交互设计精髓[M]. 北京：电子工业出版社，2012：26-30.

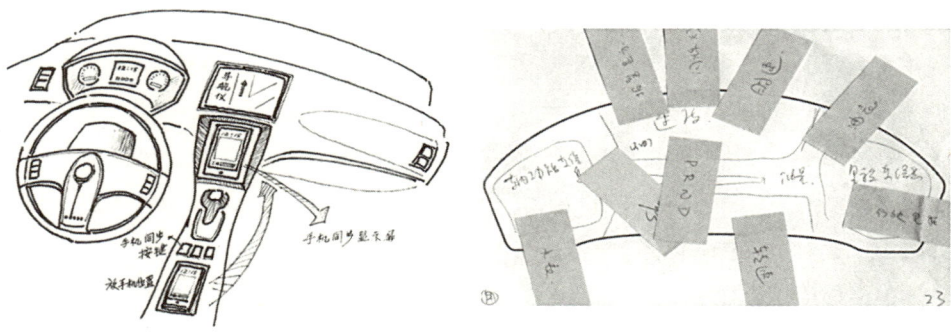

图5-3 用户确定手机信息与汽车共享的方式和位置

以便获取用户实时反馈和建议，用于后期数据分析。针对用户在设计过程中提出新的产品功能和组件等重要设计线索，便邀请用户参与设计，使用仪表盘、中控等界面草图创建低保真的早期原型，或通过用户描述，设计师现场转化为快速原型，如图5-3所示。另一组人员在单反玻璃后面进行间接观察，通过现场访问转播的影像同步记录，并在访问结束后进行补充提问。这个阶段的记录、草图、视频为下一阶段数据分析做基础。

4. 数据提炼与分析

我们将不同格式的视频、文字、图片数据进行编号，总结创建更加简明的数据片段，分成六大关联群组：新交互、新功能、移动设备管理、界面显示、辅助驾驶、信息服务。每组目标物关联群包含大量相关的用户数据单元，通过卡片分类（Card Sorting）进行实体化和可视化的关联处理，对相似、相关的数据单元并置归类，对冗长数据单元进行提炼，如图5-4所示。

图5-4 数据单元归类与提炼

借助NIST[①]开发的一套产品知识信息模型：产品（Artifact）、功能（Function）、

---

① Fenves, S. A Core Product Model for Representing Design Information[S]. NISTIR 6736, National Institute of Standards and Technology, Gaithersburg MD, 2001.

形态（Forms）、行为（Behaviors）和流程（Flows），对每个关联群组的数据单元进行定性数据编码，见表5-1。

知识获取的定性编码表格 表5-1

产品	功能	形态	行为	流程	设计因素
移动设备连接	短信可以直接显示在仪表盘中间的屏幕上	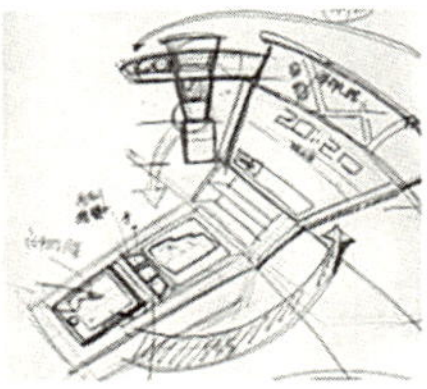	U1刘潇mov004 00:13:05分"身上带的移动设备，车内都可以在仪表盘看到，不用去翻包包，……我手机需要滑动屏幕才能看到短信，很不安全，短信可以直接显示在仪表盘中间的屏幕上，不是重要的信息看看就可以，重要的事件可以停车打电话"	信息提示 ↓ 方向盘按钮接收 ↓ 文本：中控屏幕显示 语音：播放	No.04-08连接的位置最好放于手扶处或者车内中控最下方的位置连接采用蓝牙手动的形式
	主屏跟手机有画面的同步，分辨率是相似的，通过蓝牙用手动的形式显示	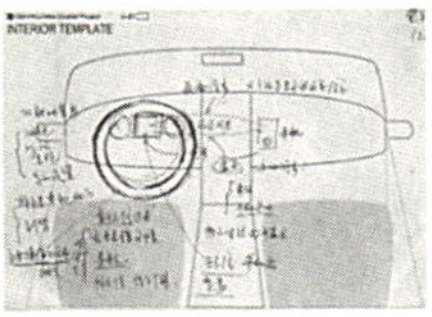	U8戴路mov007 00:07:21分"希望在方向盘上操作手机，希望主屏跟手机有画面的同步，分辨率是相似的，通过蓝牙用手动的形式进行同步，自动同步不好"	蓝牙手动同步 ↓ 方向盘操作 ↓ 主屏显示，分辨率相同	

5. 概念设计与评价

定性的数据的可视化能将用户知识转化为设计概念。在对用户知识进行定性编码时，重要的设计因素需要进一步进行数据沉淀，我们通过追溯用户原话上下文，使用任务走查法逐层分解、分析用户情境信息，以此来识别用户需求，提炼出设计要点。设计评估是在其设计概念被选择开发时所使用的步骤。结合需求分析和情境测试，用户与设计师对不同的原型产品进行可用性和接受度等方面的综合评估，从而帮助概念设计的迭代，修正设计细节，得到产品完整的设计描述，从而制作高保真原型，创建汽车用户界面中新的行为结构功能组。每个阶段的工作流输入、用户产出物、用户参与度如下，如图5-5所示。

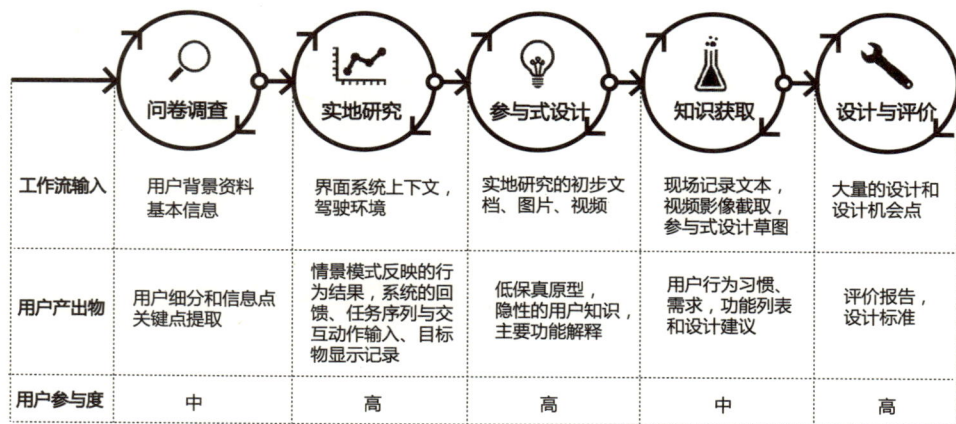

图5-5　每个阶段的工作流输入、用户产出物、用户参与度

	问卷调查	实地研究	参与式设计	知识获取	设计与评价
工作流输入	用户背景资料基本信息	界面系统上下文，驾驶环境	实地研究的初步文档、图片、视频	现场记录文本，视频影像截取，参与式设计草图	大量的设计和设计机会点
用户产出物	用户细分和信息点关键点提取	情景模式反映的行为结果，系统的回馈、任务序列与交互动作输入、目标物显示记录	低保真原型，隐性的用户知识，主要功能解释	用户行为习惯、需求，功能列表和设计建议	评价报告，设计标准
用户参与度	中	高	高	中	高

5.2.2　情境知识：汽车社交交互情境分类

情境（Scenarios）是关于人及其活动的故事，包括操作者（Actor）、操作环境（Setting）、操作目的（Goals）和行为活动（Action）[1]，是人在一定环境和条件下进行某种活动的相关因素和信息的综合[2]。情境除了包含用户主观心理构成的行为，还包括客观环境导致的行为。施密特（Schmidt）等人认为，情境描述了设备和用户所处的一个场景和环境，每个情境都有一系列相关功能，而每个功能的取值范围由情境隐性或显性来决定[3]。梅罗维茨（Meymwitz）提出媒介情境论，并将其拓展为信息系统，他认为人们交往的性质决定了信息流动的模式，新媒介会构筑新情境从而引发新行为[4]。情境是移动产品的信息流在何时何地如何输入输出的重要基础分析手段。由于用户行为是一类动态异质的变量信息，往往涉及一系列的操作跳转和需求变换，而情境是影响用户行为的关键要素，它成为联系用户、任务、产品、环境的一个研究对象。情境设计能有效解决汽车移动情境的不确定性，提高情境知识推送和设计匹配的效率，强化知识间的关联路径，实现情境知识转化在设计方法上的支持。因此，情境和情境

① Kentaro G, John M CarrollI. A Surveying scenario-based approaches in system design [J]. IPSJ SIG Notes, 2000, 12（HI-87）: 43-48.

② 赵江洪，谭浩，谭征宇. 汽车造型设计：理论、研究与应用[M]. 北京：北京理工大学出版社，2010：27.

③ Schmidt A, Aidoo A, Takaluomo A. Advanced Interaction in Context[C]. Proceeding of the 1st international symposium on Handhelds and Ubiquitous Computing. London: Springer-Verlag, 1999: 89-101.

④ [美] 约书亚·梅罗维茨. 消失的地域：电子媒介对社会行为的影响[M]. 第一版，北京：清华大学出版社，2002：31-38.

知识的获取、管理与应用是汽车社交设计的基础性研究课题。

在社交活动中，情境成为一个关联因素组合而成的变量，包括人机交互中人与物之间的情境和人际交往中人与人之间的情境。情境知识的获取需要在真实的使用环境对用户行为和需求进行大量的观察和分析。由此，情境设计是将用户包含在整个系统设计之中，通过用户在自然状态下的产品使用过程，理解用户行为和心理反应，捕捉典型使用过程和情境模式反映的任务结果，得到大量用户知识和信息，帮助我们直观了解用户的行为和目标。并结合群体文化学来识别能够影响某个社会群体生活工作方式的一种产品需求，分析产品形成的基本因素。国内外众多学者对情境知识在具体的应用领域进行了相关的定义和组织分类，其大多都围绕：用户相关、环境相关、应用相关的情境。

汽车社交是基于地理位置，与移动互联网无缝衔接的交互式人际信息服务。移动情境感知媒介，如城市信息、社交网络、智能社区已生成大量的实时实地的地理标签，可以关联起来在恰当的时间推送适量的信息和择优的方案，为汽车用户提供位置签到、状态提醒、道路导航、社交对话、推荐服务等各种功能。情境的分类能有效地界定情境所涉及的对象特征和适用范围，是情境知识的研究范畴。汽车社交情境可分为物理情境和媒介情境，如图5-6所示。

物理情境包括个人、环境和汽车：

（1）**个人**。个人概要包括人口统计学相关属性、生活形态和偏好、驾驶相关的信息，个人行为包括操作姿势、单双手、单任务与多任务、多任务切换、认知能力与专注程度；

（2）**环境**。位置情境包括天气、路况、车速、光线强度、噪声、地理位置状况，社会情境包括互联网传输、交通法规政策、文化影响；

（3）**汽车**。软件包括程序设计、界面设计、系统平台，硬件包括网络连接与数据传输、运行速度和电量消耗。驾驶情境包括正常驾驶情境、驾驶微情境、辅助驾驶情境。正常驾驶情境（通勤、旅游、商务）；驾驶微情境（起步、停车、堵车、会车、超车、跟车、巡航、导航）；辅助驾驶情境（车速、加油、维修、保养、代驾）。

媒介情境包括自我、圈子、工具和活动：

（1）**自我**。包括身份、形象、交往互相来的状态；

（2）**群体**。群体类型包括位置群体、关系群体、事件群体，信息包括单边邀请、单边关注和双边认证；

（3）**工具**。管理工具包括时间轴、秩序管理、地理位置标记、社交书签，激励工具包括奖品、排名、积分、声誉头衔；

（4）**活动**。一对一活动包括电话、语音、短信，一对多活动包括分享、评论等各种线上和线下的互动交流。

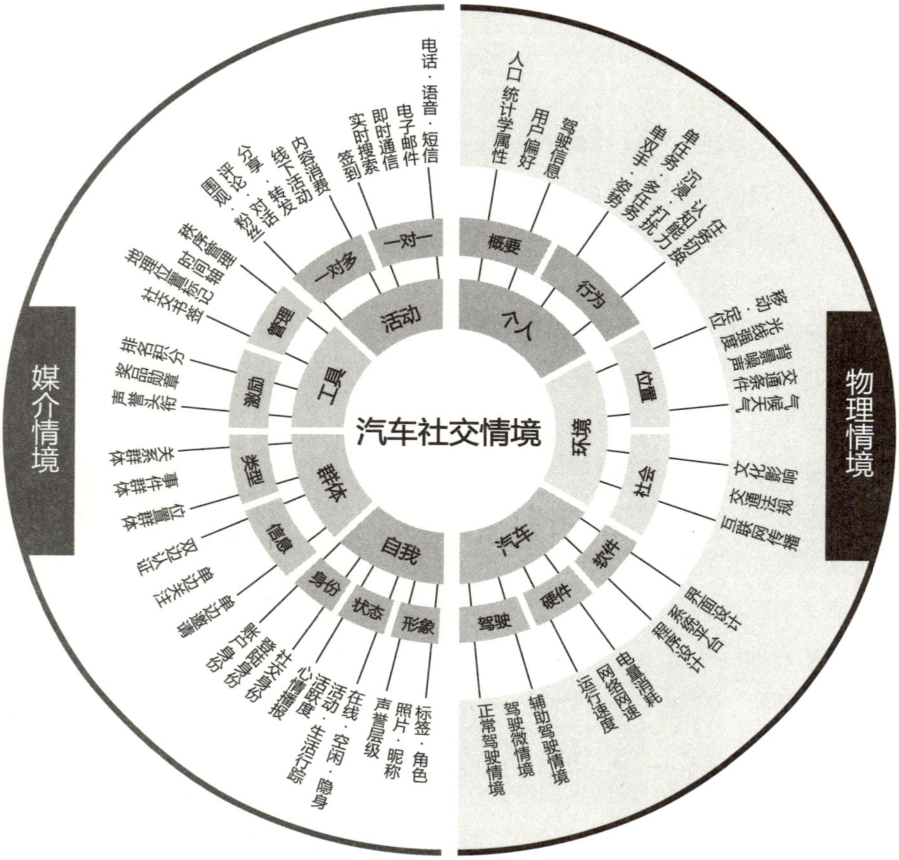

图5-6　汽车社交中媒介情境和物理情境

5.2.3　知识组织：用户知识的转化过程

用户知识与用户需求、用户行为、用户心理模型相互关联，提取用户知识需要一定的技术途径和分析方法。用户知识是用户在产品使用过程中学会和解决问题的经验，用户还能修改默认的使用方式、功能和属性以满足不同的使用情境[①]。用户知识包括对象知识、行为知识、认知知识，如图5-7所示。

（1）对象知识来自于用户对目标物物理机能的识别。

（2）行为知识来自于用户使用产品中的知识，如交互任务的操作方式和执行效果、

---

① Sakol T, Sato K. Object-mediated User Knowledge Elicitation Method[C], The 5th Asian International Design Research Conference. Seoul Korea, 2001：2-5.

使用流程、技术等。

（3）认知知识指产品与用户生活
方式、文化形态相联系的知识。设计知
识是从在初始状态到需求匹配状态或目
标状态的一个知识转化过程[①]。

用户研究和设计过程能将用户知识
（问题域）映射到设计知识（方法域），
解决交互任务、交互规则与知识域信息

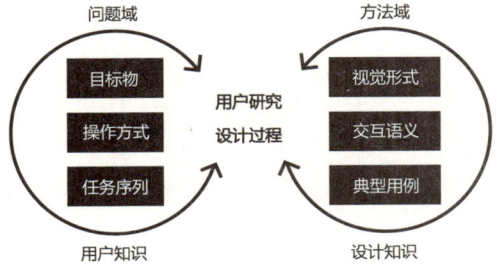

图5-7　用户知识向设计知识的转换的三个层次

的转化，从而达到快速获取转化用户行为和快速开发的目的。

目标物触发用户知识的具体化，使设计师获得界面信息与视觉元素间的关系；用
户关心交互任务的操作方式和执行效果，影响设计师对交互行为的方式表达和交互语
义的选择；用户关心任务信息、操作流程，设计师获得情境下界面交互任务、交互动
作等典型用例描述。基于情境的知识获取能以情境为中介，将用户知识映射到设计知
识，解决交互任务、交互规则与知识转化，如图5-8所示。

汽车用户界面设计知识系统着重从用户情景、驾驶情境、群体情境中入手，如图
5-9所示。

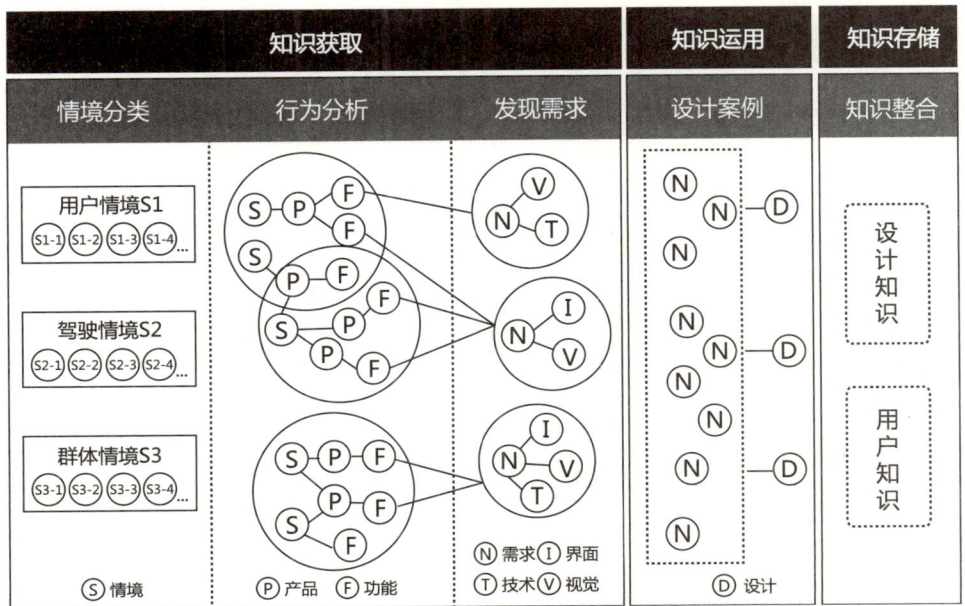

图5-8　基于情境的知识获取整合与组织框架

---

① Tan H，ZhaoJ．Knowledge Transformation in Conceptual Design：An Approach to
Build a Model of CAID Knowledge System[C]，Proceeding of DeIdentite Conference．
Italy（2004）：32-36．

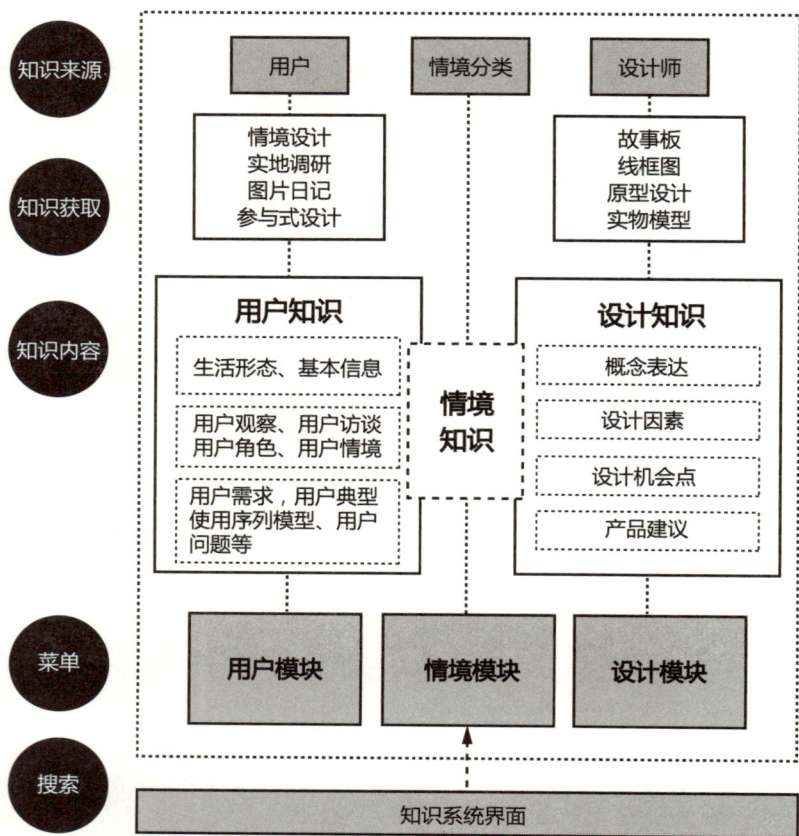

图5-9　用户、设计、情境间的知识关系

通过用户行为分析，构建基于用户使用产品情境故事的设计概念，提取用户需求、界面显示、视觉元素、技术要求。设计师运用原型、概念草图、视觉感受，通过上下文、认知识别、意向尺度等匹配手段进行界面和交互设计，将用户知识转化为显式的设计知识。系统包括用户典型情境下人机交互的视频与图片、用户生活方式和社会属性的文档、产品图片以及衍生的设计概念。

5.2.4　知识管理：设计知识系统的结构框架

基于大量的用户调研样本数据，我们开发了汽车用户界面设计知识系统。系统将每一个用户样本作为一条数据记录，其主要特点为：

（1）基于Web技术，可以在互联网上检索、类比、提取数据资源；在后台应用程序上进行数据录入；

（2）全部数据信息都来自于用户在使用场景中实地调查取得，每一个用户样本作为一条记录，从发现需求，得到设计因素，再到解决方案，使这些数据相互关联，追踪产品概念的发展过程；

（3）将用户知识纳入设计流程中成为设计的创新手段，达到快速产生设计概念、缩短设计流程的目的；

（4）以用户为中心，通过对用户进行界定，将单个用户信息归档到群体用户数据链中提供一个相联的用户结构矩阵，使得目标用户更加清晰、稳定。

用户可以从主页选择一个模块进入系统，使用链接页面找到相关知识。例如用户选择情境模块，然后选择情境类别"停车"，页面会列举出在停车情境下相关的用户需求，链接到设计模块中的设计概念和设计因素，可以看到在设计模块下的设计细节。在用户真实使用情境下发现需求，得到设计因素，再到解决方案，使这些数据相互关联，这样设计师可以跟踪产品概念的发展过程（图5-10）。

1. 用户知识模块

用户模块包含三个子选项：生活形态、基本信息、个人情境，它基于人类学、人口统计学记录用户背景和价值取向等信息。用户基本信息和生活形态包括人口、地理、心理、社会文化信息和日记故事，这为后续相关设计因素或设计建议提供文本信息支持。用户个人情境包括用户的任务、子任务、行动、过程、影响、需求和问题。入口可以显示人口统计学信息（如职业、年龄、收入等）点击之后就可以看到符合这一条件的具体用户，包括照片、针对某一问题的原话引用、生活视频等（图5-11）。

2. 情境知识模块

情境模块包含正常驾驶，驾驶微情境、辅助驾驶、信息娱乐消费、与成员协同活

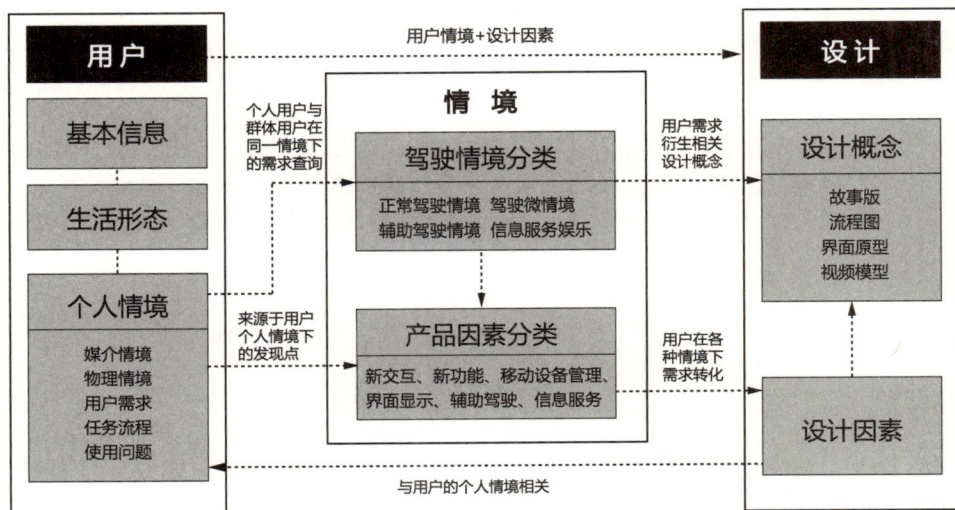

图5-10　汽车用户界面设计知识系统的流程逻辑

图5-11　用户知识模块系统页面截屏

动和特殊情境六个选项和其子选项，每个情境选项下可显示用户的基本信息和个人情
境下的需求（图5-12）。根据任务情境的流程，反映当下情境中用户行为动机以及交
互对象的状态和行为的结果，包括用户使用过程的录像和文字描述，设计师可以快速
找到相同情境中不同用户的设计因素。

3. 设计知识模块

设计模块存储设计师概念、产品建议，通过故事板、原型、图片、视频、文本等
体现。用户模块中的个人情境和设计模块的设计因素是相互关联的，个人情境可以链
接到设计因素和相关的设计概念。用户可以追溯在数据收集阶段的原始命题衍生的设
计方案或概念，也可以在设计概念中类比目标用户的个人的场景（图5-13）。

5.2.5　知识运用：汽车信息服务与社交

我们选择了两个设计点发展成设计概念。其中第一设计点为：用户希望拥有情境

图5-12　情境知识模块系统页面截屏

图5-13　设计知识模块系统页面截屏

化的导航信息和多元化的信息服务，结合某国际知名汽车品牌设计项目，我们开发了基于参照物的导航TargetGO人机界面原型。如图5-14所示，为汽车行驶在有参照物导航提示的路线上的界面状态。图中标志性建筑（如毛泽东雕像等）构成了一个基于参照物的导航系统。通过触摸与语音相结合，可以在握方向盘的同时利用大拇指进行操作（供驾驶员使用），也可以通过设置在中央的显示屏进行操作并提供声音反馈（供乘客使用）。

在对界面原型可用性测试实验过程中，我们比较TargetGO和某知名导航仪品牌的地图设计对任务完成的效率以及用户满意程度。大部分用户认为TargetGO优化的全路线概要简图有利于行程距离的判断和整体路线的认知，沿途节点参照物提示能帮助驾驶员将导航路线与显示周围环境相联系，迅速提高空间方位认知。同时，用户反映在路线引导中增加3D实景路口放大图帮助驾驶者掌握导航中的认知难点区域，用户认为2D建筑实景图标是基于真实世界的对象，具有良好的匹配性。通过界面原型测试

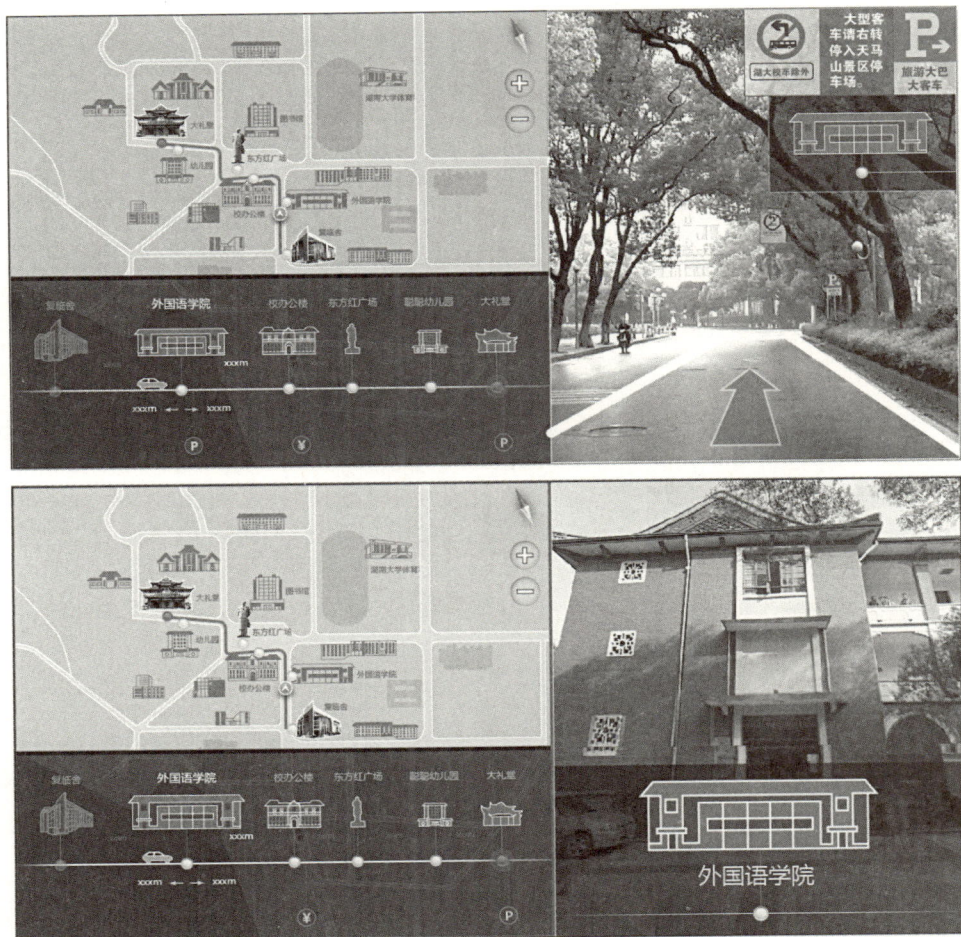

图5-14　基于参照物的情境导航设计

可以证明该设计具有良好的适用性。目前该方案已经被采纳。

另外一个设计点是用户希望提供前方道路信息或在驾驶碎片化的情境下实现汽车社交的功能。由此，我们设计了"位趣"APP，其操作架构如图5-15所示。

道路信息是由交通部门采集发布的公共信息，但路况变化之快难以实时预报，而驾驶者只关心与他位置区域相关的路况信息。Web 2.0的核心理念是用户生成内容（UGC），众包是让用户参与在线，交叉引用用户在某个特定时刻的位置信息和服务，生成、共享数据。"位趣"是一款基于手机的汽车社交导航APP，利用手机GPS可根据开车时间长短判断该路段是否拥堵，以此提供实时的路况。其包含三个核心功能：

（1）**导航**：角色化、情境化的生活服务和实时的道路信息；

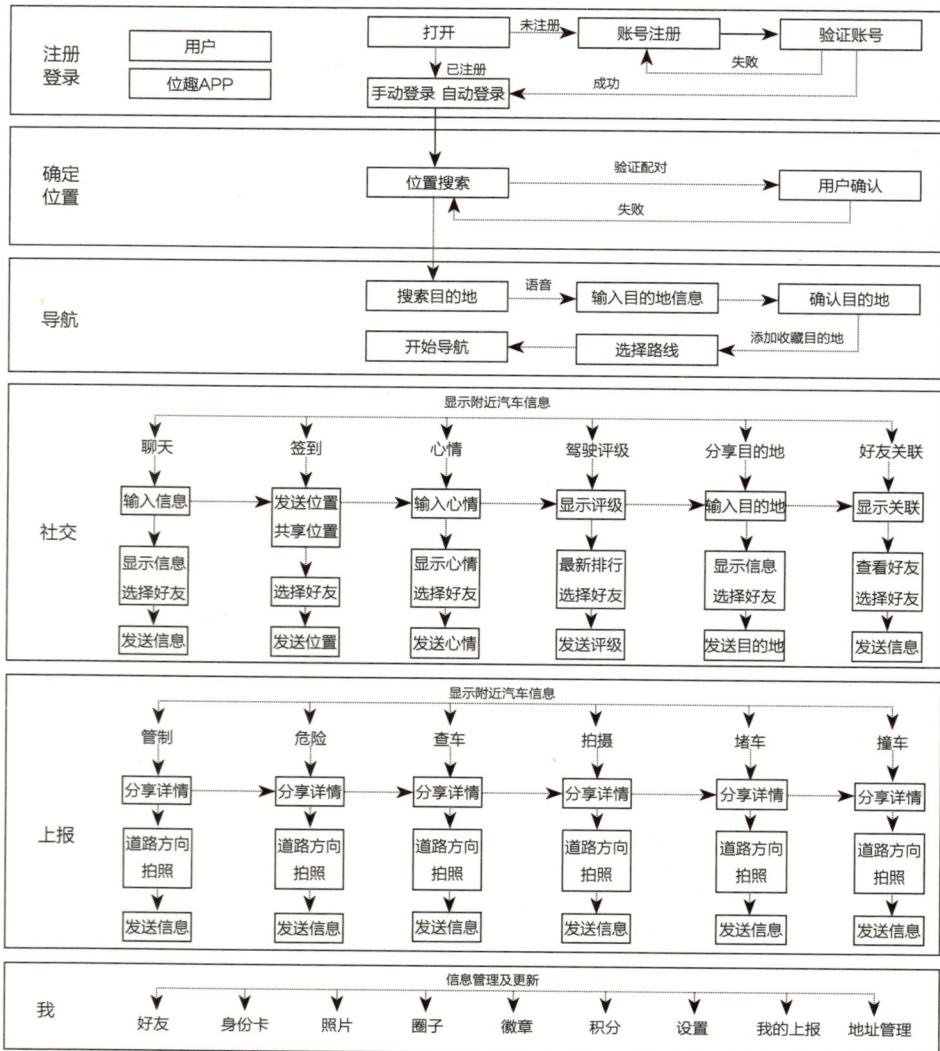

图5-15 "位趣"汽车社交导航应用服务操作架构（笔者自绘）

图5-16   "位趣"汽车社交导航应用服务界面设计（笔者自绘）

（2）**社交**：游戏激励机制的文明驾驶声誉奖励、关系拓展的附近汽车好友关联重合度推荐、车与车分享心情、车速、地理标签等；

（3）**上报**：基于汽车位置分享事故、堵车、查车等道路信息。"位趣"界面原型如图5-16所示。

5.3   试验与探索：共生交互的汽车社交设计实践

本节结合汽车用户界面设计知识系统的研究成果，对湖南大学汽车车身先进制造国家重点实验室主持的"电动汽车车载信息服务系统设计"的"乐驾"汽车社交设计展开实践应用。该项目旨在探索智能手机、电动汽车、社交网络、城市信息的互联所产生的潜在设计机会，为共生交互汽车社交设计方法的研究提供实践案例。该项目是以智能手机作为交互中介与汽车互联，探索汽车社会化服务的人车交互模式、行为支持和交互体验，这也是本研究的挑战也是创新。目前，已有许多学术机构和相关企业都针对汽车社交服务展开了相关的研究，其中最具代表性的是澳大利亚昆士兰理工大

学（QUT）的城市信息研究室罗纳德·施勒特（Ronald Schroeter）等学者利用城市
信息学（Urban informatics）和社交网络（Social media）作为汽车社交服务的切
入点，设计基于物理环境中地理位置和媒介环境中社交网络两种信息交互层面的界面
原型。

"乐驾"的汽车社交设计案例的研究预期目标：

（1）从视觉层面上，探索共生交互社交设计方法对汽车社交界面信息显示的表达
方式和视觉风格，即汽车社交界面显性化的设计方法。

（2）从交互层面上，探索共生交互社交设计方法对汽车情境下的社交行为、交互
控制、互动模式的支持，即构建支持社交行为的功能与内容。

（3）从体验层面上，探索共生交互社交设计方法对社交工具在建立共同体验和社
会化交流中的推动作用，即促进共同体验、社交体验的设计思路。

5.3.1 设计平台与设计空间

"乐驾"以轻量化电动汽车作为设计平台，该电动汽车的造型设计已经完成，汽
车外形整体造型为穿插的形面风格。该车采用平板电脑作为仪表显示平台，以本田
Micro Commuter电动汽车仪表板作为设计原型。车载信息系统界面显示平台为安卓
系统，分辨率为1280px×800px，长和宽分别为21.75cm和13.6cm，如图5-17所示。

在针对电动汽车做社会化信息交互服务设计过程中，需要考虑电动汽车的人机交
互界面数字化和信息化的特征，要重点突出移动设备和娱乐系统在汽车内室造型和
人机界面中的作用。电动汽车社交的交互对象从以孤立的机械设备为中心（Device-
centric）转变到以互联的生活为中心（Lifestyle-based）。汽车社交的设计系统由四
个部分组成（图5-18）：

（1）**用户与乘客**。将用户和乘客的社会性因素如身份、等级、职业、组织纳入设
计之中；

图5-17　电动汽车造型及车载信息系统界面显示平台

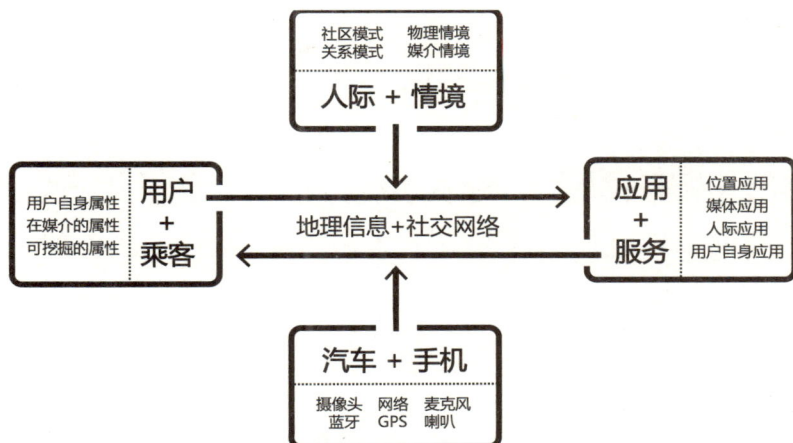

图5-18　汽车社交的设计系统

（2）**人际与情境**。关系强度、关系模式及物理情境（时间、位置、路况、噪声、光线）和媒介情境（朋友圈子、身份状态、社交关联、信息内容）；

（3）**汽车与手机**。汽车（界面的页面布局、内容组织、交互方式、屏幕的像素、触摸交互、语音识别、手写输入、导航、组件、窗口、USB）和手机（连接、传感器、相机、蓝牙技术）；

（4）**应用与服务**。通过地理信息、社交网络和群体智慧所产生的信息资源，群体协作的在线活动、互动游戏、应用软件，由此组成了完整的设计系统。

5.3.2　基于手机的汽车应用分析

汽车的中控车载系统一直是汽车人机交互设计的重点。从"汽车用户界面设计知识系统"的用户研究得到的设计机会中可知，跨平台的整合、设备之间的连接、用户数据无缝进入汽车、个性化的定制应用是手机与汽车互联后值得探索的设计方向。在这方面，谷歌的安卓、苹果的iOS、微软的Windows将智能手机的系统上的服务与应用资源，通过映射技术运用到汽车平台上，是目前实现跨平台互联的最为便捷、最易于实现的方式。这三个车载系统都是利用数据线、蓝牙技术将手机和车载系统进行绑定，在车载屏幕上形成简单的操作菜单，大部分命令都是通过语音操作，也有部分功能因车型的关系需要结合触屏点击滑动或者使用物理按键进行相关操作，如图5-19所示。苹果的Carplay以Siri语音控制识别为核心，通过iphone与汽车内置显示屏连接，通过在车载屏幕的操作反馈给手机的APP，Carplay只映射了几个主要的功能，实现在行车过程中接听电话、发送信息、收听音乐、执行导航，由车载屏幕上的控制按钮或语音控制系统Siri Eyes Free来实现操作，此外Carplay把车载屏幕的界面都进行了

	苹果Carplay	谷歌Android Auto	微软Windows in the car
界面		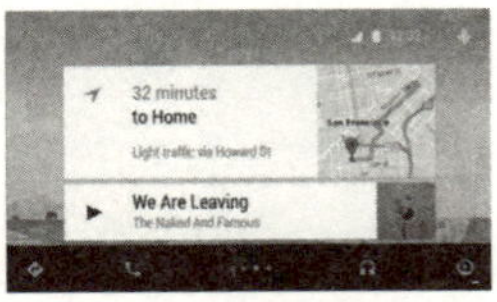	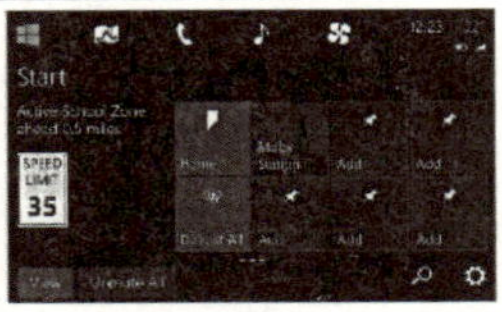
连接	通过Lightning数据线连接iPhone，把iPhone中的某些功能映射到汽车中控台上	把手机插上车载充电线，手机被锁住，屏幕上只留一个连接了汽车的标记。手机上的一切都反映在车里的显示屏上。	WindowsPhone的功能直接延伸到车载信息娱乐系统的显示屏上
输入	依赖Siri，几乎所有的输入都通过语音命令触屏显示、物理按键	全部语音操作，驾驶员只需手握方向盘，视线同样不用离开路面就可以轻松实现多种导航、多媒体等功能	Cortana语音助理提供导航、应用，像迷你版的Windows 8
平台	十三家车商获得苹果官方的配件认证，经过固件升级就可以支持CarPlay。不用买新车，不用更换车载信息娱乐系统 BMW GROUP CHEVROLET FORD JAGUAR KIA LAND ROVER MITSUBISHI OPEL PSA PEUGEOT CITROEN SUBARU SUZUKI TOYOTA ALPINE Pioneer	28家知名汽车厂商组成的开放汽车联盟旨在将Android应用在汽车领域 最新提出的Material Design理念 	支持Universal Windows App，开发者还可以开发专门为汽车设计的应用 Mirrorlink标准令智能手机与车载系统进行有效连接。用户可以在车载系统上享受许多手机的功能。 NOKIA Connecting People SAMSUNG LG Life's Good SONY hTC quietly brilliant VOLKSWAGEN HONDA TOYOTA ALPINE Pioneer

图5-19　苹果、谷歌、微软的车载系统对比

全新的设计，在用户体验上会创造出很大的不同。Android Auto的功能和资信也都是通过手机上获取的，谷歌的地图导航和移动服务也运用过来，主要包含五个功能：导航、电话、通知与快捷菜单（类似于Google Now的功能）、音乐、汽车状态。界面采用卡片式的呈现方式，语音被默认为Android Auto中最主导的交互方式，行车使用场景下也提供虚拟键盘支持触屏输入，此外方向盘上的物理控制键，比如音量调节、选择、接听电话都可以对Android Auto进行控制。Windows车载系统也是让用户把Windows Phone的内容直接投影到车载信息娱乐系统的显示屏上，虽然采用Metro界面，但仍然带有桌面操作元素的痕迹。该原型系统使用了Mirrorlink标准，这项协议可以帮助智能手机与车载系统进行有效连接。连接成功后，用户不需要操作手机，就可以在车载系统上享受许多手机的功能。

　　但我们看到，这三个互联网企业对于汽车车载系统的功能还是较为保守的，事实上是考虑到驾驶的安全，只在车载中整合了最必要的功能，并没有实现整车软硬件整合对外部设备的控制，其本身的定位就是满足驾驶者车内与外界的最为基本的交流。而特斯拉汽车车内操作和信息显示几乎由触摸屏幕代替，在使用便利性和操作性上，实现了车机智能操控，与前三个系统都不在一个层次级别。综上所述，手机与汽车互联和整合有四个优势：

　　（1）开发者可以针对不同手机系统开发专门为汽车设计的应用，克服了不同汽车企业车载系统的技术障碍；

（2）当手机成为车内主要的媒体装置时，设备功能由汽车上的屏幕、话筒、音响等承接，在手机上更新软件连同车载整个导航数据库、车载软件和各自个人信息也会自动更新，使得车载系统的升级不再受限；

（3）用一个系统锁定用户的多个屏幕，完善手机的使用链。让手机与汽车同步，满足用户跨平台所产生的信息流转，方便用户将手机的操作移植到车内进行交互信息显示（输出）与用户控制（输入），实现了汽车与手机一致的操作体验；

（4）手机系统上所建立的资源、应用、服务都可整合到汽车生态链中，为用户提供丰富的应用，成为汽车企业后装市场上有力的产品支持。

5.3.3　人车交互方式调研

现有的汽车大多数是双屏显示，一个在主仪表台为行车电脑，显示汽车和驾驶相关的信息，一个在副仪表台是车载娱乐系统，显示导航、娱乐相关的信息，但汽车的显示技术和显示位置在近几年的概念汽车上发生了巨大变化，反映了未来汽车数字化和信息化的重要趋势，如图5-20所示。

从显示技术来看，除了沿用大画幅的触屏外，抬头显示（Head-up display，HUD）也开始承担主仪表板和汽车互联后所增加的信息内容。抬头显示能减少在驾驶状态中，视线转移所带来的潜在危险，显示的内容主要与驾驶和辅助驾驶相关，少量非驾驶信息也有出现在次要位置。而显示的位置和显示内容也扩展到主仪表台、副仪表台、车门、车窗，甚至形成与后排连贯的整体屏幕，实现了前排乘客和后排乘客的娱乐互动和信息分享。随着人与车、车与车、车与外界的互联，进入车内的信息越加丰富，多屏显示可将信息有效的分流，针对驾驶者和车内乘客进行不同的显示内容和显示位置的安排，缓解驾驶者注意资源的分配。

手势交互是基于手势识别技术的自然交互方式。汽车的手势交互主要运用于非驾驶属性的信息控制上，如音乐控制、声音控制、导航控制等。感官和动作通道竞争。通过国内外车载系统对比可知，支持语音交互是车载系统的发展趋势，语音交互被认为是"自由之手"（Hands free），特别是在车内的私人空间，语音交互不会受限于环境，但为了降低用户认知负担，语音输入也会结合简单的手动操作来进行。JD Power and Associates信息服务公司的调研数据也表明，56%的用户更倾向于选择车载语音。如在苹果的Siri界面当中，语音输入的实现方式类似于微信中的语音交流，苹果增加了局部手动操作，说话前按住Home键，说话完松开Home键即可完成语音输入功能，这种语音和手动式物理操作的结合延续了用户的操作习惯。就目前汽车人机交互的形态而言，主流的交互方式是隐式的语音交互、显性的抬头显示、触感的人机交互的结合，这种交互模式的组合可以扩宽信息交换带，保持驾驶者双手在方向盘上，提高驾

Honda Micro-Commuter		Citroen Lacoste	
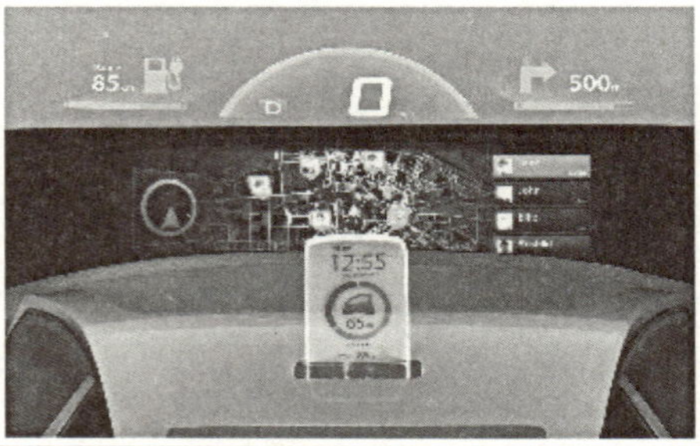			
显示位置	前档风玻璃+主仪表台	显示位置	主仪表台+副仪表台
显示技术	抬头显示、触屏显示	显示技术	触屏显示
显示内容	驾驶相关信息，如时速，电量，导航	显示内容	驾驶、车内相关信息，娱乐多媒体应用
Nissan Friend-ME		Peugeot SXC	
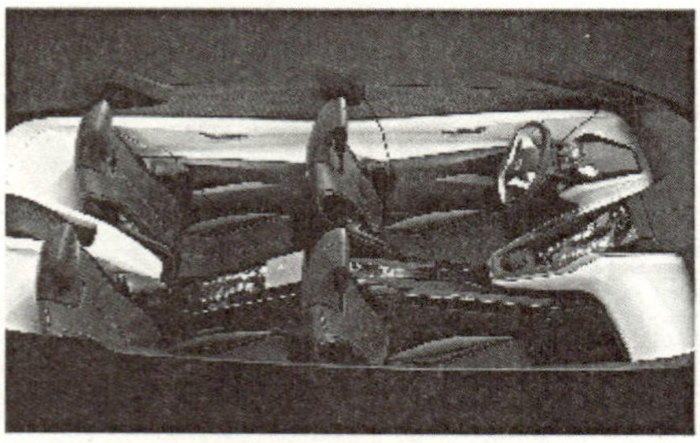			
显示位置	副仪表台衍生至后排	显示位置	侧门+主仪表台+副仪表台
显示技术	触屏显示	显示技术	触屏显示
显示内容	互联驾驶相关信息，通信，社交，娱乐	显示内容	驾驶相关，辅助驾驶，娱乐社交，通信

图5-20　概念车显示位置、显示技术和显示内容

驶的安全性。因此，"乐驾"设计交互和交互方式也采用抬头显示和语音交互的组合。

　　抬头显示（Head-Up Display，HUD）被认为是对驾驶者而言更安全的视觉信息显示方式[①]。增强现实感的抬头显示（AR-HUD）目前已成为捷豹路虎公司、德国大陆集团等的专利技术，并在未来几年投入市场。由此我们确定了"乐驾"是一款基于手机平台的汽车应用APP，通过手机与汽车互联，将这个APP映射到车载屏幕中，利用手机语音助手、抬头显示、多功能方向盘的物理按键、触摸屏、手机话筒和扩音器进行整合，形成"乐驾"的多通道人机交互模式，可实现常规的视觉界面交互方式，

---

① Weinberg G, Medenica Z, Harsham B. Evaluatingthe Usability of a Head-up Display for Selection from Choice Lists in Cars[C]. Proc. AutomotiveUI '11, 2011: 39-46.

也能实现语音交互方式，如图5-21所示。

5.3.4　用户参与式设计方法与程序

　　社会化数字产品设计最大的特点是为产品提供一个交流和连接的平台，以用户的需求和动机进行内容的创造，实现、维系、发展社交互动，由此推动产品发展和创新。考

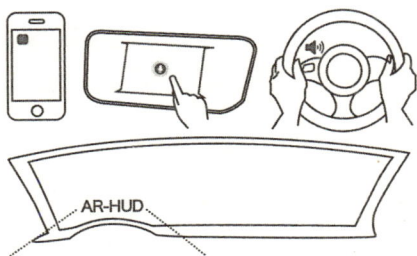

图5-21　"乐驾"的多通道人机交互模式

虑到Web2.0技术下社交网络的特点，应厘清、确定用户需求和用户集群来创建社会服务内容和社交功能，因此本研究采用用户参与式设计，将用户纳入设计过程之中。根据以上分析，笔者构建了用户参与式设计方法与程序，包括三个主要阶段：设计概念、设计方法以及设计步骤，如图5-22所示。设计概念关注社会化数字产品的用户参与和互动模式以及衍生出的设计机会，设计方法运用用户生活形态信息、线上线下产品使

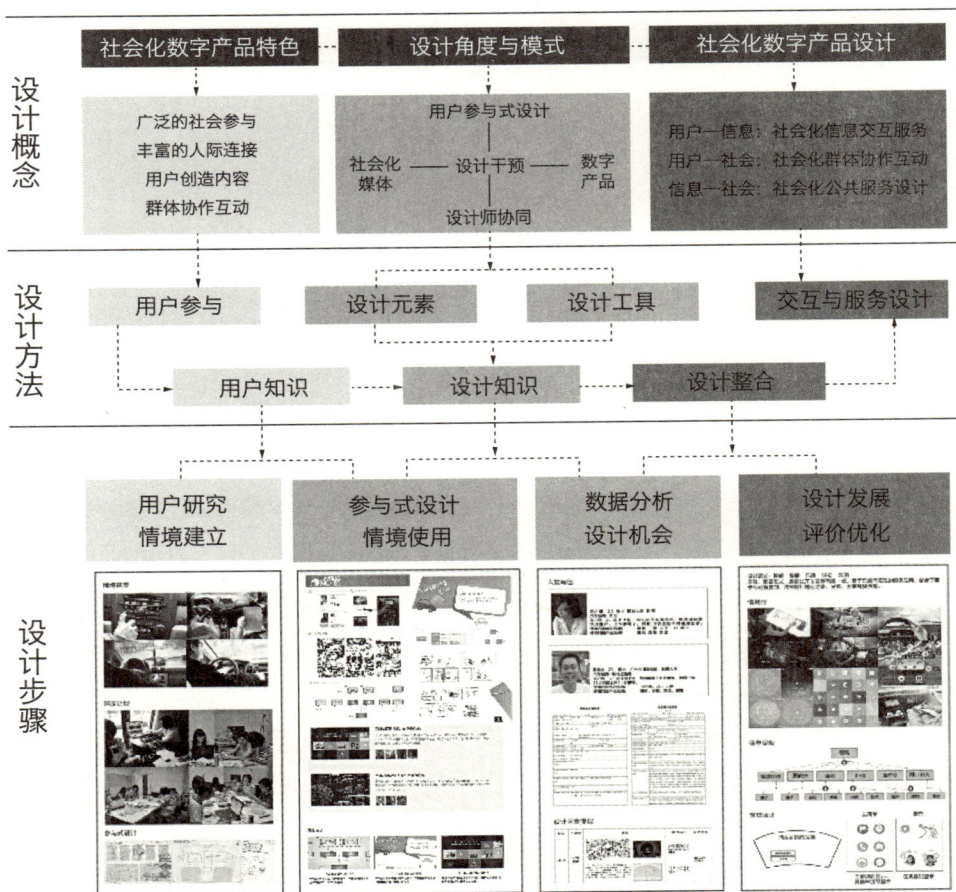

图5-22　用户参与式设计方法与程序

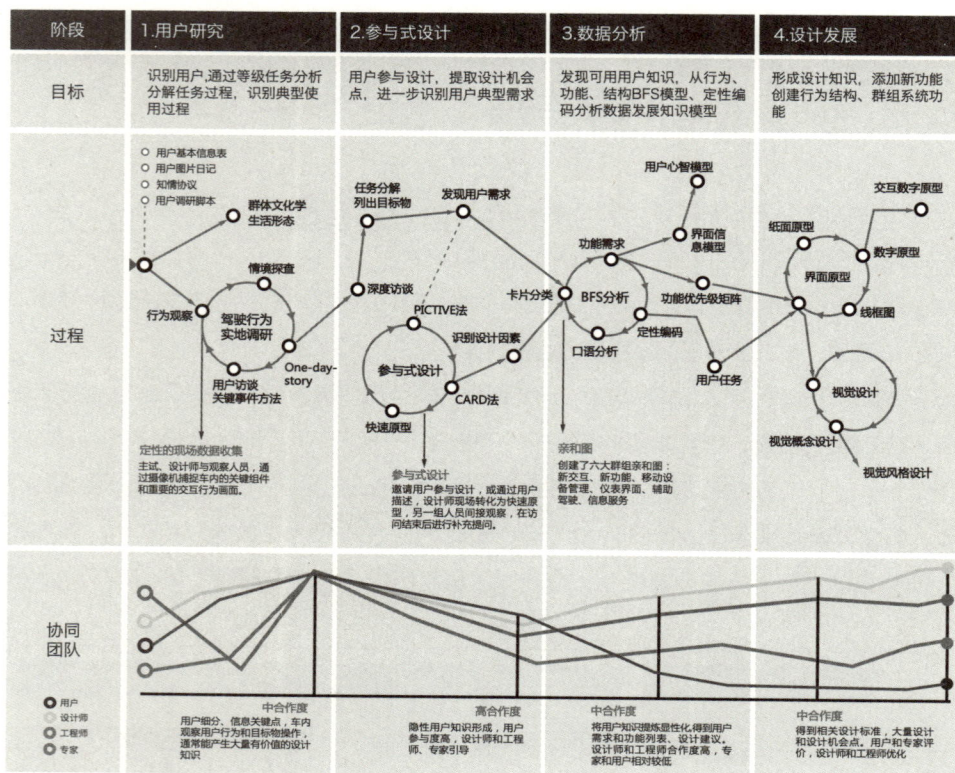

图5-23 设计步骤的具体分析

用的情境观察与访谈、参与式设计；设计步骤关注用户研究与产品设计，使用情境探查、故事讲述、共同设计（Co-Design）或共同创造（Co-Creation）①的手段来进行。该设计过程亦可作为社会化数字产品设计方法与程序以促进社交设计的开展。

在设计步骤阶段，可分为用户研究、参与式设计、数据分析、设计发展四个，如图5-23所示。

（1）用户调研——情境建立。问卷调查与实地情境调查，考虑到产品使用的汽车内部环境和外部场景的变化，确定进行随车1h同步拍摄并适时交谈，获取驾驶不同的情境信息。在这个步骤中主要识别典型情境和用户需要中的关键设计因素和交互元素；

（2）参与式设计——情境使用。运用头脑风暴、焦点小组与参与式设计，探索社会和文化环境下具有社交意义的汽车数字产品和服务与社交元素以及应具备的功能；

（3）数据分析——设计机会。在情境和故事的基础上，将用户需要转化为具有逻辑性的设计定义的产品功能组；

① Sanders E B N, Stappers P J, Co-creation and the new landscapes of design[J]. Codesign International Journal of Cocreation in Design & the Arts, 2008, 4（1）:5-18.

（4）设计发展——评价与优化。根据定义的用户需求和社交因素、社会环境，进行原型设计、用户评估、迭代优化。

5.3.5　用户偏好分析与功能定义

用户研究结果表明，在高需求的车内空间中缺乏有力的产品形态来满足驾驶者在碎片化的驾驶间隙与外界的联系，因此用户希望有可行度高的产品来满足这个需求，但不会因为其他无用功能的加入而增加操作的复杂度。具体而言，除了常见的社交方式如电话或短信之外，72.6%的用户希望利用手机平台上的社交媒介和地理位置，提出许多汽车社交的愿景，包括将汽车与手机上的好友圈关联，分享实时状态、位置、行车见闻，与周边汽车分享目的地、车速、问路，为乘客设计的微娱乐等，与城市群体上报道路情况、集结车队车友等。我们确定"乐驾"的定位基于汽车社交与汽车生活，是对现有车载娱乐系统之外的功能进行有效补充，主要包含游记、位置、社交三个服务功能，以及当前、我两个控制功能，如表5-2所示。

"乐驾"的内容和功能总结　　　　　表5-2

功能	内容菜单
游记	邀请好友、邀请乘客、拍照、视频、分享、获得驾驶行为徽章
位置社交	分享位置、道路信息、分享目的地、车速、发送表情
朋友圈社交	语音交流、信息更新
当前	当前信息流聚合
我	我的心情、好友更新（主动推送）、我的队伍、我的圈子

游记是基于行车故事与旅途的事件共筑社交。旅途立体式记录感受——有声照片和视频分享的功能，在长途旅行或者行车途中，拍照的同时录下一段背景语音，这就是一个动态的旅行见闻。这些由乘客收集到的旅途照片、旅行地图、状态更新会显示在网上，事件社交是与社交软件相互关联的，实时的车与车的社交，可与附近的汽车进行交流。这个功能主要是针对乘客开发的。

位置社交基于车与车当前位置下的互动。路况上报——针对道理信息，如分享堵车、查车、临时交通管制、车祸等路面信息，这个功能主要是针对智能手机的定位后可区间测速开发的。驾驶行为的评分和驾驶徽章——根据系安全带、平稳驾驶、开车距离、时间以及天气等因素为用户打分，然后给予徽章，行车达到某一个里程时可获得成就积分。当周围车辆与你的社交圈有重合度时，可用表情展开车与车的互动。此外，位置社交是与社交软件相互关联的，你的本地位置可以在社交软件上进行分享，或者当你的朋友圈中有好友在附近时，也会有消息提醒。此外，"乐驾"还将手机社交圈与位置社交的临时关系、游记分享相互关联，关系群体所构建的人际社交：满足语音交流、信息更新。

5.3.6 界面流程设计与信息架构

由于驾驶是一个复杂的行为，受多种驾驶情境的影响，不仅须考虑界面信息所需功能，还要对界面上的内容进行合理布局，建立清晰准确的层级关系。因此，"乐驾"的信息架构采用浅而宽的横向信息组织模式，这种组织模式更符合用户的认知及操作习惯，将功能菜单位于屏幕下方，直观且简便，减少用户退出、返回、选择，还能方便用户在同时进行多个功能操作时的快速切换，此外增加"当前"的功能汇聚，用户可以快速查看到最近的信息记录，并通过点击查询详细信息或直接进入该功能。界面编排是信息构架的外在表现形式，在对界面原型探索时，快速的原型界面设计能有效、快捷地表达出设计概念，具体流程设计如图5-24~图5-26所示。

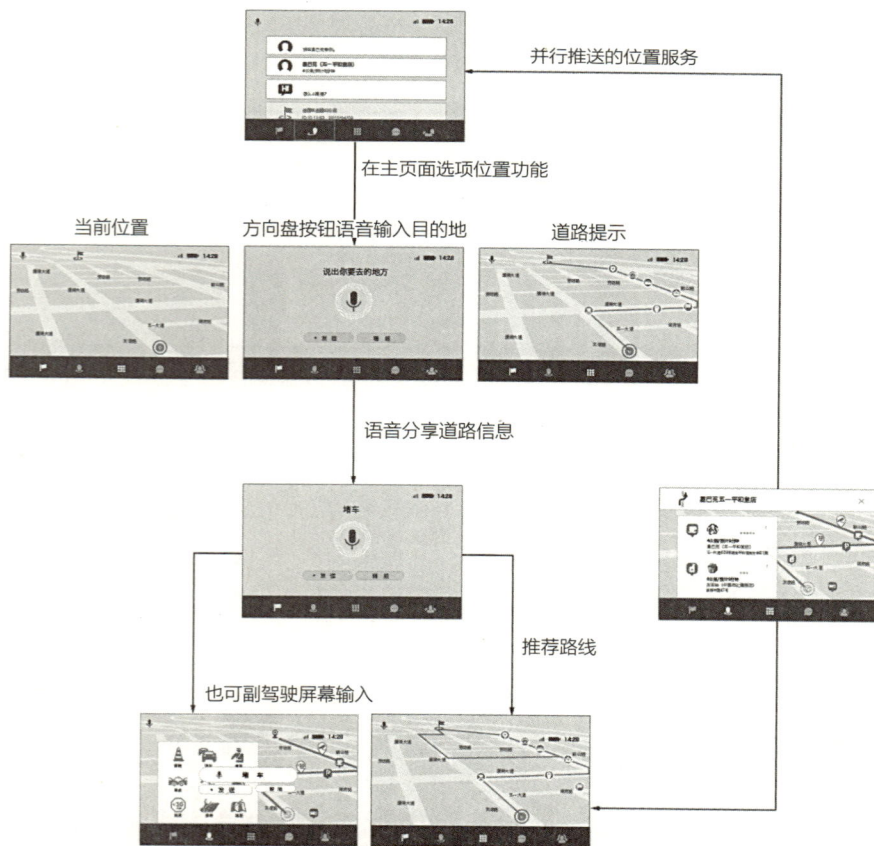

图5-24 "乐驾"位置功能信息架构设计

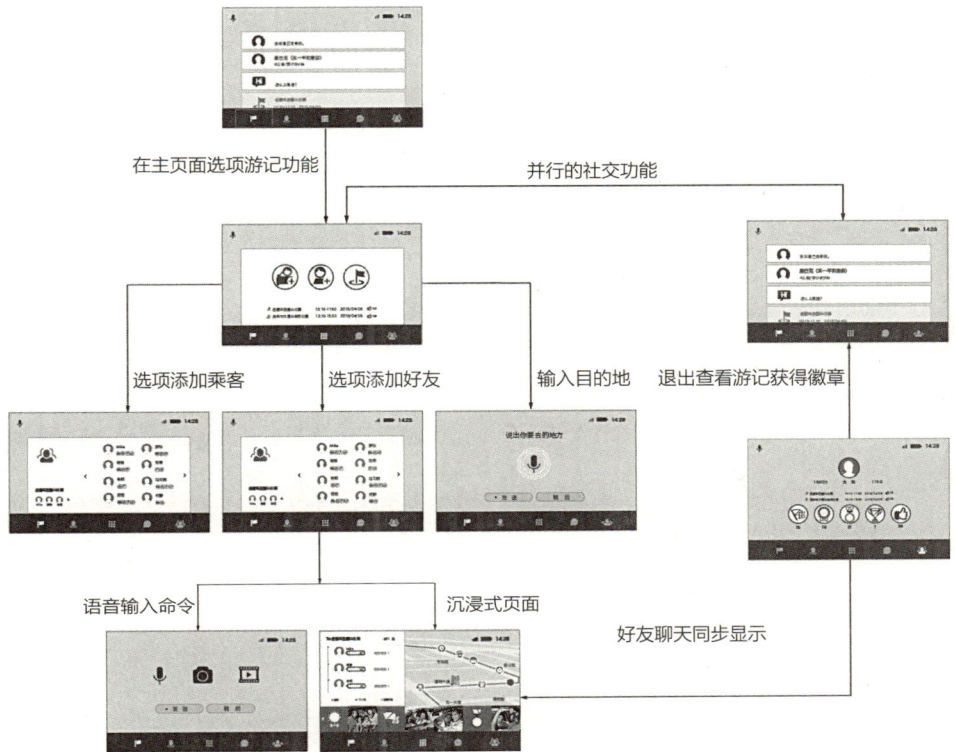

图5-25　"乐驾"游记功能信息架构设计

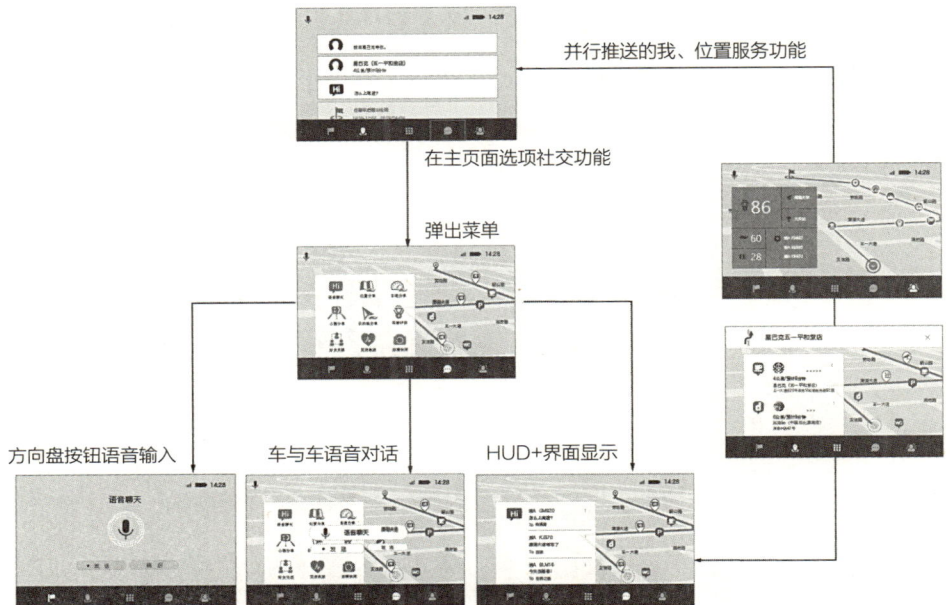

图5-26　"乐驾"社交功能信息架构设计

5.3.7 共生交互社交设计方法的置入

汽车社交是特定场景下所进行的社交活动，汽车移动的驾驶环境和封闭的车内空间是汽车社交产品差异化的所在，这种差异化可认为是将社交网络的社交性、服务性、自发性以及可玩性等要素置于同一个设计框架中。根据共生交互的社交设计方法，我们构建了"乐驾"的社交设计框架，如图5-27所示。

这个框架对应了共生交互的汽车社交设计整合模型的信息架构、交互设计、界面设计的共生交互设计方法。从设计实践来看，我们将乐驾的事件共筑的互动嵌入了游戏任务设计，引入了游戏设计中角色、场景、任务、奖励的相关要素，有助于社交功能的拓展。此外，根据前文对于人们使用社交网络的社交图式分析可知，互动行为能触发社会性情感和动机，包括社交关联性获得的群体归属感，社会交流获得的幸福感，社会认同获得的满足感和社会交换获取物质感等。

针对"乐驾"而言，旨在创造多种异步性的社交元素来满足驾驶情境下碎片化的社交需求，如图5-28所示。在角色图式中，通过用户喜欢搜集徽章，收藏邮票、艺术品、照片的行为设计了成就奖励，增强自我价值。在策略图式中，设计了上报分享路况的群体互惠行为，在自我图式中设计了展现个人生活流的旅途生活，分享旅途视频和照片表达自己的情绪，在情感图式中分享故事情节体现对朋友圈的依赖，在车与车的互动中同时同地持续情感黏性。在情境图式中，设计驾驶评分和驾驶徽章，游记的分享，邀请在线好友和乘客中也涉及群体分享下的共同体验。

我们还增加另一个功能键"当前信息流"，这个功能是集合了"乐驾"当前正在进行的所有功能和最近信息，比如社交圈的好友消息，附近位置服务的查询记录等。与手机连接后，"乐驾"首屏就呈现出用户当前所获得的荣誉、徽章和积分，之后等待用户进行下一步操作。根据前文对于社交图式塔、共生交互汽车社交方法论的分析，对应到"乐驾"信息架构、交互设计、界面设计上可得到如图5-29所示。

	参与赋能	沟通赋能	人际赋能	活动赋能
关系共情	人机交互 社交软件	本地消息 自我表达	强关系关联 通讯录关联	乘客互动 行车故事
位置共享	车牌识别	驾驶积分 驾驶徽章	位置重合 社交圈重合	车速分享 目的地分享
事件共筑	线上线下	位置信息 语音消息	位置关联 社交圈关联	位置服务 群体协作

图5-27 "乐驾"的社交设计框架

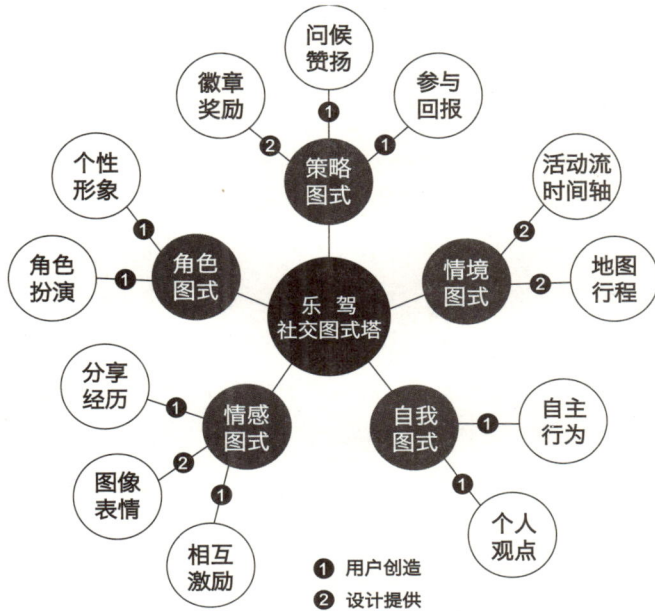

图5-28 "乐驾"的社交图式塔

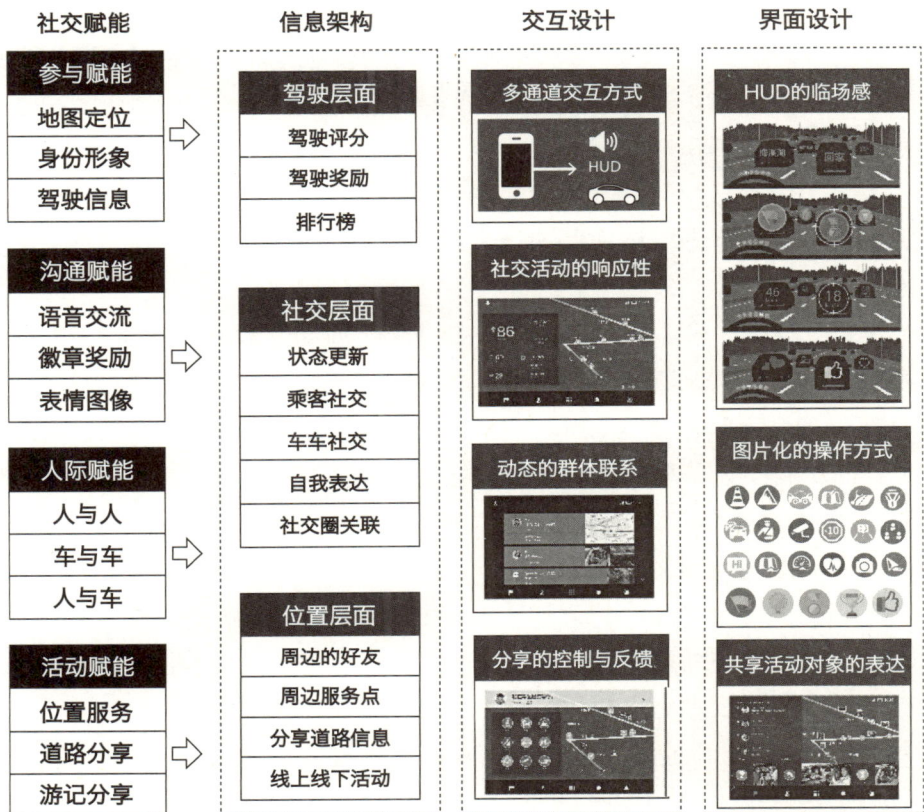

图5-29 "乐驾"的设计框架

    在信息构架上，"乐驾"可分为驾驶层面、社交层面、位置层面三个基本层面。在驾驶层面上，"乐驾"将行车时间、行车路线、行车车速、距离、天气进行综合化评价，对驾驶行为进行徽章奖励，共享道路信息，并在社交圈的排行榜上展现。在社交层面上引入社交软件的好友圈子，利用游记进行自我表达。在位置层面上，将线上的人际与线下的活动服务相互连接，通过分享位置信息、目的地、车速与其他车辆和乘客进行互动。

    在交互设计中，"乐驾"默认采用语音控制，语音输入的按键在多功能方向盘上，只需按一下方向盘上的"接收指令"按钮，然后开始说操作命令就可以控制。车与车的互动引入了视觉和听觉的游戏化元素，当汽车进行社交时，可以接听到周围汽车的语音沟通信息和表情图像，此外乘客与驾驶者的旅途分享形成了共创体验社交互动。

    在界面设计上，"乐驾"采用卡片的形式进行展示，界面模式沿用了手机的一些特征，界面分局为三段式视觉框架，全局导航栏入口在页面下方，APP主动推送的信息同样以卡片的形式出现在屏幕上方，中间是功能应用区，功能应用区的内容采用纵向堆叠形式，通过下拉可以进行浏览，而子菜单是触摸式工具（Touch tools）的形式，点击内容区域的按键就会显示控制工具，五秒钟会自动消失，节省屏幕空间和用户注意力。每个功能都使用基本布局、颜色和格式来设计页面内容，减少空间认识负担。就视觉内容的具体元素而言，成就徽章增加了信息的识别性和趣味性，呈现可选择的条目列表采用缩略图、文字、小字号的详细文本信息的列表，采用醒目的颜色和图标可以快速识别视觉线索并清晰地与其他内容区别开来，宽边界的设计和应用互联提高用户执行特定的操作的效率。

5.3.8　视觉风格分析与界面设计

    我们将"乐驾"的屏幕分为X、Y、Z三个轴向，如图5-30所示。X轴表示屏幕左右方向的操作，Y轴表示屏幕上下方向操作，X与Y轴组成了屏幕对内容与信息操作的行为面。Z轴表示屏幕内容与信息前后排列的组织面，是根据界面信息架构与内容操作进行的分层设计。在界面设计中，通过排版、网格、尺度、色彩、前后遮挡的位置关系、深度与高度的阴影、边界接缝等来体现信息层级与意义，构成界面的交互和视觉中心。由此，界面具有两个设计对象的类别特征：基于内容的行为面和基于视觉的组织面，内容行为面决定视觉组织面，视觉组织面为内容的感知提供了触发相应行为的视觉线索，是为用户输入提供适合的

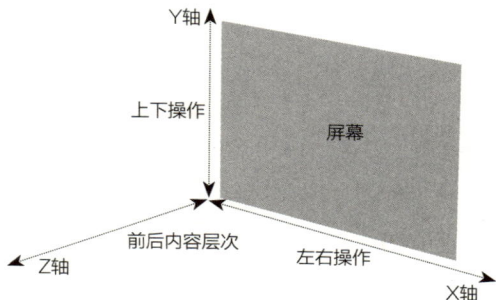

图5-30　"乐驾"的界面设计轴向

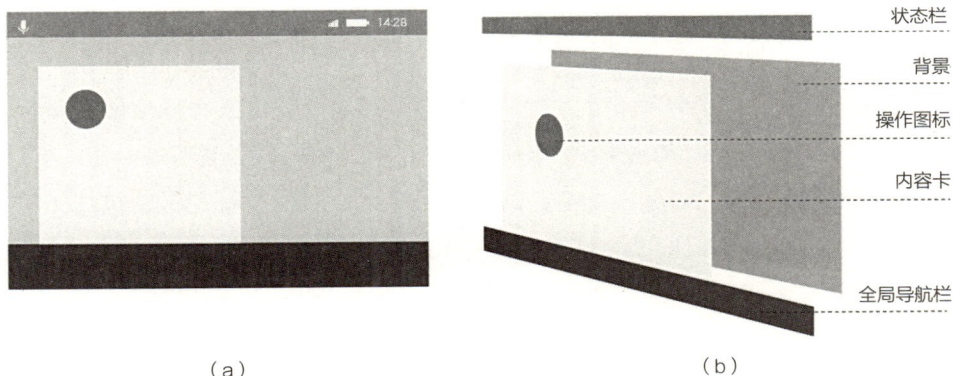

状态栏

背景

操作图标

内容卡

全局导航栏

（a）　　　　　　　　　　　　（b）

图5-31 "乐驾"的界面元素的划分

界面元素和视觉暗示。

　　根据X、Y、Z三个轴向对界面元素做进一步划分，可得到如图5-31所示。图中，状态栏和全局导航栏是界面的固定元素，是内容行为面上的操作线索，为操作行为保持连贯性，内容卡和操作图片是界面的变化元素。

1. 界面线框图设计

　　首屏界面设计作为用户接触到"乐驾"的第一个信息展示界面，影响到用户对该应用的初步心理认知。在这个阶段，需要呈现两个设计因素，一是手机与汽车连接时的状态显示（图5-32a），二是连接之后显示最新信息聚合流，为用户进行下一步操作提供快速入口（图5-32b）。"乐驾"界面基本遵循上、中、下三个组成部分，上层是语音输入显示、网络状态、电池状态、时间，中层是视觉与内容的中心，根据信息优先级进行等级划分，通过上下滑动和点击进行操作，下层是全局导航，包括游记、位置、当前信息、驾驶、社交五大功能信息导航。

　　游记功能是针对用户希望拥有记录自驾游并社交和分享的功能，添加旅途视频拍摄的功能。如图5-33（a）所示，为用户行驶在之前，邀请微信、QQ和微博上的好友在线

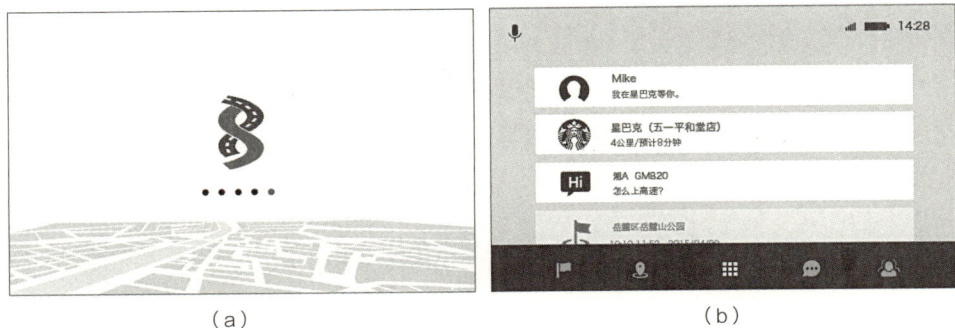

（a）　　　　　　　　　　　　（b）

图5-32 "乐驾"的首屏原型设计（笔者自绘）

参与，或者是车内乘客、车队共同参与的界面。如图5-33（b）所示，为用户正在行驶在有驾驶小游戏、共享语音、照片、视频提示的路线上，乘客和其他车队正在使用游记模式拍摄沿途风景。通过手机相机可以拍照、语音信息、小本文或录制2min/次的视频。

共筑活动将共筑活动的对象、共筑活动的参与者、共筑的事情这些碎片化的信息，用了时间轴、路线图、滚动卡、公告牌的展示共筑活动的实时进程。另外增加了天气、共同参与人、目的地、时间等丰富的背景信息，并可透过社会性关系了解多向的共筑内容来源，这种社交融合所产生的信息流转，自由而且多样，提高了用户活跃度，强化集体所有感和动态的群体联系。

"乐驾"的位置共享功能是采用用户参与的众包，交叉引用手机GPS在某个特定时刻和位置的道路信息和周边服务，通过预设9类常见的路况信息，对事故、堵车、查车等道路信息分享。共享的方式是采用交换的形式，用户分享当前道路信息的同时也可获得前方道路的信息。理想状态下，该功能利用同理心以及契约关系，达到即时更换路线、缓解交通拥堵的目的，如图5-34所示。

用户可以在驾驶的同时生成丰富的生活轨迹，驾驶互动是在位置关系下进行车与车的互动，社交关系的拓展，发送表情、语音，分享目的地、好友关联重合度、心情、车速等，城市和群体的互动社交，这个部分可通过HUD将信息投射到前挡风玻璃上，满足用户信息的聚合、分享等不同的需求，如图5-35所示。

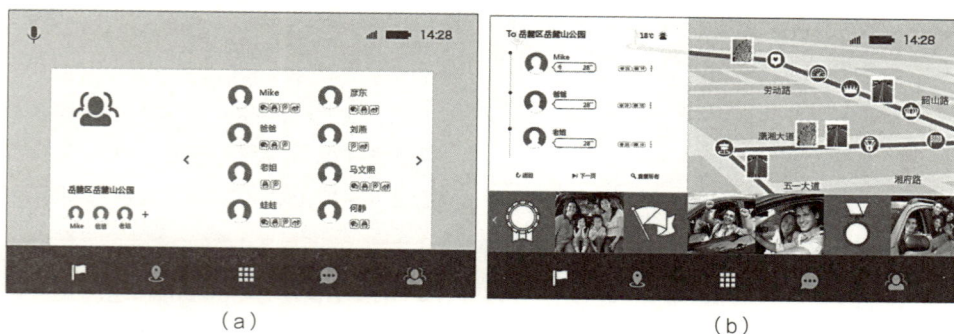

（a）　　　　　　　　　　　　　　（b）

图5-33　"乐驾"的游记共筑界面原型设计（笔者自绘）

（a）　　　　　　　　　　　　　　（b）

图5-34　"乐驾"的位置分享界面原型设计（笔者自绘）

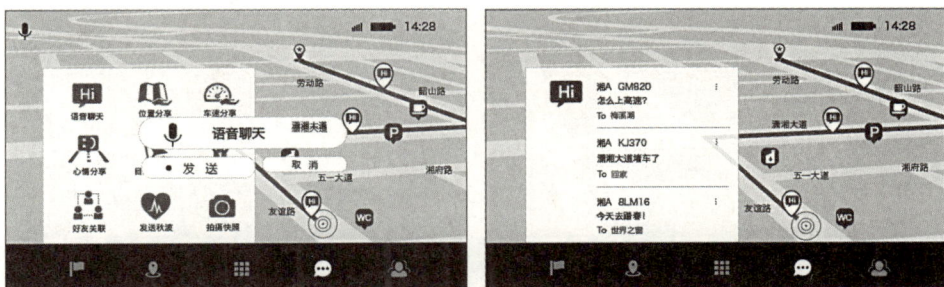

图5-35 "乐驾"的驾驶互动界面原型设计（笔者自绘）

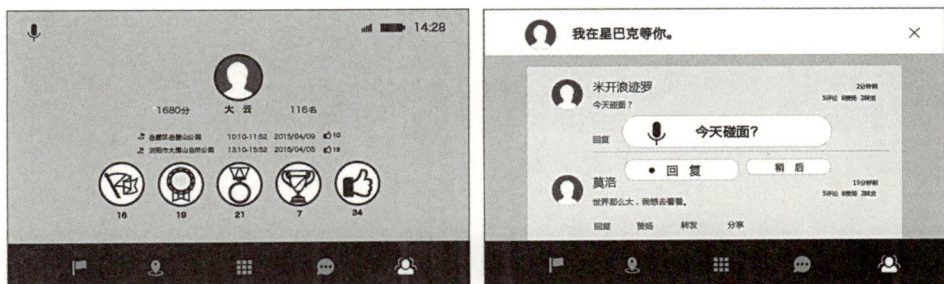

图5-36 "乐驾"的社交关联的好友信息推送界面原型设计（笔者自绘）

由个人关系所构建社交圈是结合手机通信录、电话短信、现有的社交应用如微信、微博、QQ进行设计，并结合驾驶距离、时间、天气、系安全带、驾驶行为等因素进行行车打分，给予驾驶声誉奖励、里程累积的游戏激励机制并分享到社交圈，如图5-36所示。

2. 乐驾界面设计

结合对市场上众多车型的分析发现，汽车的显示界面采用暗屏设计。有研究表明，黑色或深色背景提供了最简单的对比，可以让用户在移动的环境中快速读取离散的信息而不必努力辨别。此外，黑暗的背景保持用户黑暗适应性，不会被鲜艳的色彩分心。在着手界面设计时，通过视觉风格关键词未来、科技、明朗、乐趣、轻量、简洁等绘制情绪版，针对屏幕界面风格探索的情绪版，如图5-37所示。

抬头显示界面是现实环境与虚拟设计元素结合的界面，这种界面要求设计利用鲜艳的色块和浮动的图标元素与对象在三维空间中实时匹配，针对界面风格探索的情绪版，如图5-38所示。

通过情绪版的色谱分析，确定蓝紫色为"乐驾"界面主体色，低明度的蓝紫色与中纯度色系搭配，形成高对比度的色彩关系，适配人车交互情境的认知需求，如图5-39所示。

综合上述视觉元素、色彩倾向、显示与交互方式的相关论述，对"乐驾"进行

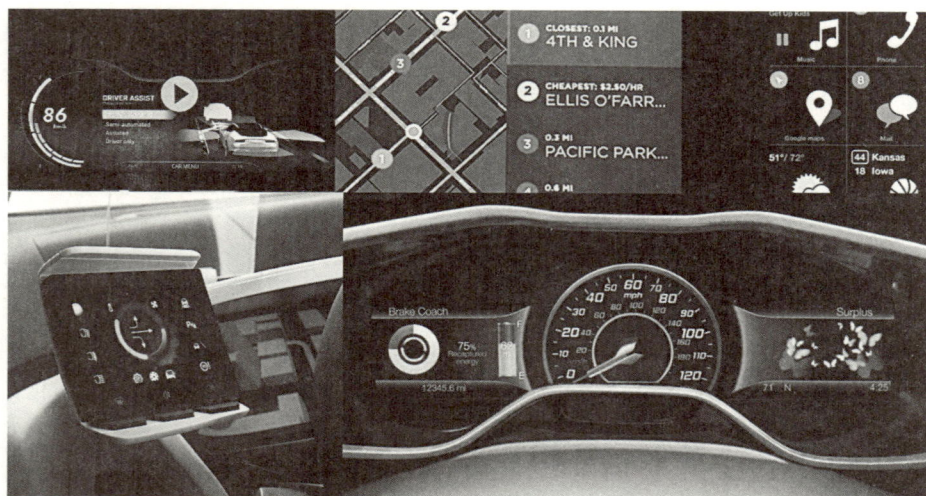

图5-37 "乐驾"屏幕界面风格探索的情绪版

图5-38 "乐驾"抬头显示界面风格探索的情绪版

图5-39 "乐驾"界面色板（笔者自绘）

高保真界面设计。乐驾的AR-HUD功能是利用车牌识别、车载传感器与智能手机的GPS、Compass进行空间匹配，确定汽车的位置、速度、距离等动态值，通过AR-HUD将在线信息叠加在前挡风玻璃中的汽车行驶中的道路实景上，而不必在导航画面和真实世界之间来回转换，从而实现车与车之间的虚拟车贴应用，如图5-40～图5-48所示。

图5-40 "乐驾"的当前信息流聚合界面设计（笔者自绘）

图5-41 "乐驾"的位置信息共享界面设计（笔者自绘）

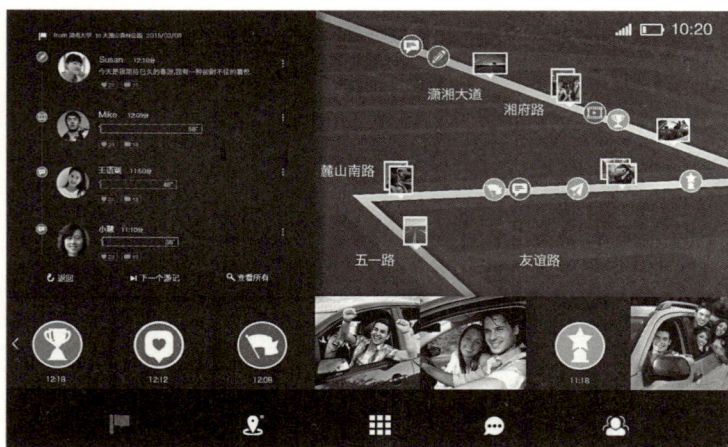

图5-42 "乐驾"的游记分享界面设计（笔者自绘）

图5-43 "乐驾"的汽车社交界面设计（笔者自绘）

图5-44 "乐驾"语音输入界面设计（笔者自绘）

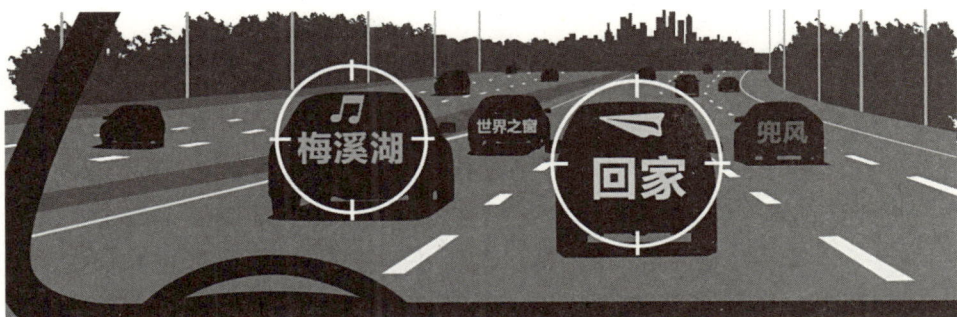

图5-45　车与车共享车速AR-HUD界面设计（笔者自绘）

图5-46　车与车共享目的地AR-HUD界面设计（笔者自绘）

图5-47　车与车驾驶奖励AR-HUD界面设计（笔者自绘）

图5-48　车与车表情社交AR-HUD界面设计（笔者自绘）

5.3.9　社交赋能属性的用户评价

本阶段通过用户问卷了解用户对"乐驾"界面原型的功能、信息架构等可用性和接受度进行综合评价。依据驾驶经验与年限、家庭月收入、车型分级、性别和年龄等配比抽样，我们挑选了10名用户。借助视频记录系统保存用户原话和用户表情，满意度以5点李克特量表为标准测量，该量表由一组陈述组成，5分为非常满意，4分为基本满意，3分为不一定，2分为不满意，1分为非常不满意，每个用户的态度总分可以说明他对"乐驾"产品态度强弱或持有的不同观点，可作为后期设计修改的依据。根据"乐驾"的设计目标进行了提炼并归纳出10种典型的问题，每个设计目标下的问题组以平均分计入总分，用户问卷列表如表5-3所示。

"乐驾"用户评价的问卷列表　　　　　　　　　　　表5-3

No.	设计目标	描述	问题陈述
Q1	人机交互易用性	信息组织清晰、易懂，图标意义明确，在移动环境下操作方便	您认为"乐驾"的导航和页面信息组织与构建清晰吗？语音输入和局部手动操作的交互方式方便在驾驶情境下使用吗？
Q2	人机交互可用性	社交软件关联的有效性、支持手机与汽车连接、支持多通道交互方式	您认为"乐驾"采用手机与汽车中控连接作为入网的接口满意吗？对于语音的输入方式，您之前有使用吗？请您描述下语音交互的使用体验。
Q3	视觉界面设计	页面布局合理，暗屏设计颜色亮度、对比度合理，页面跳转有视觉转换的连接	您能马上识别出图标的操作意义吗？"乐驾"的界面设计能引起您参与社交行为的积极性吗？
Q4	群体归属感	用户对自己属于社交关系的感知，在社交活动中对成员之间的相互依赖性和相似性的认知	您认为"乐驾"将通信录、现有的社交软件上社交圈关联，好友参与的活动展现，能增加您的群体归属感和群体信任吗？
Q5	群体凝聚感	评价分享的数据可视化、动态的群体活动的信息更新、线上线下的活动组织	您认为"乐驾"的社交活动进度、用户评价、群体目标、位置共享、事件共筑、关系共情的群体活动，可以拓展群体凝聚性吗？
Q6	社会临场感	利用媒体沟通时，与他人联系的感知程度	您认为"乐驾"界面所提供的增强显示、时间轴、路线地图、图片滚动卡、公告牌所展示社交活动实时交流互动和空间展现，有助于提高社会临场感吗？
Q7	社会关联感	人与人互动，呈现的社会关系和社会连接	您认为"乐驾"所提供的社交软件关联、游记活动邀请、在线分享、车与车互动，有助于巩固与发展群体关系吗？
Q8	自主与自我	个人形象、声誉、积分、排名，产生自我效能和自我提升的期许	您认为"乐驾"的线上身份图像、ID、个人心情分享、游记分享，能提升自我身份的创造与展现吗？

No.	设计目标	描述	问题陈述
Q9	成就与成绩	游戏机制激励设计，适度的驾驶行为记录设计，通过徽章、排行榜、积分等符号意义系统展现能力与成绩。	您认为"乐驾"设置的驾驶评分徽章、道路分享获取积分、回帖的数值、被点赞的数值、用户排行等级、粉丝、朋友数值，能激发您持续的使用并期望不断进阶吗？
Q10	情感抒发与表达	在共享和共筑行为获得乐趣，抒发情绪和表达情感意图。	您认为"乐驾"的图像、游记分享、语音文本信息、表情图像，能抒发情感或获得情感回应吗？

　　笔者对10名用户的问卷得分情况进行了统计，具体如图5-49所示。从统计结果看，用户对于"乐驾"的设计满意度水平较高，整体符合设计预期。同时测试结果也表明Q5群体凝聚感得分3.5，对于弱关系群体和临时关系群体的社会连接度如上还不够，需要后续增加可持续的社交互动行为与反馈，另外Q5自主与自我得分3.0，用户认为可以在车内乘客及车与车社交上的隐私和私密关系上增加一些可选的控制，这些可以作为下一次迭代设计改进的部分。

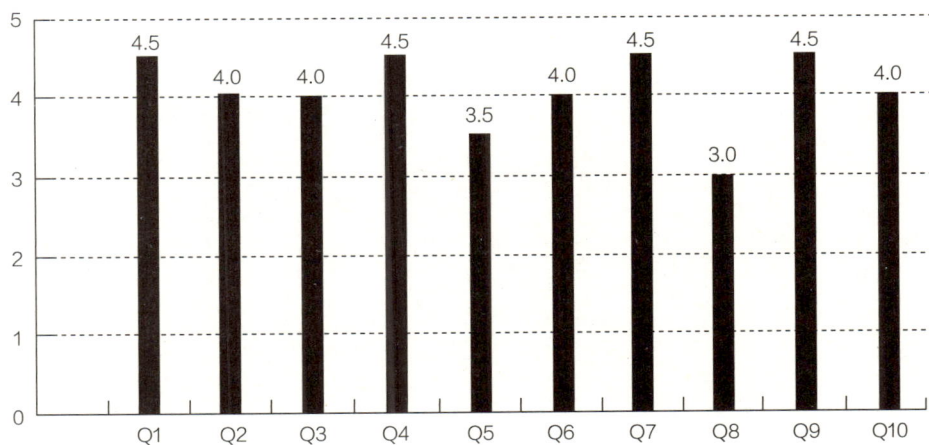

图5-49　"乐驾"用户满意度测试表

本章论点小结

　　本章根据第四章提出的共生交互的汽车社交设计方法，针对湖南大学汽车车身先进制造国家重点实验室主持的"电动汽车车载信息服务系统设计"的"乐驾"汽车社交设计进行了相关的实践和设计研究。

　　首先，我们采用人类学的定性研究方法对301名中国驾驶员的驾驶行为和生活形态展开深入研究，并开发了汽车用户界面设计知识系统，创建复杂和多层次的车内用户情境行为分析框架，同时对新一代汽车用户界面和服务领域产生新的案例和概念。至2014年年底，TUI存储了6471个设计要素，79个设计情境，1284个设计命题和21个设计概念，250G的文件。汽车用户界面设计知识系统强化了用户知识与设计对象知识间的关联路径，提高了汽车驾驶情境的知识和设计知识匹配的效率，实现了情境知识转化在设计方法上的支持。

其次，在针对"乐驾"的设计实践与设计研究中，本文运用了用户参与式的社会化数字产品设计方法与程序，包括设计概念、设计方法以及设计步骤三个主要阶段：设计概念关注用户、信息、社会交叉构成的社会化互动、社会化整合、社会化服务创新的设计机会；设计方法运用用户生活形态信息、线上线下产品使用的情境观察与访谈、用户参与式设计干预，形成了共同创造的社交设计模式；设计步骤关注用户研究与产品设计，即如何通过用户角色、情境故事、事件流提取典型的用户场景、交互行为、交互元素，支持产品功能的定义。"乐驾"针对位置数据、社会化网络、游戏奖励机制、社会参与、社交融合所产生的信息流转，将驾驶者的时间序列、生活轨迹和地理位置与社交网络关联，探索社会化的信息互动与整合服务创新。从用户评价的统计结果看，用户对于"乐驾"的设计满意度水平较高，整体符合设计预期，说明共生交互的汽车社交方法遵循了群体互动中用户行为与设计特征之间的认知联系，使得该社交设计方法具有操作性和延展性，证明该方法为交互设计提供了一个研究与设计的视角。

第 6 章

结　语

社交网络对现实社会的投射与重构，衍生出更宽泛的人际互动维度，打开了数字化社会创新的设计机会，催生出社交设计。社交网络的应用研究在信息管理、商业服务等领域已经取得了一定的成果，但从设计学的角度展开其研究的论述颇为少见，设计范式和研究深度还有待进一步挖掘，这也是本研究的意义所在。

本文首先从"什么是社交设计"入手，定义社交设计为"针对移动互联网，基于用户参与、促进交流、协作的具有复杂社会形态的人际互动设计"，并表明了本文的研究立场：针对社交网络中社交行为组织模式和社交体验展开设计研究，探索社交设计对于社会互动的工具性的支持。继而在社交图式、社交赋能、共生交互三个理论推演的基础上，提出参与、沟通、人际、活动赋能设计，也就是本文的第三章所重点论述的共生交互社交设计方法，并就每一个赋能设计提供了引证分析和案例分析，得到了15条设计策略。在第四章中将共生交互社交设计方法在汽车社交应用情境中进行深化，详细论述了三个群体互动类型的汽车社交案例，得到汽车社交设计方法与结论并在第五章的设计实践中进行了验证。

本文在理论与实践上的创新点主要包括以下三个方面：

（1）根据群体类型和群体互动，提出了位置共享、事件共筑、关系共情三个社交设计类型和活动、人际、参与、沟通四个社交设计驱动因素。

本文首先对社交设计的领域视角、社会学相关的概念和逻辑进行了系统的综述，厘清了社交设计的本体属性和驱动因素，提出基于社会行为学、社会心理学对设计学的映射的研究思路，继而总结出了三个社交设计方向："信息—用户"的交互式信息设计、"社会—用户"即社会化群体协作互动设计，"社会—信息"即社会公共服务设计。

本文认为各类群体互动的背后存在结构性因素，由此根据社交网络边缘类型确定了三种网络群体类型：位置群体、关系群体、事件群体。位置群体是基于共享地理信息聚合的群体类型；关系群体是基于人际关系、情感纽带连接的群体类型；事件群体是基于共同关注的人或协作的事关联的群体类型，分析出关系群体为人际关系链、位置群体为同在的空间场、事情群体为自由人的联合体的群体特征，由此提出了位置共享、事件共筑、关系共情三个社交互动类型设计。本文认为群体过程的推动和有效进行是持续保持成员间的互动，而互动是依靠以事件、位置、关系为纽带的群体构成和群体运行。通过对群体互动过程的研究，本文提出了四种群体过程社交设计驱动因素，包括活动、人际、参与、沟通。活动因素属于工具性互动，人际因素属于情感性互动，参与方式和沟通方式是构建和维系群体互动过程的有效手段，并基于以上分析，结合社会互动中的心理认知因素，构建群体互动过程整合模型。

群体互动是"过程的集合体"，自组织理论和涌现行为为社交网络社交设计中以群体为中心的可行性研究提供了理论层面上的支持：其一，解释了在身体不在场的社交网络中存在感知——行为耦合的群体原型，即人会自觉性地产生以同样方式看待事物和同样行动的趋势；其二，解释了社交网络中群内、群际与信息内容所形成的耗散、协同、循环的过程演化机制，即看似个人的社交行为会引发并扩散成群体互动。因此，群体互动过程强调对群体观念或群体原型的吸引，这种趋同成为关联社交互动和社交体验的共性。

（2）根据社交图式理论构建了视觉形式—社交行为—心理体验的社交设计层次模型，基于Affordance理论提出参与赋能、沟通赋能、人际赋能、活动赋能的社交赋能设计的15条设计策略，并将社交赋能作为类别方法，将共生交互作为整体方法，构建共生交互社交设计方法论。

社交图式是人们在社交活动中对于交往知识概括而成的认知结构，一般由相互联系的图式塔构成，如情境图式、自我图式、角色图式、情感图式、策略图式、概念图式等。社交图式为社交行为、社交体验、互动情境提供了兼具描述和解释的框架，在社交场景中，人们会自然地将某种内在动机和行为反应放到一个预存的图式中去认知，为社交互动提供预期指引。通过对社交图式表征的情境系统、情感系统、行为系统的分析，本文认为社交特征集所包含的视觉元素和交互元素是对社交图式本质的把握，是社交设计的关键所在。

社交图式为社交赋能提供了语义发生的来源，本文针对社交图式中嵌套的图式塔，尝试性转换为社交设计的三个层次空间和设计属性，并构建了社交设计的层次模型，其中社交图式塔被分类为三个层次：

1）交互式——视觉形式层。社交场景和空间的构建；

2）交互旨——社交行为层。社交中的人与事的组织；

3）交互场——心理体验层。与意识形态相关的情感或心理体验。

这三层构成了交互域——社会语境层，即社交设计的价值系统与意义系统在社会、文化上的深层属性。该框架列出了产生和影响社交设计的不同设计属性，这些设计属性与用户群体、事件行为、交互因素、动机情感、时间空间组合成社交的关系场，成为影响群体互动和社交体验的关键变量。

通过对Affordance理论的扩展，提出了参与赋能、沟通赋能、人际赋能和活动赋能的社交赋能设计。具体而言，根据吉普森的Ecological affordance的理论研究提出参与赋能；根据盖弗的Technology affordance的理论研究提出沟通赋能；根据张的Motivational affordance的理论研究提出人际赋能；根据Kreijns的Social affordance的理论研究提出活动赋能。继而，从用户创造、设计提供、设计特征、设计依据四个方面总结出15条赋能设计策略。同时，运用生态学的共生原理来理解和把握社交网络中内容共生、关系共生、体验共生、行为共生的多元交互行为，由此构建社交图式—社交赋能—社交体验的共生交互社交设计方法论，为社交设计提供了具有操作性的理论指导。

（3）本文针对位置共享、事件共筑、关系共情三个共生交互的汽车社交设计类型，结合案例与汽车社交具体的应用情境进行深化，提出了情境体验、互动体验、符号体验、叙事体验四个体验映射关系框架，从信息架构、交互设计、界面设计的角度构建了共生交互的汽车社交设计整合模型。继而，在对本地化汽车用户深度调研的基础上，利用社交网络用户聚合和传播平台，在人车信息交互服务设计实践中进行了运用和验证。

汽车作为新的媒介平台，使得社交互动表现出独特的形态。汽车社交既继承了社交网络的人际吸引、团队协作动力、随意的助人善举、个性的角色印象等社交图式，同时又传达出交通工具所带来的复合驾驶情境下的情绪输出，呈现出片段化、私密性、移动性的特点。同时，社交网络已经成为连接不同服务与产品的中介，用户使用产品并能通过社交网络将信息进行传播和分享，产生体验性的内容，形成了产品与社交、应用与服务的商业模式。利用现有的数字信息和交互技术为汽车进行社会化信息交互服务设计是值得探索的课题，也是社交网络在汽车领域的具体运用。

本文根据谷歌的Waze位置共情、奔驰的Twtter Race事件共筑、大众的SmileDrive关系共情三个典型性汽车社交应用，根据第三章基于社交赋能的共生交互社交设计研究的基础上，对其进行解释性的案例分析，并结合汽车社交的特征和属性，总结出情境体验、互动体验、符号体验、叙事体验四个体验因素。继而针对位置共享、事件共筑、关系共情三个共生交互的汽车社交设计类型，提出相应的信息架构、交互设计、界面设计的策略。

在第五章中，将"汽车用户界面设计知识系统"作为用户知识和设计工具辅助"乐驾"汽车社交设计开发。"汽车用户界面设计知识系统"采用人类学的定性研究方法对301名中国驾驶员的驾驶行为和生活形态展开深入研究，其目的为开发新一代汽车用户界面提供翔实的用户研究和设计机会点提炼，至2014年年底已积累近250G的文件。随后，在"乐驾"汽车社交设计中，本文根据共生交互社交设计方法论，针对地理位置、游戏奖励机制、社会参与所产生的信息流转，与驾驶者的时间序列、生活轨迹和地理位置与社交网络关联，运用了基于用户参与的社会化数字产品设计方法与程序，设计了"乐驾"汽车社交应用。在用户评价中，用户对于"乐驾"的设计满意度水平较高，说明共生交互的汽车社交方法具有一定的实践可行性。

综上所述，本文从多学科视角出发，将社会学研究拓展到社交设计之中，通过对理论的层层推演，分析研究出社交设计的内涵与外延，建构了共生交互社交设计的工具体系、逻辑框架，提供了一种新的社交设计研究思路。具体体现在，本文提出的社交赋能设计和共生交互的汽车社交设计方法论。前者借用群体过程理论、社会图式理论、Affordance理论，针对位置、事件、关系群体展开社交赋能，后者则是探索汽车社会性交互设计在情境体验、互动体验、符号体验、叙事体验的群体类型、社交体验、社会行为支持等方面的设计方法和规律。本文的若干结论不仅在理论上拓展了社交设计的研究范畴、完善了社交设计中设计特征、用户认知、社会行为支持等研究框架，而且也可成为相关的社交设计原则。

值得注意的是，汽车社交涉及的学科领域较多，同时信息科技、汽车科技和交互技术的发展速度很快，且客观条件和笔者能力水平有限，关于汽车社交这部分的研究还处于初步探索和实验阶段，许多研究工作尚待进一步的完善，不足之处主要包括：

（1）汽车正在从代步工具转变为移动交互终端，但汽车产品的复杂性和安全性，注定这个过渡会比较漫长。本文基于汽车转型的时代背景下，利用社交网络对汽车终端进行了"移动+社交+协作"的社会服务的初探。这些研究和实践的发现又引出了新的课题，如汽车社交在感官和动作通道竞争、驾驶分心、复杂情境与行为、交互对象扩展等多个方面都面临着挑战，需要对其进一步的研究，也为在汽车社会化信息服务的创新提供了机遇。

（2）尽管笔者借鉴了前文研究成果和汽车社交的典型案例，但在设计评价阶段由于用户样本和技术条件限制，只针对小范围的用户做了定性设计评价，对于本文提出的设计方法的实证和实验分析，有待下一步的软件编程和工程设计完成之后再进行。

（3）尽管本文在社交赋能研究中针对沟通赋能展开了沟通功能、沟通控制、沟通媒介的归纳，但完整的社交行为赋能设计包括显性语言行为和隐性体态行为的社交语义。体态行为涉及在社交情境和社交语境下对个人闭合的动作——感知回路的识别，此研究是一系列底层多模态数据驱动模型和上层社交智能相耦合的技术问题，因此本文所赋能的社交行为暂不包括体态行为的输入。

（4）尽管本文以群际维度对群体互动类型展开有针对性的社交设计研究，但群内互动也包括不同的用户分类，如潜水者、积极者、核心者等，这些用户也需要差异化社交赋能设计，比如潜水者如何运用激励因素或易用性的界面设计引发参与行为，积极者如何保持持续的社交行为和提供更多的社交接触点，核心者如何赋权管理等。此外，本文未对"社交赋能"是否能促进用户产生内容、从而加速传播之间的关系进行讨论，这部分的研究也将成为社交赋能设计方法的后续延展。

参考文献

[1] （英）迈克·费瑟斯通. 消费文化与后现代文化主义[M]. 刘精明译. 南京：译林出版社，2000：4-5.

[2] 徐晋. 平台经济学[M]. 上海：上海交通大学出版社，2007：1-5.

[3] K Tim，C Matthew，P Eric. Urban Computing[J]. IEEE Pervasive Computing，2007,3（6）：18-20.

[4] Fei-Yue Wang，Daniel Zeng et. al. Social Computing：From Social Informatics to Social Intelligence[J]，IEEE Intelligent Systems，2005，2（22）：9-83.

[5] Peizhao Hu，Daniele Riboni，Bin Guo. Creating Personal，Social，and Urban Awareness through Pervasive Computing[M]. Idea Group，U.S.，2014.

[6] 中文互联网数据资讯中心[EB/OL]. http://www.199it.com/archives/200215.html，2014-03-06.

[7] Qianzhan社交网络产业研究中心，2013-2017年中国社交网络行业发展前景预测与投资机会分析[EB/OL]. http://en.qianzhan.com/report/detail/5138eabe7f7d48f6.html，2014-05-09.

[8] Davis M. Why Do We Need Doctoral Study in Design?[J]. International Journal Design，2008,2（3）：1-79.

[9] Jones C. Design methods：Seeds of human futures[M]. New York：Wiley-Interscience，1970.

[10] 赵江洪，张军. 第二条设计真知——当代工业产品设计可持续发展的问题[M]. 石家庄：河北美术出版社，2003.

[11] 赵江洪. 设计艺术的含义[M]. 长沙：湖南大学出版社，2005：141-143.

[12] 赵江洪. 设计和设计方法研究四十年[J]. 北京：装饰，2008（185）：9-10.

[13] 赵江洪. 设计研究和设计方法论研究四十年. 设计史设计：设计与中国设计史研究年会专辑[J]. 上海：上海书画出版社，2007：21-28.

[14] Owen C. Design Thinking：Notes on its Nature and Use[J]，Design Research Quarterly，2007,2（1）：16-27.

[15] Wang F，Michael H. Research-Design-Based Research and Technology-Enhanced Learning Enivroments，Educational Technology[J]，Research and Development，2005,vol. 53,No. 4：5-11.

[16] Cross N. Development in Design Methodology[M],John Wiley & Sons Ltd,1984,vii.

[17] 柳冠中. 事理学系列研究[M]. 北京：高等教育出版社，2007：3-7.

[18] （法）马克·第亚尼. 非物质社会—后工业世界的设计[M]. 滕守尧译. 成都：四川人民出版社，1998.

[19] Ezio Manzini. Making things happen Social innovation and design[J]. Design Issues, 2014（30-1）：57 - 66.

[20] Gong M, Manzini E, Casalegno F. Mobilized Collaborative Services in Ubiquitous Network[J]. Internationalization, Design and Global Development, 2011.

[21] White BK. Visualizig mobile design pattern relationships[J]. MobileHCI '12 Proceedings of the 14th international conference on Human-computer interaction with mobile devices and services companion,2012：71-76.

[22] Bilandzic M,Foth M. Mobile Spatial Interaction and Mediated Social Navigation [M]. Encyclopedia of Information Science and Technology, 2nd Mehdi Khosrow-Pour Information Resources Management Association,USA, 2009：2604-2608.

[23] Zhao Z, Balagué C. A design framework of branded mobile applications [J]. MobileHCI '14 Proceedings of the 16th international conference on Human-computer interaction with mobile devices & services, 2014：507-512.

[24] Schroeter R, Rakotonirainy A,Foth M.The Social Car：New Interactive Vehicular Application Derived from Social Media and Urban Informatics[A]. Proceeding of the 4th International Conference on AUI [C], USA,2012：107-110.

[25] Gellatly A.W Hansen C,Highstorm M. Journey：General Motors'Move to Incorporate Contextual Design into Its Next Generation of Automotive HCI Design [A]. Proceedings of 2nd AUI[C], USA, 2010,11：11-12.

[26] Lavie T,Oron-Gilad T,Meyer J. Aesthetics and Usability of in-vehicle navigation displays[J]. International Journal Human-Computer Studies, 2011,69：80-99.

[27] 谭浩. 面向复杂交互情境的汽车人机界面设计研究[J]. 包装工程，2012, Vol. 33,No. 18：26-30.

[28] ISO 9241-210：Ergonomics of human systems interaction[S]. Part

210：Human-centered design for interactive systems（formerly known as 13407）. International Organiztion for Standardization（ISO）. Switzerland, 2010：7-9.

[29] Bargas J,Hornbaek K. Foci and blind in user experience research[J]. Interactions,2012,19（6）：24-27.

[30] Francesco Pucillo,Gaetano Cascini, Politecnico di Milano, Dipartimento. A framework for user experience, needs and affordances[J]. Design Studies ,2014（35）：160-179.

[31] Katja Battarbee. Co-experience:Understanding User Experiences in Social Interaction[D]. Academic dissertation. Publication Series of the University of Art and Design Helsinki A 51. 2004.

[32] Katja Battarbee,Lipo Koskinen. Co-experience:user experience as interaction[J]. CoDeisgn, 2005（3）Vol.1, No.1：5-18.

[33] Bernd Schmitt, 冯玲. 顾客体验管理[M]. 第一版. 北京：机械工业出版社, 2005：23-41.

[34] Hassenzahl M,Tractinsky N. User experience research agenda[J]. Behavior & Information Technology, 2006,25（2）：91-97.

[35] O'Brien HL,Toms EG. The development and evaluation of a survey to measure user engagement[J]. Journal of the American Society for Information Science and Technology,2010,61（1）：50-69.

[36] Hassenzahl M. The quality of interactive products：hedonic needs,emotions and experience[J]. Encyclopedia of Human-Computer Interaction,PA：Idea Group, 2005：652-660.

[37] Park J,Han H,Kim H. Modeling user experience：A case study on a device[J]. International Journal of Industrial Ergonomics,2013,43：187-196.

[38] Arrow H,Poole C,Henry B. Time, change, and development：The temporal perspective on groups[J]. Small Group Research, 2004,35（1）：73‑105.

[39] Barker L, Wahlers J,Watson W. Groups in Process：An introduction to small group communication[M]. Boston：Allyn and Bacon, 6th Edition, 2001.

[40] Wittenbaum M, Hollingshead B, Paulus B. The functional perspective as a lens for understanding groups[M]. Small Group Research, 2004.

35（1）：17‑43.

[41] 张觉. 荀子校注[M]. 长沙：岳麓书社，2006：108.

[42] Nardi BA. Context theory and human‑computer interaction,Context and Consciousness: Activity theroy and human‑computer interaction[M]. Cambridge, Mass: The MIT Press,1996: 7‑16.

[43] （美）曼纽尔·卡斯特. 网络社会的崛起[M]. 夏铸九等译. 北京：社会科学文献出版社，2001:450.

[44] Burke M, Kraut R, Marlow C. Social capital on Facebook: Differentiating uses and users[C]. Conference on Human Factors in Computing Systems, 2011：7‑9.

[45] Kaplan Andreas M., Haenlein Michael. Users of the world, unite! The challenges and opportunities of social media[J]. Business Horizons, 2010, 53（1）：61.

[46] Murthy, Dhiraj. Twitter: Social Communication in the Twitter Age[M]. Cambridge: Polity, 2013: 7‑8.

[47] 蒂姆·奥莱利. 什么是web2.0[EB/OL]. 互联网周刊. http://www.enet.com.cn/article/2005/1122/A20051122474593.Shtml,2005‑11‑22.

[48] Yates J , Orlikowski W. Genres of Organizational Communication: A Structurational Approach to Studying Communication and Media[J]. Academy of Management Review, 1992, 17（2）：299‑326.

[49] Yates J, Orlikowski W,Jackson A. The Six Key Dimensions of Understanding Media [EB/OL]. http://sloanreview.mit.edu/article/the-six-key-dimensions-of-understanding-media/,2008‑01‑01.

[50] （美）哈罗德·拉斯韦尔. 传播在社会中的结构与功能[M]. 何道宽译. 北京：中国传媒大学出版社，2012.

[51] 尼尔森在线研究. 中国社交网络全景图[EB/OL]. http://www.cr-nielsen.com/marketing/201303/26‑1991.html, 2012‑03‑26.

[52] Kietzmann JH,Haenlein H,Mccarthy P. Social Media?Get serious! Understanding the functional building blocks of social media[J]. Business Horizons,2011,54（3）：241‑251.

[53] Lehtinen E, Lyytinen K. Action based model of information system[J]. Information Systems, 1986, 11（86）：299‑317.

[54] Becker J, Niehaves B,Janiesch C. Socio‑Technical Perspectives on Design Science in IS Research, Advances in Information Systems

Development [M]. Springer US, 2007: 127-138.

[55]   Simon HA. The sciences of the artificial[M]. Third edition, MIT
        Press, 1996: 3-6.

[56]   Vijay K Vaishnavi, William Kuechler Jr. Design Science Research
        Methods and Patterns: Innovating Information and Communication
        Technology[M]. Auerbach publicatiobs, New York: Taylor & Francis
        Group, 2007.

[57]   Zhang P. IT Artifacts and The State of IS Research[A]. International
        Conference on Information Systems [C], 2011: 1-14.

[58]   March S, Smith G. Design and Netural Science Research on Information
        Technology[J]. Decision support systems, 1995, 15: 251-266.

[59]   Hevner AR, March ST, Park J. Design Science in Information Systems
        Research[J]. MIS Quarterly, 2004, 28（1）: 75-105.

[60]   M L Markus. Mark S Silver, A Foundation for the Study of IT Effects: A
        New Look at DeSanctis and Poole's Concepts of Structural Features and
        Spirit[J]. Journal of the Association for Information Systems, 2008, Vol.
        9, issue 10, Article 5.

[61]   Zhang P, Benjamin R. Understanding Information Related Fields:
        A Conceptual Framework[J]. Journal of the American society for
        information science and technology, 2007, 58（13）: 1934 - 1947.

[62]   Archer B. Whatever became of design methodology?[J]. Design studies,
        1979, 1（1）: 17-20.

[63]   Suh N P. The Axiomatic Theory of Design[M]. Oxford University
        Press, 1990.

[64]   李四达. 交互设计概念[M]. 北京：清华大学出版社，2011: 2-3.

[65]   Laurel's B, Computers as Theatre[M]. Addison-Wesley Professional. 2
        edition. 2013: 109-110.

[66]   Alan Cooper. About Face3交互设计精髓[M]. 北京：电子工业出版社，
        2012:x-xi.

[67]   Andy Cameron. Idn special 04-The art of experimental interaction
        design[J]. International Designers Network, 2005.

[68]   Chris Crawford. Chris Crawford on Interactive Storytelling[M]. New
        Riders. 2nd Edition. 2012. Chapter 2.

[69]   Dictionary.reference.com/browse/system[EB/OL].

[70]   Littlejohn WS, Theories of Human Communication [M]. 3nd Edition. Belmot, CA: Wadsworth Publishing Company, 1989: 41.

[71]   Richard Buchanan. IxD2011会议演讲的视频整理.

[72]   Richard Buchanan. Wicked Problems in Design Thinking[J]. Design Issues, 1992 , Vol. 8, No. 2: 5-21.

[73]   CMU School of Design's new framework [EB/OL]. http://design.cmu.edu/content/program-framework, 2014.

[74]   (美) 威尔伯·施拉姆. 传播学概论[M]. 第二版. 北京：中国人民大学出版社，2010：24-27.

[75]   Saffer D. Designing for interaction: creating smart application and clever devices [J]. AIGA Design Press, 2007.

[76]   Spencer L, Pahl R. Rethinking Friendships: Hidden Solidarities Today[M]. Princeton university press, 2006.

[77]   邓建国. 强大的弱连接[M]. 上海：复旦大学出版社，2011：78.

[78]   Mark Granovetter. The Strength of Weak Ties[J]. The American Journal of Sociology, Vol. 78, No. 6. 1973: 1360-1380.

[79]   Ellison B, Steinfield C, Lampe C. The benefits of Facebook Friends: Social capital and college students use of online social network sites[J]. Journal of Computer Mediated Communication, 2007, Vol. 12, No. 4: 1143-1168.

[80]   CM Chiu, MH Hsu, ETG Wang. Understanding knowledge sharing in virtual communities: An integration of social capital and social cognitive theories[J]. Decision Support Systems, 2006, Volume 42, Issue 3, December: 1872 - 1888.

[81]   辞海编辑委员会. 辞海[M]. 上海：上海辞书出版社，2009：1991.

[82]   Reeves B, Nass C. The media equation: How people treat computers, television and new media like real people and places[M]. Cambridge University Press, 1998

[83]   Gentile C, Spiller N. How to sustain the customer experience: an overview of experience components that co-create value with the customer[J]. European Management Journal, 2007, 25 (2): 395.

[84]   Olsson T. Concepts and Subjective Measures for Evaluationg User Experience of mobile Augmented Reality Serivces[M]. Human Factors in Augmented Reality Environments, Springer New York, 2013: 203-232.

[85]   Geoff Mulgan. Social innovation：what I is，why is matters and how it can be accelerated [EB/OL]. Skoll Center for Social Enterpreneurship working paper, http://www.sbs.ox.ac.uk/skoll.

[86]   Honari M，Boleyn T. Health ecology：health，culture and human-enviroment interaction[M]. Taylor&Francis e-library：NY,2005.

[87]   McGrath JE. Groups：Interaction And Performance[M]. Prentice-Hall,Englewood Cliffs, N.J, 1984.

[88]   （英）Rupert Brown. 群体过程[M].胡鑫，庆小飞译. 北京：中国轻工业出版社，2007：2-4.

[89]   郭玉锦，王欢. 网络社会学[M]. 北京：中国人民大学出版社，2010：92-107.

[90]   段伟文. 网络空间的伦理反思[M]. 南京，江苏人民出版社，2002：48.

[91]   戚攻，邓新民. 网络社会学[M]. 成都：四川人民出版社，2001：82-85.

[92]   胡鸿保，姜振华. 从"社区"的词语历程看一个社会学概念内涵的演化[J]. 学术论坛，2005（5）.

[93]   Andre C. Pinherio R. Social network analysis in telecommunications [M]. Wiley, 2010：9-19.

[94]   Laumann E, Marsden P, Prensky D. The boundary specification problem in network analysis [A]. Research methods in social network analysis[C], Piscataway NJ：Transaction Publishers, 1992：61-87.

[95]   （美）罗纳德·博特. 结构洞：竞争的社会结构[M]. 上海：格致出版社，2008：8-20.

[96]   Paul Adams. Social Circles：How offline relationships influence online behavior and what it means for design and marketing[M]. New Riders Pub,2011：21-27.

[97]   Hill R, Dunbar R. Social network size in humans[J]. Human Nature 14, 2003：53-72.

[98]   Zhou W, Somette D, Hill R, Dunbar R. Discrete hierarchical organization of social group sizes[J]. Proc. Royal Soc.B 272, 2005：439.

[99]   （丹麦）扬·盖尔. 交往与空间[M]. 何人可译. 北京：中国建筑工业出版社，2002：13-19.

[100] （法）卡特琳·格鲁. 艺术介入空间[M]. 姚孟吟译. 南宁：广西师范大学出版社，2005：8.

[101] 罗嘉昌，郑嘉栋. 场与有——中外哲学的比较与融通[M]. 北京：东方出版社，1994：21-25.

[102] Batterbee K. Co-experience the Social User Experience[C]. Proceedings of Computer Human Interaction CHI`03 Extended Abstracts, ACM.2003: 730-731.

[103] （法）马克·第亚尼. 非物质社会[M]. 滕守尧译. 成都：四川人民出版社，2008：236.

[104] Brown J, Turner C. Interpersonal and intergroup behaviour, Intergroup Behaviour[M].Oxford:Blackwell, 1981.

[105] Weingart R. How did they do that? The ways and means of studying group process[J]. Research in Organizational Behavior, 1997（19）: 189 - 239.

[106] Bales RF, Strodbeck FL, Mills TM. Channels of communication in small groups[M]. American Sociological Review, 16, 1951: 461 - 468.

[107] McGrath JE. Groups: Interaction And Performance[M]. Prentice-Hall, Englewood Cliffs, N.J, 1984.

[108] Futoran C, Kelly R, McGrath E. TEMPO: A time-based system for analysis of group interaction process[J]. Basic and Applied Social Psychology, 1989,10（3）, 211 - 232.

[109] Fisher B, Ellis G. Small Group Decision Making[M]. 3rd Edition. New York: McGraw-Hill, 1990.

[110] Beck D, Fisch R. Argumentation and emotional processes in group decision-making: Illustration of a multi-level interaction process analysis approach[J]. Group Processes and Intergroup Relations, 2000,3（2）, 183 - 201.

[111] Marks A, Mathieu E, Zaccaro J. A temporally based framework and taxonomy of team processes[J]. Academy of Management Review, 2001,26（3）, 356 - 376.

[112] McGrath JE. Groups: Interaction And Performance[M]. Prentice-Hall. Englewood Cliffs, N. J, 1984.

[113] （德）H·哈肯. 信息与自组织[M]. 成都：四川教育出版社. 1988：29.

[114] 王京山. 自组织的网络传播[M]. 北京：中国轻工业出版社，2011：40-52.

[115] Michiardi P, Molva R. CORE: A Collaborative Reputation mechanism to enforce cooperation in mobile ad-hoc networks[A]. Proceedings of the IFIP TC6/TC11 Sixth Joint Working Conference on Communications and Multimedia Security: Advanced Communications and Multimedia

Security, 2002: 107-121.

[116] Kozlowski J. Klein J. A multilevel approach to theory and research in organizations: Contextual, temporal, and emergent processes[M]. K. J. Klein & S. W. J. Kozlowski（Eds.），Multilevel theory, research, and methods in organizations: Foundations, extensions, and new directions San Francisco, CA: Jossey-Bass. 2000: 63 - 90.

[117] Sherif M, Sherif W. Social Psychology[M]. New York: Harper& Row, 1969: 9-10.

[118] （瑞士）卡尔·古斯塔夫·荣格. 原型与集体无意识[M]. 北京：国际文化出版公司，2011: 5-8.

[119] （美）兰德尔·柯林斯. 互动仪式链[M]. 北京：商务印书馆，2012: 1-3.

[120] Collins R . The Romanticism of Agency/ Structure Versus the Analysis of Micro/ Macro[J]. Current Sociology, 1992, 40（1）.

[121] 李萍. 日本现代社会中的共生伦理[J]. 湘潭师范学院学报（社会科学版），2002,5（24）: 29-30.

[122] A E Douglas.Symbiotic Interactions[M], Oxford University Press, 1994: 10.

[123] （英）怀特海. 过程与实在[M]. 北京：商务印书馆，2012.

[124] （德）胡塞尔，[荷]舒曼编. 纯粹现象学通论——纯粹现象学和现象学哲学的观念[M]，李幼蒸译. 北京：商务印书馆，2011.

[125] （德）尤尔根·哈贝马斯. 交往行为理论[M]. 曹卫东译. 上海：上海人民出版社，2005.

[126] 胡守钧. 社会共生论[M]. 上海：复旦大学出版社，2012: 4-15.

[127] http://dictionary.reference.com/browse/schema[EB/OL].

[128] 辞海编辑委员会. 辞海[M]. 上海：上海辞书出版社，2009: 2287，2075.

[129] 曹俊峰. 论康德的图式学说[J]. 社会学科战线，1994（6）: 49-50.

[130] Langacker R W. Concept. Image and Symbol: The Cognitive Basis of Grammar [M]. 2nd Revised edition. New York: Moutonde Gruyter, 2001.

[131] Schank RC, Abelson RP. Scripts, plans, goals, and understanding: An inquiry into human knowledge structures[M]. Hillsdale. NJ: Lawrence Erlbaum. 1977.

[132] （俄）A·斯米尔诺夫. 苏联心理学的发展与现状[M]. 北京：人民教育出版社，1984: 526.

[133] Rosch H. Natural Categories[J]. Cognitive Psychology, 1973（4）.

[134] Hatch E, Brown C. Vocabulary, Semantics and Language Education[M].

北京：外语教学与研究出版社，2001.

[135] Minsky M. A Framework for Representating Knowledge[J]. The Psychology of Computer Vision, P. Winston（Ed.）, McGraw-Hill, 1975.

[136] Anderson J. The Architecture of Cognition[M].Harvard University Press,1983.

[137] 田延明. 语言离散——连续图式表征认知模型研究[D]. 上海外国语大学，2012：34.

[138] 彭兆荣. 人类学仪式研究评述[J]. 民族研究. 2002（2）：88.

[139] 中华人民共和国国家标准GB/T 15237. 1—2000[S].

[140] 唐芳贵. 图式研究的历史演进[J]. 重庆：重庆教育学院学报，2003（1）：52-53.

[141] Nevid S. Kant, Cognitive psychotherapy, and the hardening of the categories[J]. Psychology and Psychotherapy：Theory, Research and Practice, 2007,80（4）: 605-615.

[142] （英）巴特利特. 记忆：一个实验的与社会的心理学研究[M]. 杭州：浙江教育出版社，1998：259-280.

[143] （瑞士）皮亚杰. 生物学与认知[M]. 上海：三联出版社，1989：7.

[144] 邵瑞珍. 教育心理学[M]. 上海：上海教育出版社，2001：43.

[145] Rumelhart D,Ortony A. The Representation of Knowledge in Memory[A]. Schooling and the Acquistion of Knowledge.Richard Anderson,Rand Spiro, William Montague[C], Hillsdale. NJ:Lawrence Earlbarm,1977：99-135.

[146] Nishida H. Cultural schema theory [A]. Theorizing about Intercultural Communication[C]. Sage Publications, 2004：401‐418.

[147] Nishida H. A Cognitive Approach to Intercultural Communication Based on Schema Theory[J]. International Journal of Intercultural Relations,1999（4）.

[148] （美）马斯洛. 动机与人格[M]. 许金声，程朝翔译. 北京：华夏出版社，1987：40-53.

[149] （美）William S Sahakian. 社会心理学的历史与体系[M]. 周晓红译. 北京：人民出版社，1991.

[150] Anderson JR. The architecture of cognition. Cambridge[M], MA：Harvard University Press,1983.

[151] Halliday M.A.K. Explorations in the Functions of Languages[M]. London Edward Arnold,1973.

[152] （英）安东尼·吉登斯. 社会学[M]. 李康译. 北京大学出版社，2009：104.

[153] Papanek V. Design for the Real World[M]. LondonThames & Hudson Ltd,1972.

[154] Vinciarelli A,Pantic M,Bourlard H. Social Signal Processing：state-of-the Art and Future Perspectives of an Emerging Domain[A]. Proceedings of the 16th ACM international conference on multimedia[C],2008, 1061-1070.

[155] 维基百科[EB/OL]. http://zh.wikipedia.org/wiki/语境.

[156] （英）罗伯特·霍奇，冈瑟·克雷斯. 社会符号学[M]. 成都：四川出版集团，2012：1-2.

[157] Gibson JJ. The Ecological Approach to Visual Perception[M]. New York and London：Psychology Press,Taylor and Francis Group，1979.

[158] Sternberg, Robert J. Cognitive Psychology[M]. 2nd. Edition. Harcourt Brace College Publishers，1996.

[159] Donald Norman. The Psychology of Everyday Things[M]. Basic Books Inc. Paperback Book Club edition，1988：9-10.

[160] Donald Norman, Affordances, Conventions, and Design[J]. Interactions，1999,6（3）：38-41.

[161] Donald Norman. Signifiers,not affordances[J]. Interactions,2008,15（6）：18-19.

[162] Donald Norman. Emotional design. Why we love（or hate）erveryday things[M]. Basic Books：2004：21-23.

[163] Gaver W. Technology affordances[A]. CHI '91 Proceedings of the SIGCHI Conference on Human Factors in Computing Systems[C],1991：79-84.

[164] EuroPARC Explores 'Media Spaces' [EB/OL]，媒体空间：施乐公司所开发的利用数字媒体（包括模拟计算机技术、音频、视频）组织群体协同工作（CSCW）的技术. http://www.caruso.com/work/dm-index/digital-media-october-1991/europarc-explores-media-spaces/.

[165] Gaver W. Affordances for interaction: The social is material for design[J]. Ecological psychology ,1996, 8（2）：111-129.

[166] Gave W. The Affordances of Media Spaces for Collaboration[A]. Proceedings of the 1992 ACM conference on Computer-supported cooperative work[C], 1992：17-24.

[167] Kreijns K. Kirschner PA,The social affordances of computer-supported collaborative learning environments[C]. 31th ASEE/IEEE Frontiers in Education Conference, 2001,10-13: 14.

[168] Hartson R. Cognitive, physical, sensory, and functional affordances in interaction design[J]. Behaviour & Information Technology, 2003,22（5）: 315-338.

[169] Zhang P. Motivational affordances: reasons for ICT design and use[J]. Communications of the ACM, 2008, Vol.51, No11: 145-147.

[170] Kaptelinin, Victor , Nardi , Bonnie. Affordances in HCI. toward a mediated action perspective[C]. Höök , Kristina（ed.）Proceedings of CHI, 2012: 67-976.

[171] Nardi A,Kari K. Activity theory and human computer interaction[A]. Context and Consciousness: Activity Theory and Human-Computer Interaction [C]. Cambridge, Massachusetts: The MIT Press, 1996: 1-8.

[172] Boedker Susanne. Through the Interface - A Human Activity Approach to User Interface Design[J]. Hillsdale, NJ, Lawrence Erlbaum Associates,1991.

[173] Jordan P. Design pleasurable products: An introduction to the new human factors[M]. London:Taylorand Francis, 2002: 11-57.

[174] Wise K,Alhabash S,Park H. Emotional responses during social information seeking on facebook[J]. Cyber Psychology, Behavior & Social Networking, 2010,Vol. 13, No. 5: 555-562.

[175] Social Media as Community , Keith Hampton [EB/OL],2012-06-18. http://www.nytimes.com/roomfordebate/2012/02/12/the-advantages-and-disadvantages-of-living-alone/social-media-as-community.

[176] Gunawardena N,Zittle F. Social presence as a predictor of satisfaction within a compute mediatedconferencing environment[J]. American Journal of Distance Education, 1997,11（3）: 8-25.

[177] Scott W,Mitchell T. Organizational theory: a structural and behavioral analysis[M]. Home, Illinois:Richard D Irwin,Inc,1976.

[178] Daft L,Lengel H. Organizational Information Requirement, Media Richness and Structural Design[J]. Management Science,1986, 32（5）: 554-571.

[179] Baecker M.. Readings in human-computer interaction: toward the year

2000[M]. Morgan Kaufmann Publishers，1995.

[180] Ruesch J, Bateson G. Communication. The Social Matrix of Psychiatry[M]. Transaction Publishers,2008.

[181] H. J. Leavitt. Some Effects of Communication Patterns on Group Performance[J]. Journal of Abnormal and Social Psychology, Vol. 1, No. 46，1951：38–50.

[182] 谢文全. 教育行政——理论与务实[M]. 台北：文景出版社，1997：514.

[183] 彭兰. 网络传播概论[M]. 北京：中国人民大学出版社，2001：265.

[184] Hall ET. The Hidden Dimension[M]. Anchor Books,1966.

[185] Erving Goffman. The Presentation of Self in Everyday Life[M]. Anchor Books,1959.

[186] Kessler C,Price H. Social factors in psychopathology：stress,social support and coping process[J]. Ann Rev,Psychology,1985（36）：531–572.

[187] Cannon–Bowers J A, Salas E. Reflections on shared cognition[J].Journal of Organizational Behavior, 2001, 22（2）：195–202.

[188] Klimoski R, Mohammed S. Team mental model：Construct or metaphor?[J]. Journal of Management, 1994, 20：403–437.

[189] Yannick Assogba, Judith Donath. Share: A Programming Environment for Loosely Bound Cooperation [C]. CHI 2010: Sharing Content and Searches, Atlanta, GA, USA,2010, April 10 - 15.

[190] OECD LEED. Forum on Social Innovations [EB/OL]. www.oecd.org/ document, 2009.

[191] 百度百科：维基百科[EB/OL]. baike.baidu.com/ 2013–01–08.

[192] Danneberg, J. Burgard, J. A Comprehensive study on innovation in the automotive industry [EB/OL]. http://www.oliverwyman.com/pdf_files/ CarInnovation2015_engl. pdf，2012.

[193] Schmidt A,Spiessl W,Kern D. Driving Automotive User Interface Research[J]. IEEE Pervasive Computing,2010（1–3）：85–88.

[194] Chen T F. Building a platform of Business Model 2.0 to creating real business value with Web 2.0 for web information services industry[J]. International Journal of Electronic Business Management，2009, 7（3）：168–180.

[195] Brogan, Chris. [An Insider's Guide to Social Media Etiquette [EB/OL], http://www.chrisbrogan.com/socialmediaetiquette/], ChrisBrogan.

com,2011-2-24.

[196] Ken Wallace. Capturing Storing and Retrieving Design Knowledge in a Distributed Environment[A].Proceedings of the 9th International Conference on Computer Supported Cooperative Work in Design[C], US: IEEE Press, 2005: 10.

[197] Nonaka I,Reinmoeller P.Dynamic Business System for Knowledge Creation and Utilization[A]. Knowledge Horizons: The Present and the Promise of Knowleage Management[C]. USA,Bulterworth—Helnemann, 2000: 89-112.

[198] Christina W. Ethnography in the Field of Design[J]. Human Organization, 2000, 59（4）: 377-388.

[199] Maiden N, Rugg G. Selecting methods for requirements acquisition[J]. Software Engineering Journal,11（3）,1996: 183-192.

[200] Smith A, Dunckley L. Prototype evaluation and redesign: Structuring the design space through contextual techniques[J]. Interacting with Computers,2002,14（6）: 821 - 843.

[201] Markus M. Participation in development and implementation[J]. Journal of the Association for Information Systems,5（11）,2004: 514-544.

[202] Karlsson F, Holgersson J. Exploring user participation approaches in public e-service development[J]. Goverment Information Quarterly,2012, 29: 158-168

[203] （美）艾伦·库伯，罗伯特·瑞宁，大伟·克洛林. About face 3: 交互设计精髓[M]. 北京: 电子工业出版社，2012: 26-30.

[204] Fenves, S. A Core Product Model for Representing Design Information[S], NISTIR 6736, National Institute of Standards and Technology, Gaithersburg MD,2001.

[205] Kentaro G, John M, Carroll I. A surveying scenario-based approaches in system design [J]. IPSJ SIG Notes, 2000,12（HI-87）:43-48.

[206] 赵江洪，谭浩，谭征宇. 汽车造型设计: 理论、研究与应用[M]. 北京: 北京理工大学出版社，2010: 27.

[207] Schmidt A,Aidoo A,Takaluomo A. Advanced Interaction in Context [C]. Proceeding of the 1st international symposium on Handhelds and Ubiquitous Computing. London:Springer-Verlag,1999: 89-101.

[208] （美）约书亚·梅罗维茨. 消失的地域: 电子媒介对社会行为的影响[M]. 第一

版，北京：清华大学出版社，2002：31-38.

[209] Sakol T,Sato K. Object-mediated User Knowledge Elicitation Method[C]. The 5th Asian International Design Research Conference, Seoul Korea,2001: 2-5.

[210] Tan H, Zhao J. Knowledge Transformation in Conceptual Design: An Approach to Build a Model of CAID Knowledge System[C]. Proceeding of DeIdentite Conference, Italy（2004）: 32-36.

[211] Weinberg G,Medenica Z,Harsham B. Evaluating the Usability of a Head-up Display for Selection from Choice Lists in Cars[C]. Proc. AutomotiveUI, 2011: 39-46.

[212] Sanders E B N, Stappers P J. Co-creation and the new landscapes of design[J]. Codesign International Journal of Cocreation in Design & the Arts, 2008, 4（1）: 5-18.